日中文化交流秘史

海を越えた艶ごと

唐権

新曜社

海を越えた艶ごと——目次

序　章　1
一　牛荘からの匿名投書／二　文人・妓女・風流／三　往来の実像

第一部　「遊興都市」長崎へ――清客たちの日本旅行、一六八四〜一八三〇　19

はじめに　20
一　日本の文人に感動を与えた長崎風景／二　清客と丸山遊女

第一章　遊楽に出かけた清客たち　29
一　にわかに現れた渡崎熱／二　渡航者の構成／三　「壮遊」者たち／四　日本人の目に映った唐人たち／五　長崎の遊女に恋して

第二章　縮められた距離――江南から長崎まで　45
一　「針経」と「海程図」――清初の航海術について／二　鳥船登場／三　倭寇の遺産／四　民衆の海外渡航に対する清朝官府の統制

第三章　江南都市の娯楽事情　60
一　「情欲覚醒」の時代／二　王朝交替およびその結果／三　「路程書」時代の旅事情
第四章　清客と遊女の「情芸」世界　75
一　二つの「情芸」世界の間／二　中国人の遊女礼賛／三　「和光同塵」——房中術の誘惑
第五章　抑圧と歓待——幕府政策の両面　94
一　清朝官吏を驚かせた二つの事実／二　幕府の唐人歓待策／三　唐人屋敷の遊楽風景
第六章　遊興の消長　109
一　「寄合町諸事書上控帳」について／二　二つのグラフが反映した真実
第一部小括　116
一　「支那の青楼」——遊興都市としての長崎／二　釜山倭館、広州商館との比較／
三　「唐人行」から「からゆき」へ

第二部　「異域花」盛衰史――東洋妓女と清末上海社会　123

はじめに　124
一　日本淑女、上海へ行く／二　長崎と上海／三　「からゆきさん」の人間像

第七章　都市文化の背景　135
一　「中国絶大遊戯場」の誕生／二　『上海売春報告』に見る工部局の娼妓政策／三　妓楼の等級と「妓女種族之競争」

第八章　洋妾時代　150
一　洋妾時代／二　日本婦人が洋妾として上海に進出した背景／三　洋妾の変容

第九章　東洋茶館の誕生　161
一　三盛楼開店／二　東洋茶館の盛況／三　日本領事館の記録／四　東洋箭館

第十章　都市繁昌記のなかの東洋茶館　179
一　上海をテーマとする繁昌記／二　『申江勝景図』と『申江名勝図説』／三　『春江燈市録』／四　「作㆑滬北之綺伝、為㆑江南之艶記」

第十一章　花榜のなかの東洋妓女　196
一　花榜——中国の遊女評判記／二　東洋妓女の源氏名／三　名妓の来歴／四　東洋妓女礼賛／五　東洋名妓の影響

第十二章　東洋妓女に対する法律統制（一）　217
一　租界の日本娼妓問題／二　日本領事館の取締措置／三　取締の表と裏

第十三章　東洋妓女に対する法律統制（二）　228
一　上海社会の反応——論説「論滬北東洋茶館宜商禁止之法」／二　上海社会の反応——論説「上海の日本人」／三　日本外務省の新措置／四　一八九〇年頃の日本茶屋／五　外務省の方針転換

第十四章　日清戦争以後の日本娼妓　245
一　日本の女、再び上海へ行く／二　中国人を相手とせず／三　日本公娼制の導入／四　中国人のまなざしの変化

第二部小括　254

第三部　上海文人の「日本」発見――王韜の日本旅行とその周辺　257

はじめに　258
第十五章　日本旅行と上海ネットワーク　263
一　蒸気船時代の開幕／二　アデン号の長崎ツアー／三　「長崎島遊記」／四　「上海ネットワーク」の役割
第十六章　上海文人としての王韜　277
一　王韜の生い立ち／二　放蕩不羈な私生活／三　上海文人のライフスタイル
第十七章　王韜と日本　285
一　日本人との接触／二　「日本宏光」／三　日本観の振幅
第十八章　王韜の日本旅行――『扶桑遊記』の世界　295
一　栗本鋤雲の誘い／二　東京到着まで／三　日本文人との交遊と遊興

第十九章　新しい日本像を創造する　305
一　帰国後の対日交流／二　王韜の伝奇文学／三　「紀日本女子阿伝事」と「花蹊女史小伝」／四　「柳橋艶跡記」、「橋北十七名花譜」、「東瀛艶譜」（上、下）／五　日本趣味の時代

第三部小括　322

終　章　327

注　333
あとがき　367
人名索引　i
事項索引　vii

装丁　虎尾　隆

〈図版目次〉

【序　章】

（2頁）　**図1　清末の東アジア**

（4頁）　**図2　牛荘からの匿名投書**　外務省文書四門二類二項二十七号「本邦人不正業取締関係雑件」第一巻所収。

（6頁）　**図3　『籌海図編』の日本国図**　『景印文淵閣四庫全書』五八四冊（台湾商務印書館、一九八三年）、五七頁。

【第一部】

（19頁）　**扉　崎港略図**　磯野信春著併画『長崎土産』（初版一八四七年、長崎文献社複製、一九六六年）。

（22頁）　**図4　珍珍説とゑん山の道行**（『和漢同詠道行』挿絵）濱田義一郎ほか編『大田南畝全集』第七巻（岩波書店、一九八五年）、一五〇頁。

（23頁）　**図5　渡辺如山筆　丸山遊女と唐人の図**　モーディー（N. H. N. Mody）編　*A Collection of Nagasaki*

Colour Prints and Paintings. Kegan Paul, Trench, Trubner & Co. 1969. Plate 142.

（23頁）**図6　伝石崎融思筆　丸山遊女元旦の図**　本山桂山『長崎丸山噺』（坂本書店出版部、一九二六年）、口絵。

（26〜27頁）**図7　唐館図**　饒田喩義編述／打橋喜篤図画『長崎名勝図会』（長崎史談会、一九三一年）、二〇二〜二〇三頁。

（34頁）**図8　孟涵九と従者の図**　*A Collection of Nagasaki Colour Prints and Paintings.* Plate 178.

（38頁）**図9　「非文人」の唐人**　石崎融思『長崎古今集攬名勝図絵』（長崎文献社、一九七五年）、一六六頁。

（42頁）**図10　唐人と遊女の交歓**　丹羽漢吉校注『延宝版長崎土産・長崎不二賛・長崎萬歳』（長崎文献社、一九七六年）、六二頁。

（49頁）**図11　従唐国乍浦至日本崎港海程図**　長崎県立図書館蔵。

（51頁）**図12　唐船図**　野々上慶一編著『長崎古版画』（三彩社、一九七〇年）、八頁。

（64頁）**図13　青楼風月**　ファン・フーリック著／松平いをこ訳『古代中国の性生活』（せりか書房、一九八八年）、四〇一頁。

（85頁）**図14　大清人并長崎遊女之図**　樋口弘編著『長崎浮世絵』（味燈書屋、一九七一年）、三一一頁。

（85頁）**図15　陸明斎学語浄留利**　『長崎名勝図絵』、二四三頁。

（86頁）**図16　唐人踊図**　『長崎古今集攬名勝図絵』、一五六頁〜一五七頁。

（87頁）**図17　吉田半兵衛　唐人と長崎遊女**　リチャード・レイン『江戸の春・異邦人満開』（河出書房新社、一九九八年）、八五頁。

（90頁）**図18　泄淫国**　高橋鉄『近世近代一五〇年性風俗図史』上（久保書店、一九六八年）、口絵。

（90頁）**図19　英泉　唐人と長崎遊女**　『江戸の春・異邦人満開』、八六頁。

（92頁）**図20　春朝斎　日清・恋合戦**　『江戸の春・異邦人満開』、八七頁。

（99頁）**図21　唐館交加遊女ノ図**　『長崎古版画』、一八頁。

（106頁）図22　唐人宴会卓子料理図　『長崎名勝図絵』、二三六頁～二三七頁。

（107頁）図23　唐館遊女出代之図　『長崎名勝図絵』、二二六頁～二二七頁。


【第二部】


（123頁）扉　清国上海全図　神戸市立博物館編『居留地返還一〇〇周年記念特別展　神戸・横浜〝開化物語〟図録』（神戸市立博物館、一九九九年）、二二頁。

（129頁）図24　外灘（バンド）風景　Betty Peh-T'i Wei: *Old Shanghai*. Oxford University Press. 1993. Plate5.

（137頁）図25　四馬路中段　呉友如『申江勝景図』巻下（申報館、一八八四年）、三八頁。

（143頁）図26　鹹水妹　黄時鑒・沙進編『十九世紀中国市井風情』（上海古籍出版社、一九九九年）、二二四頁。

（147頁）図27　更唱迭和　『呉友如画宝』（中国青年出版社、一九九八年）、壱、第三集上「海上百艶図」、第四二図。

（147頁）図28　幺二堂子挟妓飲酒　梅花庵主『申江時下勝景図説』巻下（国立北京大学中国民俗学会編『民俗叢書』七八）

（167頁）図29　和尚尋歓　『点石斎画報』（大可堂版、上海画報出版社、二〇〇一年）第二冊、五一頁。

（169頁）図30　乃見狂且　同上書、第一冊、一二六頁。

（182頁）図31　東洋茶楼　『申江勝景図』巻下、二四頁。

（185頁）図32　東洋妙妓手撥三弦　『申江名勝図説』上巻（管可寿斎、一八八四年）、一六頁。

（198～199頁）図33　花榜の一例　鼻山畹香居士『海上名花四季大観』（上海、一八九四年）。

（199頁）図34　名妓の肖像および彼女を賛美する詩文　四明沁園主人『新揖海上青楼図説』（上海、一八九二年）。

（208頁）図35　日妓歌舞　『点石斎画報』第三冊、一二八頁。

（209頁）図36～39　日本名妓の艶姿　『海上中外青楼春影図説』（大同書局、一八八七年）。

（210頁）図40「東瀛才女」挿絵　王韜『淞隠漫録』（上海鋳記書局用清代点石斎画報原版重複石印、一九二四年）、巻一一。

（214頁）図41　顰効東施　『呉友如画宝』壱、第三集下「海上百艶図」、第四九図。

（214頁）図42　花様一新　『点石斎画報』第五冊、二一〇頁。


【第三部】


（257頁）扉　王韜像　上海通社編『上海研究資料』（上海書店、一九八四年）、二二四頁。

（269頁）図43　日本三島　海野一隆『地図に見る日本―倭国・ジパング・大日本』（大修館書店、一九九九年）、四二頁。

（310頁）図44「紀日本女子阿伝事」挿絵　『淞隠漫録』巻一。

（311頁）図45「花蹊女子小伝」挿絵　同上書、巻一二。

（313頁）図46「柳橋艶跡記」挿絵　同上書、巻八。

（315頁）図47「橋北十七名花譜」挿絵　同上書、巻八。

（315頁）図48　一恵斎芳機　五カ国於岩亀楼酒盛の図　横田洋一編『横浜浮世絵』（有隣堂、一九八九年）、四〇頁。

（318頁）図49　東洋戯法　『申江時下勝景図説』巻下。

（320頁）図50　亀亦耽詩　『点石斎画報』第六冊、二七一頁。

【グラフと表】

（112頁）グラフ1　寄合町遊女の唐人屋敷入館延べ人数の推移（一七三一年～一八三〇年）
（113頁）グラフ2　寄合町「太夫」「みせ」別入館延べ人数の変動
（15頁）表1　明治二十四年牛荘在留日本人一覧
（129頁）表2　『割符留帳』に見る幕末期長崎の入港唐船数
（141頁）表3　一八六五年～一八七〇年公済医院における病気別の患者数
（144頁）表4　一八七〇年公共租界における妓館の軒数と娼妓の人数
（151頁）表5　上海在留日本人の人口変遷、一八六五年～一九一〇年
（159頁）表6　上海における外国人の人口および男女比例の変化、一八七〇年～一八八〇年

序章

一　牛荘からの匿名投書

清朝光緒庚寅年七月七日、即ち西暦一八九〇年八月二十一日、芝罘（現在の山東省烟台市。図1参照）にある日本領事館加藤義三事務代理の手元に、一通の手紙が届いた。封筒には「烟台　大日本公舘　領事大人　安稟」と「庚寅年六月二十六日　牛庄封」の二行が書いてあるのみで、発信者の姓名住所が明記されていなかった。封筒のなかには二枚の便せんが入っていた。いずれも花瓶文様つきのこぎれいなもので、一枚は桃色、もう一枚が紫色だった（図2）。そして手紙は漢文で書かれていたが、現代日本語に訳せば次のとおりになる。

貴国商民男三人女十二人を追及する旨、衆商民による報告と嘆願の件。私どもは長年牛庄で商売を営んでいる商民でございます。牛庄はずっと安寧な街でしたが、貴国商民らの到来はその様子を

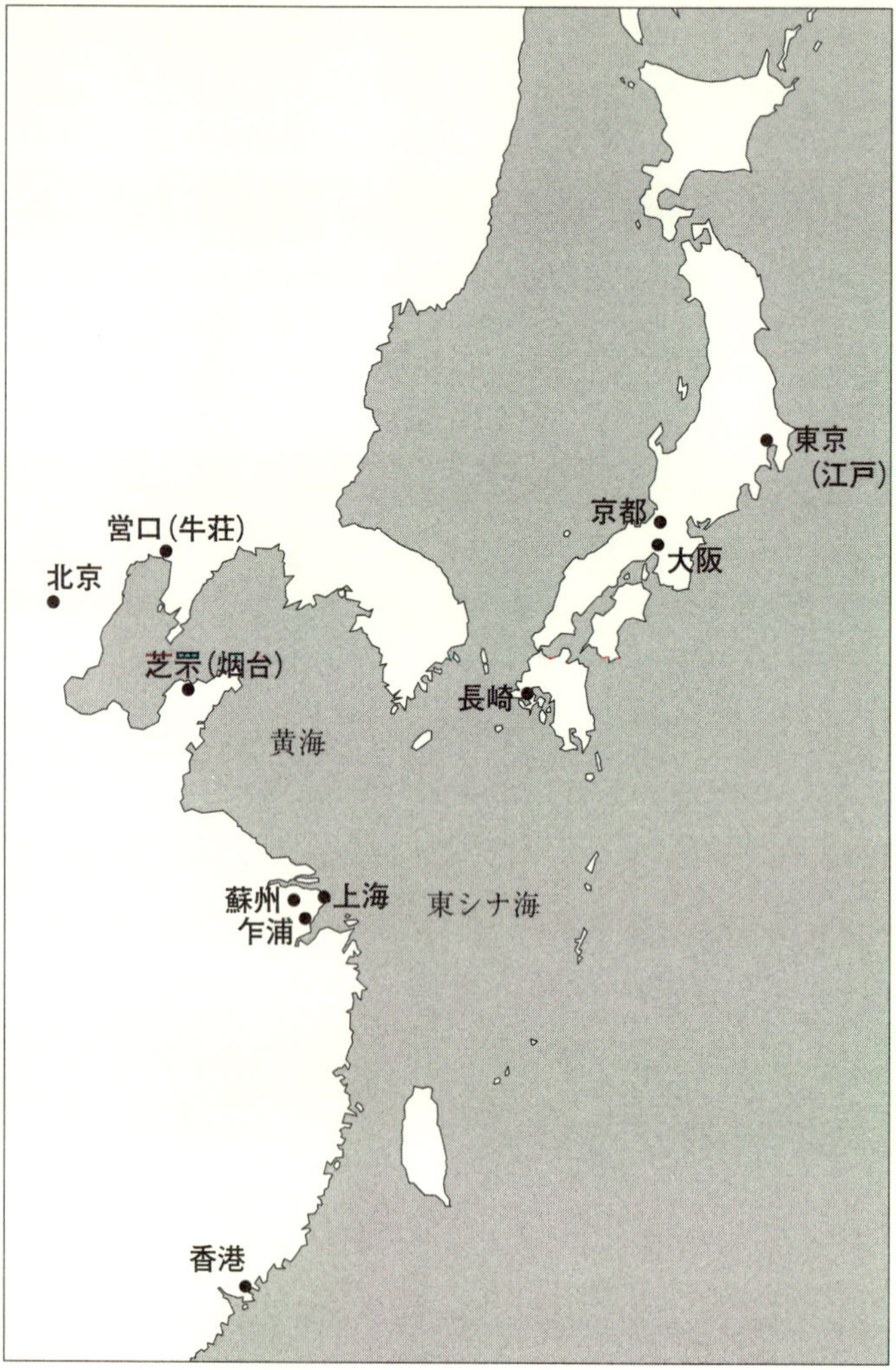

図1　清末の東アジア

変えてしまいました。彼らは茶館という名義で店を開き、そのなかに実は娼妓を抱えています。しかも、彼女たちの美貌に、ここの中国人も外国人もみな貪るようになったという有様でございます。礼拝の日や休みの日になると、蒸気船の水夫らがそろって貴国の茶館に足を運び、そこで酒を飲み気晴らしをします。男が多くて女が少ないゆえ、やつらはやきもちをやいて悶着を起こしたことも、言葉の食い違いで喧嘩の騒ぎを起こしたこともありました。このような混乱模様は、昼も夜も変わらず、しかも毎週のように続いています。私ども商民はみな茶館の隣人で、これから何かの殺人沙汰に巻き込まれてしまうというような事態を恐れています。貴国では女人があまりにも多過ぎるとの話をお聞きしたので、この禍を避けるために、もっと人数を賜りたく存じます。こんなお願いをするのはまったくやむを得ないことですが、英明なる領事さま、どうかお力添えくださいますようご高配お願いします。

領事大人案下

もし私ども商民の願う通りにご施行くだされば、たいへん感謝いたします。

六月二十六日　衆商民頓首

発信地の牛庄（今の営口市。「牛荘」とも書く）は、渤海湾の北側、遼河河口の付近に位置し、第二次アヘン戦争後に新たに開港した都市であった。そこから寄せられた匿名投書は、簡単に言うと、正体不明の「衆商民」が日本領事に宛てた、自分の街にもっと多くの日本人娼妓を連れてきてほしいという趣

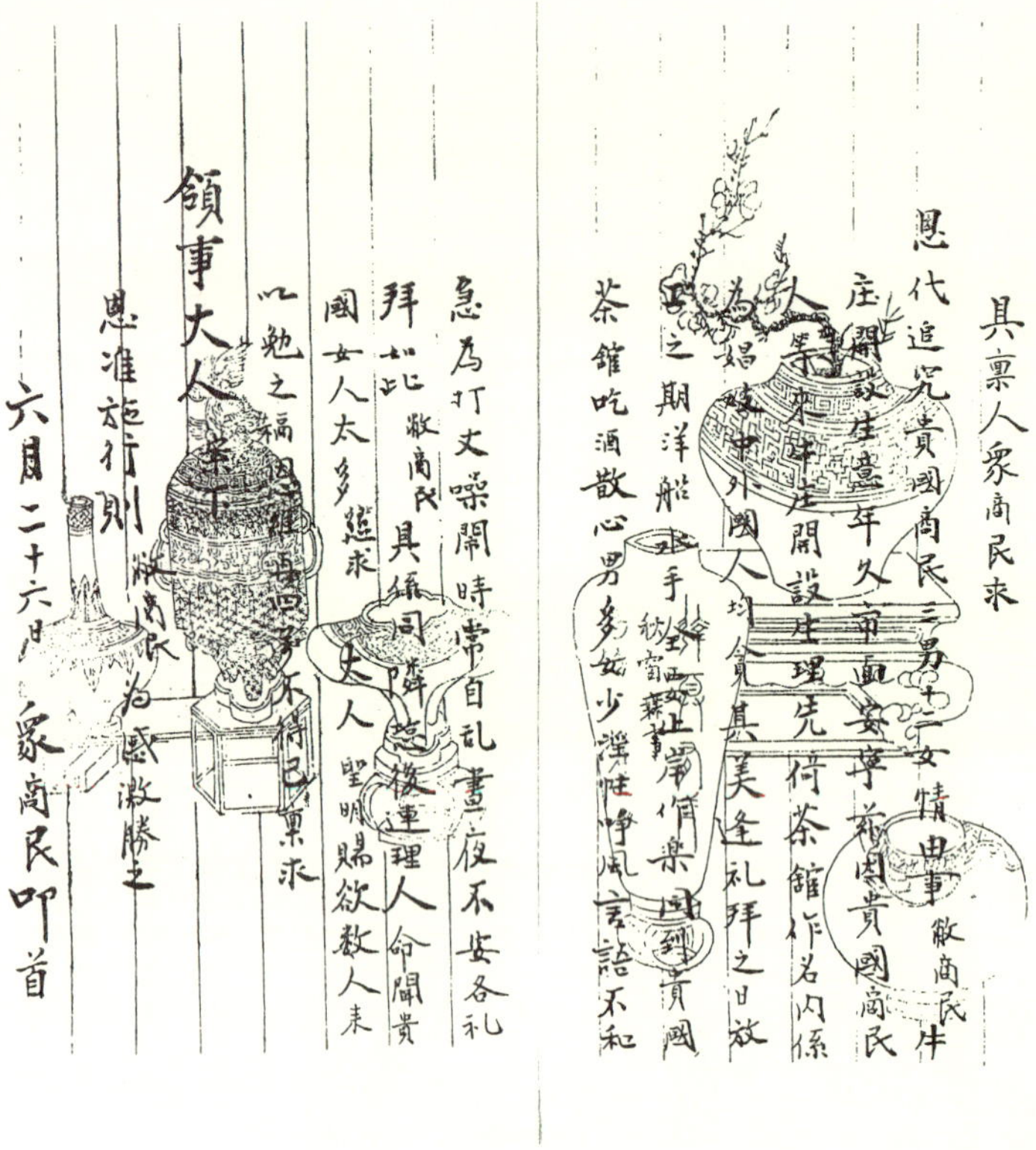

図2　牛荘からの匿名投書

旨の嘆願書である。事実、この手紙が届く前に、加藤義三の耳に次の情報がすでにほのかに入っていた。外務省に提出した報告書には、「當国牛荘港ニ八年来本邦ノ下層人民渡航在留シ」、その連中が「料理店様ノ者ヲ開キ年若キ婦女ヲ抱ヘ曖昧不正ノ生活ヲ致居」と記している。投書が「清国人ノ所業」であると推測した彼は、「大ニ本邦ノ体面ニ関スル義ニテ聞捨ニ難致」事件として判断したうえ、さっそく秘密報告を外務省に送った。その結果、この匿名投書をきっかけとして、芝罘日本領事館は種々の困難を克服して、翌年の十月に日本人経営の茶館を閉鎖しただけでなく、現地に在留していた二十数人の日本人男女をすべて駆逐したのであった。(1)

以上は、日本外務省文書「清国牛荘於テ醜業ヲ営ム本邦婦女取締方在同国芝罘領事ヨリ申出ノ件」が記録した、一八九〇～九一年に起きた一小事件の顛末である。小事件というのは、東アジアにおける政治外交や文化交流といった「大」なる歴史的脈絡から見た場合の評価である。事実、この出来事に関するすべての資料は、『日本外交文書』にまったく収録されていない。そのために今日ではこの投書を知る人は少ないように思われる。しかし、当事者たちにとって、これは間違いなく彼らの生活に重大な影響を与えた事件であった。

私から見れば、この匿名投書は、別の文脈において重要な歴史的意味を含んでいる。それは、かつて清末のある中国人がもっていた日本体験を、かなりリアルに語ってくれたことである。その日本体験とは具体的に、次のような内容を含んでいる。まず、日本が女性の人数が男性よりはるかに多い国であるという発想。これは古来の中国正史が伝えたイメージに由来するもので、「(倭国では)男子より女子のほうが多い。諸国の大人はみな四、五人の妻を持ち、その他の者でも二、三人はもっている……」(「国

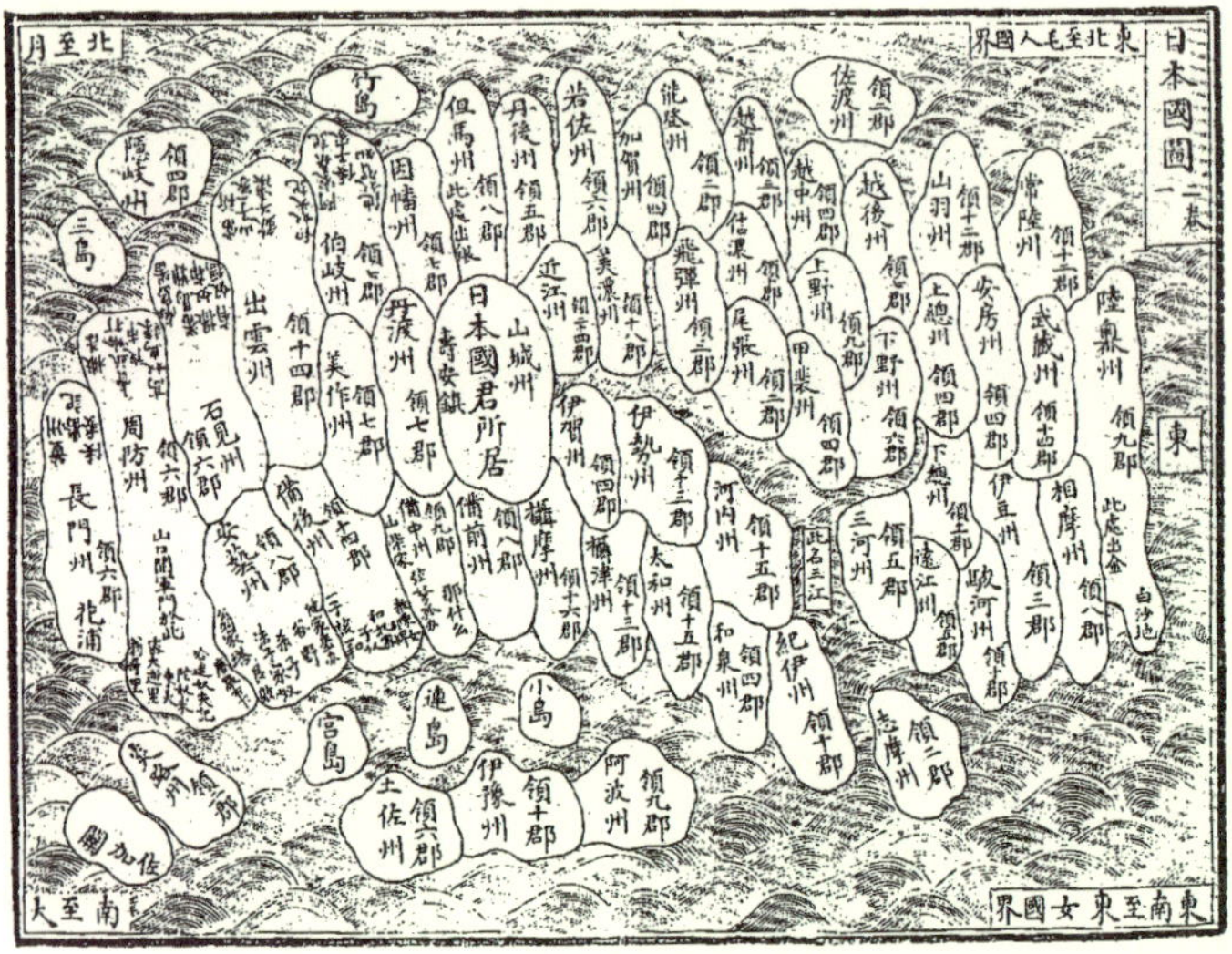

図3『籌海図編』の日本国図
扶桑の国から東千余里のところに、容貌端正の女だけが住むまぼろしの国——女国が存在する。この伝説は、中国の正史にも記載されており（『南史』扶桑伝）、またそれを信じている後世の中国人は、しばしば日本をその女国に近い国として考えていた。明代のころにつくられたこの日本地図の場合、図中に「東南至東女国界」という説明がわざわざ付け加えられている。

多女子。大人皆四、五妻、其余或両或三……」、『後漢書』東夷伝）のような記述は、多くの倭人伝や日本伝、ないし日本についての専門書に見られる。[2] 正史の記述を真に受けた「衆商民」は、これによって娼妓輸入の「正当」な理由を見つけたのであった。それからもう一つ、これもかなり恣意的で、しかし当時においてはかなり一般的な見方だったが、つまり茶館繁盛の理由とされた、日本人の娼妓がみな美貌の持ち主であるという思い込みがあった。もっぱら社会下層の水夫らを相手とする茶館に果たして美女ばかりが集まっていたのか、とても想像しがたい光景である。しかし、彼女たちの「美」に、牛荘にいる中国人も外国人もみな惚れ惚れしている状態だ、と投書のなかで「衆商民」がはっきりとそのように断言しているのである。

また、日本茶館の出現によってもたらされた「衆商民」の感情変化も、投書の内容から読みとることができる。もとの静かな生活に対する懐かしい思い、毎日のように続く茶館の大騒ぎに対する不満、治安の悪化に対する憂慮、さらにもっと多くの日本人の女性に来てほしいという期待感。投書執筆者の胸に、かなり複雑なものが去来していたようだ。ちなみに、その期待感は同じころの『申報』などマスコミの論調と一致するもので、種々の娼妓容認論と賛成論が氾濫していた当時、娼妓の「商業有益説」が特に盛んだった。[3] 日本茶館のさらなる繁盛に便乗して、自らの商機をもいっそう拡大したいという経済的打算は、「衆商民」の腹にあったであろう。それは日本領事館に娼妓輸入の嘆願書を送った直接の動機でもあったに違いない。

「衆商民」がもっていた種々の思惑や感情は、今日の立場からすれば、あるいは奇異なものとして見なされるかもしれない。いうまでもなく、百年前に生きたこの中国人の価値観や考え方は、今日の我々と大きく異なっているからである。それだけでなく、日本人の女たちが主役として活躍していたそのころの日中間の人的交流も――それは「衆商民」の日本体験を形成する上で最も重要な背景であったが、我々にとってもはや見知らぬ別世界に起きた出来事のように見える。しかし、実際の状況として、清朝二百年間は日本女性についての話題が繰り返して提起されていた時代であり、それに関する膨大な記録も様々な形で現在まで残っている。牛荘からの匿名投書は、そのなかの一つの記録にすぎない。そういった清代中国人の日本体験を手がかりに、情欲、放蕩、喜悦、悲哀など種々の欲望と感情が縦横交錯している日中交流の歴史世界をよみがえらせることが、この書の主題にほかならない。

二　文人・妓女・風流

人間の体験を「テキスト」とし、その体験者自身を「読者」とするならば、異なる読者によって、「テキスト」の読み方は時にはまったく違うものである。前記投書事件のなかで、日本人経営の茶館に対して、「衆商民」と日本領事館の態度はまるで相反するものであった。やや乱暴な措置で茶館を禁止した領事館側に、一応「本邦ノ体面」という明白な大義名分がついていた。これに対して、娼妓の存在を肯定する前者は、いったい何を根拠としたのであろうか。執筆者の感情や日本印象を多く語った投書は、この問題についてまったく触れていない。「衆商民」はあきらかに、娼妓肯定の認識を自明の前提にしていたのである。彼はいったい、どのような精神構造の持ち主であろう。

答えのヒントは、やはり投書のなかに隠されている。こぎれいな便せん、きちんとした筆跡、それからわざと通仮字と異体字を使った学究的な顕示欲（たとえば投書のなかの一文「賜欲数人来以勉之禍」に、「勉」は「免」の通仮字として使われており、それから「禍」の異体字として「禍」が使われている。ただ、「禍」は誤字で、正確な書き方は「禍」である）。これらはいずれも作者の文人志向を物語っている。そして上記の問題を解決するためには、まず文人と呼ばれた人々のエートスを理解しなければならない。

文人とは何か。一般的に詩文、書画など文雅なことに従事する人という今日の意味を越えて、伝統中国においては、この言葉には特殊な含意があった。茂木信之が指摘したように、北宋以降の中国社会において、「士」の社会階層に属する人々の生活が、治国平天下の公的生活と趣味性ゆたかな私的生活とに分節化され、後者が強調される場合、「文人」というタームがよく使われていた[4]。簡単にいうと、中国社会を長らく支配した階級の一員としての士人の社会的性格には、いささか相矛盾する二つの側面を見出すことができる。孔孟の道を忠実に守り、経世済民の義務を履行する公人としての側面と、儒学的な道徳から解放された自由な精神を求め、生の喜びを味わい尽くそうとする私人としての側面である。両者はともに士人たるもののアイデンティティの一部であるが、後者は倫理的価値だけでなく、さらに芸術的かつ美的価値も賦与されたものである。そして士人のこのような価値観を体現する重要な理念として、「風流」という言葉がある。

風流は六朝時代（三世紀初めから六世紀末）にすでにあった古い表現である。それが士人の理念として確立されたのは、唐代のことである。文学者の小西甚一は、「風流」の用例を子細に調べた後に、次のように指摘した。

風流とは、中国の士人によって形成された主要な理念のひとつである（中略）私は試みに『全唐詩』から「風流」が含まれる詩句をすべて抜き出し、それらの「風流」がどのような語と関係づけられているかを調べてみた。その結果、唐代における「風流」は、おもに「琴」「詩」「酒」「妓」およびそれらと同じ意味の語に結びついていることがわかった。したがって「風流」とは、音楽をめで、詩文をたしなみ、酒興を愛し、女性との交遊をたのしむという生活から昇華された理想的典型だったと考えられよう。[5]

また、『佩文韻府』に風流と関わる二十三の用例を分析した岡崎義恵も『日本芸術思潮』のなかで、「美的、芸術的、若しくは学者的教養の高さを指す」風流という概念の根本的意義が、「優れたる精神文化的価値の存する有様といふことである」とする。[6]他方、この概念の成立過程について、諸田龍美は次のように分析している。六朝時代において風流を語る主体は「清談」の名士たちであり、そこには門閥主義を背景とする階級的限定が存在するし、「風流」自体もある種の貴族性を帯びていた。これに対して、中唐期以降になると風流を語るのは科挙試験を通過して成り上がった新興士大夫となり、風流概念に内包されていた貴族性がそこで失われてしまった。諸田は、この変化を風流の「俗化」と呼び、またその「俗化」過程に起きた風流の意味変容にも注目した。彼の分析によると、もともと主として「剛胆不羈・自由奔放」の意味で使われていた風流は、中唐期以降の文学作品のなかでもっぱら「艶冶・優雅・享楽・唯美」的な女性的属性として用いられており、かつて傍流に甘んじていた「艶情の風流」、「好色の風流」はついに主流の座へと格上げされたという。[7]このような理念のもとに、周知の通り、「風流の藪澤」の青楼妓館に耽って、それから妓女のために艶詩艶文を創作するというライフスタイルは、唐代以降清末に至る長い間、中国文人の間に存在していた。むろんこれは儒教の教えに抵触するもので、しかし文人たちはむしろ「風流罪過」を犯すことを自慢していたのであった。光緒年間の文人・張延華（号は「知蟲天子」）が編集した『香艶叢書』という大部の叢書のなかで、歴代の艶詩艶文が集められ、その種類は実に三五〇種をも超えた(8)。

そして中国伝統社会における娼妓という存在も、当然ながら以上の文脈のなかで理解され、解釈されてきた。事実、このことをいち早く意識したのは、十九世紀に来華して字典を編纂した西洋人の宣教師たちである。たとえばモリソン（Robert Morrison 一七八二～一八三四）の『華英字典』（*A Dictionary of The Chinese Language*）のなかで「妓」の意味は、①woman of pleasure ②singing girl ③players on musical instruments ④whore, prostitute という順で解釈されている。また、メドハースト（Welter Henry Medhurst 一七九六～一八五七）も『華英字典』（*Chinese and English Dictionary*）のなかで、「妓」を a female musician, a courtesan, a prostitute として定義している(9)。十九世紀の中国で、歌や戯曲を生業とする女たちが「娼妓」のカテゴリーから独立しておらず、まだ文人たちの風流追求の対象であったことは明らかだ。この単語がただ春をひさぐ女だけを指すようになったのは、本書第二部で指摘するように、おそらく二十世紀以降のことであり、それが一般的に定着したのは、あるいはもっと後のことだったと思われる。

以上の背景のなかで、あらためて牛荘からの匿名投書を見てみると、次の二点を指摘することができる。第一に、投書のなかにある「娼妓」という言葉の意味は、モリソンやメドハーストの字典で定義されたものであろう。第二に、娼妓に対する執筆者の見方は、好色風流の追求を当然視する長い伝統に基づいたものであり、近代的価値観がまだそこに入っていない。したがって、もっと多くの娼妓を連れてきてほしいと日本領事館に要請したことは、文人志向を持つ執筆者にとって、まったく驚怪に値する行為ではなかった。むろん、近代文明に薫陶された日本外交官たちの娼妓認識をまったく知らなかったことも、「衆商民」が唐突に投書を送りつけたもう一つの原因であろう。

清末の時点で、風流の追求を当然視する中国人は、むろん匿名投書の執筆者だけではなかった。本書の第三部では、清末を代表する一人の中国知識人をとりあげ、彼の言説を通してその時代を生きた一人の文人の精神世界を分析しながら、彼の日本体験をつぶさに追跡した。牛荘の「衆商民」と同様、第三部の主人公も「華洋雑居」の通商港に住んでいたいわゆる「条約港知識人」の一人である。科挙試験に落ちた彼は、生活のために西洋人が支配する上海の租界に入り、新教宣教師のもとで働いていた。しかし、まさに士大夫の一面を失ってしまったがゆえに、彼は好色風流の追求を生涯のライフスタイルとして堅持し、また誇張な表現を用いて自分の姿を世間に見せようとしていた。そして日本人との交流にも、彼はこのような姿勢を徹底的に貫いたのであった。

このような徹底された文人的姿勢は、本書のなかで、清代中国と日本との交流の有り様を大きく左右した一つの要因として位置づけた。書名を「海を越えた艶ごと」と名付けたのも、この故である。『広辞苑』に「つやめいたこと。男女間の情事に関したこと。また、そのしぐさ。ぬれごと」と解釈されている「艶ごと」は、いうまでもなく「艶情の風流」や「好色の風流」と通底する表現である。それから、「艶」の字に「美麗な文章」や「音楽の曲調」の意味も含まれているので、「艶ごと」は当時の両国交流のなかに漂っていた文化的香りをも指している。さらに、「海を越えた艶ごと」は中国社会のなかで日本女性が理想化されたという事実を連想させる表現でもある。なぜならば、「艶」という字のもう一つの意味は、「容色の豊満好美なこと」であるからだ[10]。

三　往来の実像

牛荘の投書事件が提起した問題として、もう一つ、典型性の問題があると思われる。中国人が直接に日本の外交機関に嘆願書を出すことは、かなり珍しい出来事だが、その背景に、牛荘在留の日本人十数名がすべて茶館に関わっていたという事実がある。これはやや極端なケースかもしれないが、清末の中国へ進出した日本人のなかで、現在「からゆきさん」と呼ばれる女性たちが大多数を占めていたことは歴然とした事実であり、牛荘で起きたことは同時に日本人による中国進出の縮図として捉えうる。

「東洋各港に本邦売淫婦の多きは有志の嘆ずるところ、香港にも四十人を限り領事より許可せる由、我が婦人の不品行は実に嘆息の至りに絶えず」。谷干城（一八三七〜一九一一）が明治十九年ヨーロッパ見学に出かけた際の観察は、「東洋各港」に及んだ「本邦売淫婦」の多さを物語っている。また、『航南私記』のなかで広瀬武夫（一八六八〜一九〇四）が「我が在留人二百五十二、うち男児は僅か百二、残余は婦人にして、その人に向かって恥じざるの女は僅か二人なりとす」と述べているように、日本人女性の人数が男性よりずっと多かった現象は、一八九二年の香港でも起きていた[11]。幕末以降日本人が残したこのような記録は、実に枚挙にいとまがない。

さて、女たちの中国進出は、清代の中国社会にいかなる影響を及ぼしたのであろうか。この問題に対しては、「本邦ノ体面」を重視する同時代の日本外務省の官僚たちのみならず、「彼女等は我国の生命線たる、満蒙西伯利亞の先駆者である」[12]と賞賛する昭和前期の拡張主義者も、「からゆきさん」の悲運を訴え続けてきた戦後の女性史研究者たちも、関心が薄かった。しかし、その影響が甚大だったことは明白である。加藤義三の表現を借りていえば、わずか数軒の東洋茶館しかなかった牛荘でさえ、中国住民がすでに「堵ヲ安ンスルコト能ハザル実況」に陥ったほどであった。

問題究明のために、本書の第二部では上海という街に焦点を当てた。近代以降中国の最大都市に成長した上海は、日本人が訪れた最初の場所であり、またいずれの時期においても数多くの日本人居留民がそこに住んでいた。一八九〇年頃に上海では日本人居留民の人数が約七百人にものぼり、そのなかで半数を占めたのは東洋茶館の女たちであった。そして彼女たちの全盛期である一八八〇年代半ば頃には、二百軒以上の東洋茶館が一時に租界に集中し、女の人数もおよそ千人前後に達したこともあった。

また、上海は茶館の発祥地でもあった。「ジャパニーズ・ティー・ハウス」(Japanese tea house 中国語では「東洋茶館」)が文献上はじめて登場したのは一八七〇年代末期のことで、牛荘の記録より少なくとも十年以上前のことである。上海と牛荘の関係を端的に示した事例として、たとえば牛荘で東洋茶館を経営した小林長次郎の場合、彼は明治二十四年八月に上海へ赴き、そこで雇婦人四人ならびに一切の家具等を他の日本人から譲り受けた後に、はじめて牛荘で茶館を開業したのであった[13]。「からゆきさん」による中国進出の過程のなかで、牛荘は地方の一拠点にすぎず、これに対して、上海は海外へ飛び出した日本人ネットワークの中心地であり、各拠点へ分散するための中継地でもあった。

表1　明治二十四年牛荘在留日本人一覧（外務省文書「本邦人不正業取締関係雑件」第一巻所収「牛荘在留御国人名簿」より作成）

姓　名	年齢（歳）	出　身　地	職　業
小林長次郎	39	新潟県古志郡高山村二三七番地	東洋茶館営業
大西　卯市	31	広島県安芸郡瀬戸島瀬戸村六四四番地	同
中村卯太郎	33	広島県豊田郡小方村一七〇番地	同
永埜　イク	26	長崎県西彼杵郡戸町村大浦郷五二五番地	同
山田　ミツ	27	長崎県長崎市波ノ平町五六番	同
野口　フミ	21	長崎県西彼杵郡戸町村大浦八三三番	東洋茶館の雇婦
作頭　チマ	21	熊本県天草郡深江村	同
林田　ハツ	26	長崎県西彼杵郡高島村	同
森　　ツカ	27	長崎県東彼杵郡大村片町一〇二五番	同
佐藤　コト	15	長崎市油屋町六七一番	同
伊藤　ワキ	16	長崎県田上村	同
徳田　ミツ	22	熊本県天草郡御領村片平町	同
釘宮　ユキ	20	大分県小海部郡佐賀ノ関秋ノ江三五番地	同
野田　カヨ	25	佐賀県小城郡西多久村	同
高谷　ナカ	22	長崎県南高来郡島原愛津村	同
濱　　カツ	20	山口県下赤馬関区入江町一三〇番地	同
渡辺　カツ	19	大分県小海部郡下ノ江村	同
山崎　クコ	30	熊本県天草郡御領村五六〇番	同
山口　キチ	17	長崎県神《マ》焼《マ》島	同
園田　シヅ	19	熊本県天草郡深江村	同
山口　キワ	19	熊本県天草郡御領村	同
遠藤　フサ	26	福岡県御井郡久留米呉服十八番地	同
岩崎　シツ	22	熊本県天草郡深江村	同
永見　マサ	26	長崎県長崎市鍛治屋町	税関監吏の侍妾

清末中国に渡った「からゆきさん」に関する諸問題のなかに、次の大きな疑問がまだ残されている。その時代において彼女たちが多くの日本男性に先だって中国へ渡航したのは、なぜか。この疑問について、明治二十四年（一八九一）芝罘日本領事館がつくった「牛荘在留御国人名簿」には、示唆に富む記録が残されている。それによると、その時期に牛荘在留の日本人は男三人、女二十一人の計二十四人であり、それぞれの職業は、洋妾が一人、茶館の経営者が五人、茶館の雇婦が十八人である。また、彼らの出身地を見てみると、三人の男がそれぞれ新潟と広島の出身であるのに対して、女たちの大多数が、長崎市およびその周辺地域（熊本県の天草など）の出身者であった（表1参照）。

ここで、長崎という特定の場所が新たに浮上してくる。長崎といえば、いうまでもなく江戸時代以来日本の対外交流の窓口であり、かつて日中両国間の人的往来が壮大に展開する舞台であった。したがって、幕末以来「からゆきさん」の中国進出は、それまでなかった新しい現象である一方、日中関係史的な立場から見れば、それ以前の長崎で行われた両国の人的交流の延長線上に位置づけられる現象ともいえる。本書のなかで私は主として後者に注目したのだが、これには理由がある。

そもそも日中両国の民間往来は、十九世紀後期に入ってから始まったことではない。九世紀の記録にすでに見られる中国商船の日本渡航は、明代後期になると大規模な展開を見せはじめた。明清の王朝交替以降、紆余曲折を経て康熙二十三年（一六八四）に清朝朝廷は展海令を発布し、これをきっかけに中国人の長崎渡航ブームが起きた。その後、幕府が唐人屋敷を設置して、中国からの来訪者を隔離・収容することにしたが、その過程のなかで、特別な存在として登場してきたのが、他ならぬ丸山遊郭の遊女であった。というのは、唐人屋敷を出入りする自由が与えられた日本人といえば、唯一、彼女たちだけであったからである。江戸時代を通して、渡崎清人と丸山遊女の邂逅が、同時代のほかのどのような両国間の人的往来よりも、ずっと盛んで、規模もずっと大きい交流の形式であったことは、れっきとした事実である。

東洋茶館が牛荘の街にはじめて現れたのは一八九〇年のことである。しかし、東洋茶館の内部で起きたさまざまな人間ドラマは、その二百年前に長崎唐人屋敷の舞台ですでに開演していた。場所こそ異なるものの、中国文人の目には、両者はともに同じドラマの一部として映ったに違いない。そして以下の物語も、まず清代中国人の長崎体験から始めなければならない。

第一部
「遊興都市」長崎へ

清客たちの日本旅行（1684 ～ 1830）

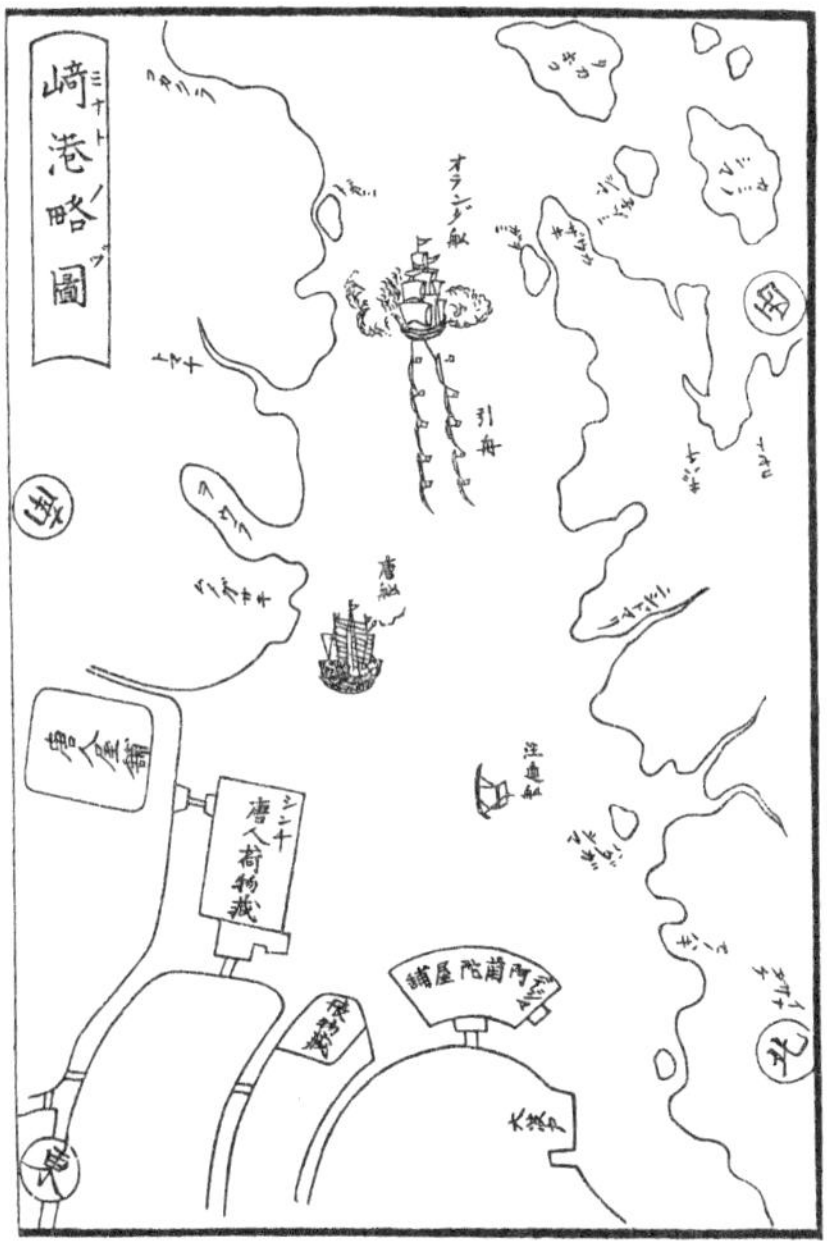

崎港略図

はじめに

一　日本の文人に感動を与えた長崎風景

烟漠漠　　　　煙　漠漠
柳青青　　　　柳　青青
一朝人遠去　　一朝　人　遠く去れば
千里檝難停　　千里　檝　停め難し
銷金帳下三春夢　　銷金帳下　三春の夢
月落江南望渺冥　　月は江南に落ちて望　渺冥たり

——武元登登庵「江南春・妓別清客」

右の填詞は、すなわち江戸中期備前（岡山）の書家・漢詩人である武元登登庵（名は正質、一七六七～

一八一八）の作である。「江南春」は曲調を表すいわゆる「詞牌」で、詞の内容は「妓別清客」というタイトルのとおり、長崎丸山遊郭の遊女がもうすぐ日本を離れる来舶清人に対し恋々として別れを惜しむ場面を抒情的に描くものである。填詞の序文によれば、「呉船」（中国江南から来た海船）が長崎から帰帆する際、登登庵本人が唐人屋敷の前に出かけ、遊女たちがお馴染の清客を見送る光景を観に行った。そこで詞人は異国男女間の「情」を察しながら、さらに思いを遥かなる中国江南の大地へ馳せた結果、この哀婉な情緒が溢れている作品が生み出されたという。(1)

文化五年（一八〇八）から二年間長崎で滞留生活を過ごした登登庵は、詩集『瓊浦採奇』（『行蕣詩草』青集）のなかに、清客と遊女の関係をテーマとして数首の詩作を残している。なかでもこの「江南春・妓別清客」、およびその姉妹編「江南春・清客別妓」は、のちに中国研究者の神田喜一郎博士から「まさしく長崎竹枝」との高い評価を受けている。(2)

文学的想像を別として、「江南春・妓別清客」のなかで描かれている清客と遊女との親密な姿は、たしかに江戸時代の長崎ならではの光景であった。異国情緒が溢れるこの光景に、備前から来た登登庵は心を打たれたのであった。事実、宝暦十四年（一七六四）に唐人の水夫林岩弟と遊女沢山の情死事件が起きた後に、唐人と遊女の情愛が当時の日本社会においてかなりの話題を呼び、それを題材として多くの詩文も作られた。なかでも『和漢同詠道行』が代表的な作品であり、著者の蜀山人大田南畝（一七四九〜一八二三）はそのなかで中国文人「珍珍説」と遊女「ゑん山」の恋愛伝奇を敷衍した（図4）。そのほか、南畝の美文に刺激され、いわゆる唐人辞世の詩や遊女辞世の歌といったたぐいの作品もいくつか現れたのである。(3)「妓別清客」のなかで遊女の感傷が特に強調されたのは、それらの詩作から影響を受

図4　珍珍説とゑん山の道行
「千年《せんねん》の怨夢《えんむ》一時《いちじ》につき、ともに北邙山上《ほくぼうさんぜう》の煙《けむり》となりし、あだひとを、恋《こひ》こがらしの、涙《なみだ》の雨《あめ》、言《こと》のは草《ぐさ》やしめるらん……」海を越えた情死劇を謳歌する蜀山人の『和漢同詠』（天明二年刊行）は、一時に人口に膾炙した作品である。

けた結果であるかもしれない。

もちろん、唐人と遊女が一緒にいる光景を見た日本人は、感傷だけを感じとったわけではない。多くの場合、この光景を文学的、あるいは芸術的に再現しようとする日本の文人たちはむしろロマンチックな眼差しで唐人屋敷を出入りする男女たちの姿を注視したのである。たとえば頼山陽（一七八〇〜一八三二）の漢詩「長崎謡十二解」で、その九番、十番、十一番はいずれも丸山遊女と清人の関係を取り上げた作品だが、それぞれの内容と言えば、馴染みの唐人と年に二度しか会えない遊女の半分嬉しい、半分切ない気持ちを表現したものもあれば、両者の歓愛をいささか官能的な手法で描写したものもある[4]。他方、美術の世界では、寄り添っている若唐人と遊女の馴れ馴れしさ、あるいは両者を包む和やかな雰囲気は、江戸期の画人たちにとって、みな絶好の画題であった（図5、6）。とにかく、清客と遊女の

▲図5　渡辺如山　丸山遊女と唐人の図

◀図6　伝石崎融思　丸山遊女元旦の図

親密な姿は、江戸時代の日本人に親しまれた風景であり、また多くの文学と芸術を生んだ源泉でもあった。

さて、この風景はいったいどのようにして誕生したのだろうか。

二　清客と丸山遊女

清客と遊女との関係は、個々人の男と個々人の女との出会いから生まれた人間同士の私的関係である。他方、この私的関係ほど、同時代の二つの政治権力に強く影響されたものはなかった。

十七世紀に入ってから相次いで成立した徳川日本と清朝中国の二つの王朝は、自らをそれぞれの中華的世界秩序の頂点と自認し、その結果、両者は政治的にかかずらおうとしないきわめて冷淡な隣人同士となった。しかし、少なくとも相手の経済ないし文化的資源に対する欲求をたがいにもっていたため、民間レベルの通商と交流に対して、両方の支配者は厳しい統制を設けながらもその存在自体は認めていた。一方、幕府の鎖国政策によって、日本人の海外渡航が厳しく禁じられたため、両国をつなぐ架け橋といえば、唯一、毎年長崎に寄港する中国の商船であり、その商船による商品貿易は、通常「唐人貿易」と呼ばれるものである。

唐人貿易の典型的形式を簡単にいうと、唐船が生糸、書籍、薬種、砂糖などの中国物産を積んで日本へ出帆し、帰りに棹銅や俵物などの日本商品を満載して中国へ帰航する、ということである[(5)]。しかしこの唐船が貨物船としてだけではなく、同時に数多くの乗客を乗せた客船でもあったことは、見逃せない事実である。大庭脩が強調したように、日本へ渡航した人たちは儒学をはじめ、文学、美術工芸ないし医学などさまざまな領域において中国の影響を日本にもたらし、江戸文化が花を咲かせることに多大な貢献をした。[6] 秀麗な詩句を世に残したかの武元登登庵が日本で一般的に知られたのも、清客朱緑池から学んだ古詩の韻法をまとめて『古詩韻範』三巻と題して上梓したからである。しかし、このような文人間の交流は、当時においてけして頻繁に行われたことではない。多くの清客たちにとって、数カ月にも及ぶ長崎での滞在生活のなかで、もっとも身近で親しい日本人は、やはり丸山遊女であった。

丸山遊女に関してよく知られた事実の一つは、幕府に定められた彼女たちの特殊な地位である。元禄二年（一六八九）に幕府が唐人屋敷を設置して以後、長崎渡航の唐人たちはそのなかに封じ込められ、幕府の厳重な監視の下に置かれていた。唐通事、唐人番などの専門役人および少数の指定商人を除いて、彼らは一般の日本人との接触さえ遮断された（図7）。唯一、丸山遊女は例外だった。しかも彼女たちは唐人屋敷に出入りするだけでなく、なかで宿泊することも許可された。事実、幕末の唐人貿易衰退期を除いて、江戸期の大部分の期間、清客たちの遊興相手としての丸山遊女は極めておびただしく、その数は常に数百ないし千名ぐらいおり、最盛期の元禄期ごろにはさらに約一五〇〇人にも達した。かつて福田忠昭は、江戸時代を通じて唐人屋敷に出入りする遊女人数が「一日少なくして五六十人多きときは弐百人」という規模であったと推測し、また長崎学の碩学古賀十二郎（一八七九〜一九五四）も、「丸山遊女は、唐人の遊女と謂ふ可き観があった」と感慨した。[7] したがって、清客と遊女が一緒にいる情景が他の日本人にしばしば見られていたことは、いささかも不思議なことではなかった。

丸山遊女が語り継がれたもう一つの理由は、中国人の男たちと関係する過程のなかから漂ってくる文

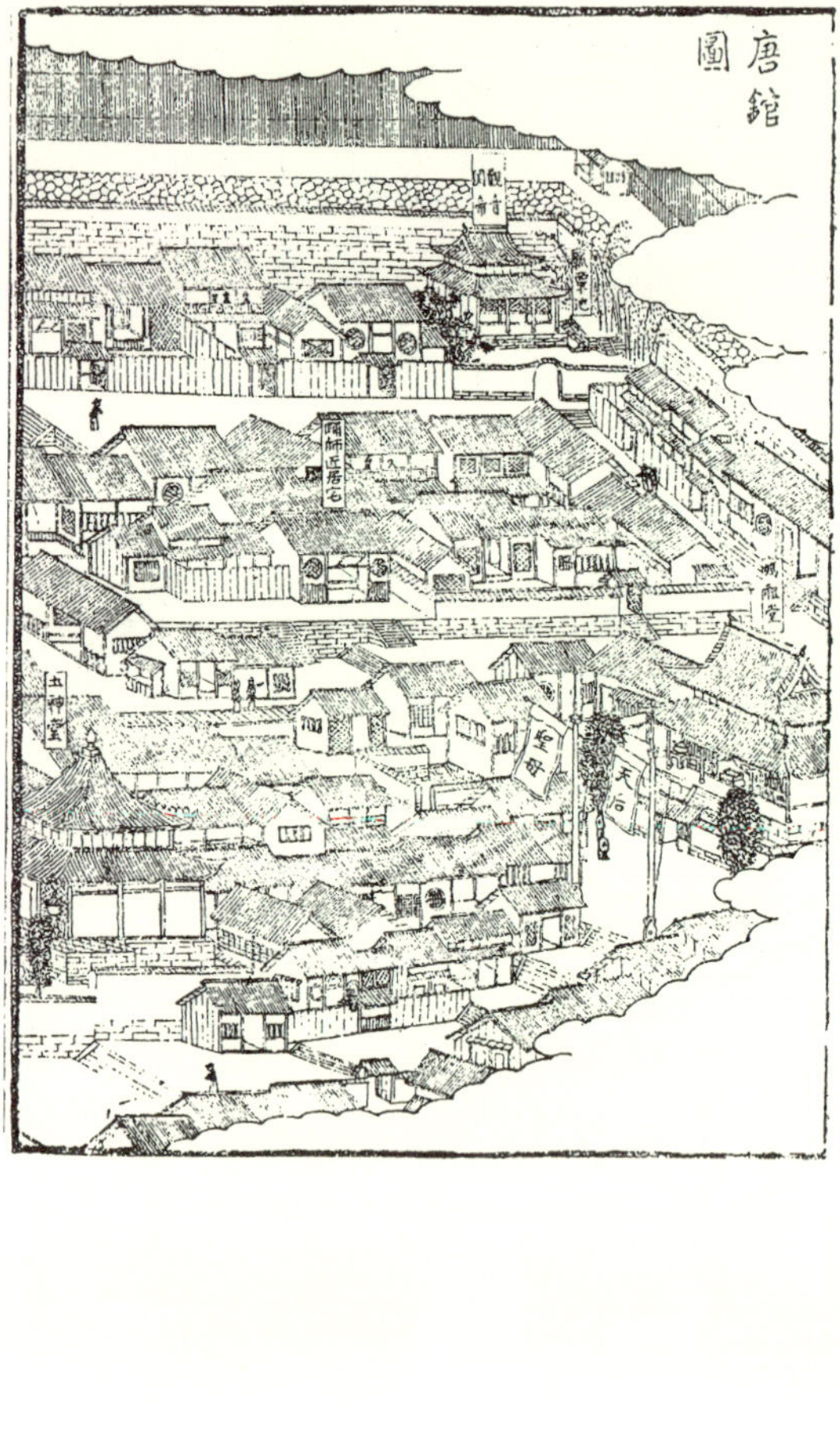

図7　唐館図
狐嶺（いなりだけ）と梅ケ崎の間、十善寺の址で建造された唐人屋敷。元禄元年九月に造営の工事が開始し、翌年四月に竣工した。館内の広さは九三六三坪八合、造営費用は銀六三四貫四四〇目であった。唐人屋敷はその後「長崎十二景」の一つに選ばれ、「華館ノ笛風」と名付けられた。

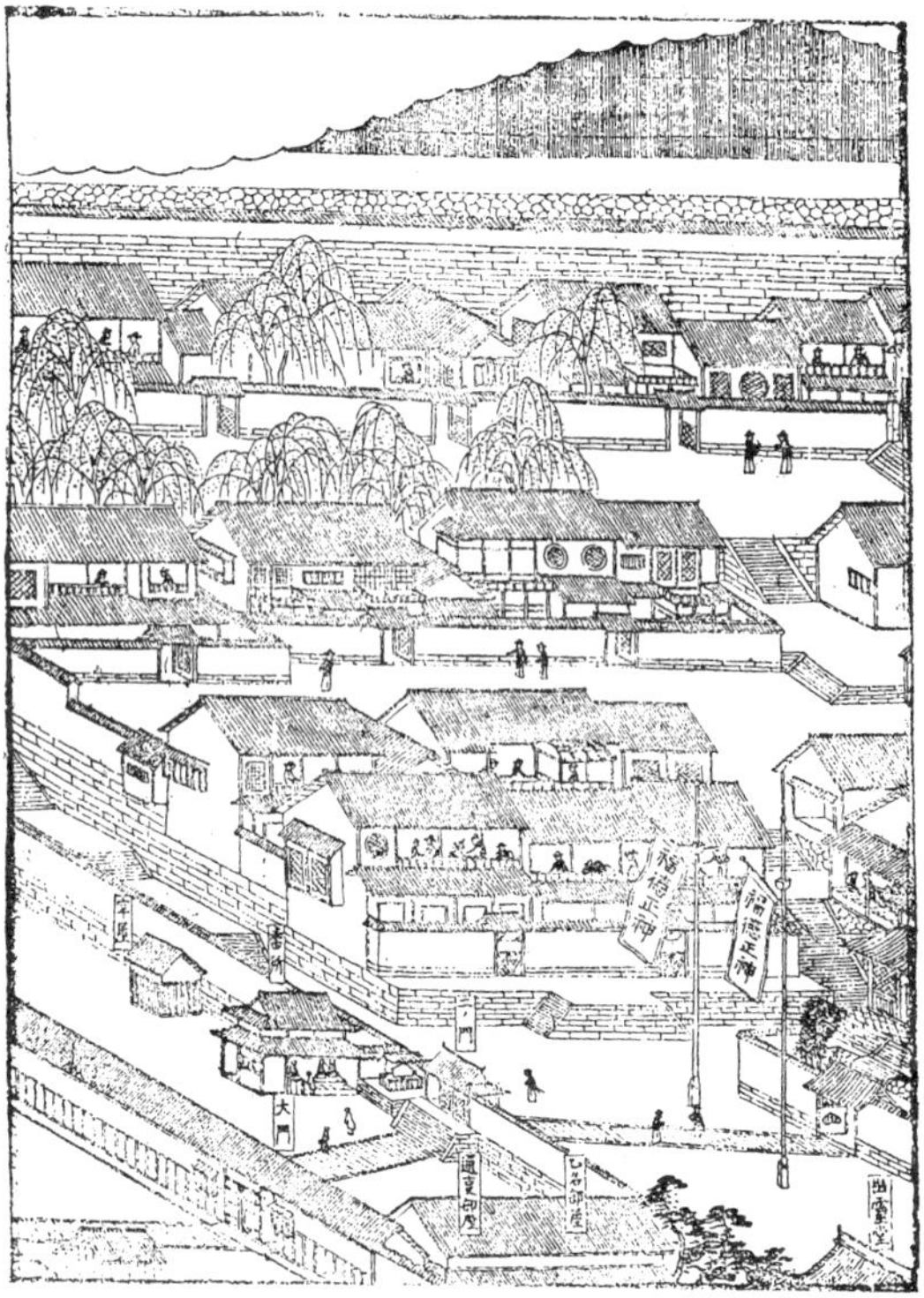
大門

化的な香りである。音楽を例として挙げると、多くの丸山遊女が胡弓、月琴など中国の楽器をよくし、「清楽」と呼ばれた中国音楽に堪能であったことは有名な事実である。江戸時代の丸山遊郭でよく演奏された清楽の数は三十以上もあり、なかには、もともと江南民謡の「看々踊」が京都、大阪、江戸まで伝わり広まって、文化年間日本全国でブームとさえなった。(8) つまり、丸山遊女が単なる清客の性的相手に止まらず、同時に文化の伝播者であり、創造者でもあったからこそ、後世に注目されたわけである。

今まで、主に古賀十二郎を中心とする戦前の長崎郷土史の研究者たちは、丸山遊女にまつわる史料の発掘や史実の究明に携わってきた。なかでも古賀の遺著である二巻本『丸山遊女と唐紅毛人』は、学術的著作として丸山遊女研究の集大成と称されている。しかし、疑問はいぜんとして存在する。そもそも中国の男たちがわざわざ中国から海の彼方へ赴き日本の遊女と交歓し続けた現象は、どのようにして発生したのだろうか。またそれら異国の男女同士は、いったいどのような交流を行っていたのだろうか。近世清日交流の基本構造を理解するためには、これらの疑問に回答しなければならない。もし清日交流をすべて貿易の枠組みのなかで理解するならば、大勢の中国人が日本へ渡航した根本的な理由を、単純に経済的動機に還元してしまいがちになるだろう。だがしかし、実際の状況は遥かに複雑であった。

以下、十七世紀後期以降の清日交流の表面に満ち溢れた「銅臭」を払拭しつつ、その深層に横たわっている、種々の人的交流および人間的感情によって築かれたもう一つの歴史世界へ飛び込もう。

第一章　遊楽に出かけた清客たち

一　にわかに現れた渡崎熱

中国の民衆が海外に向けて発展を求める長い歴史のなかで、十七世紀後半つまり清朝初頭は波瀾の時代であった。

一六四〇年代から始まった満州族の中国征服は、明代後期から拡大しつつあった一般民衆の海外自由進出に決定的打撃を与えたできごととなった。この過程において、満州の新支配者は隆慶元年（一五六七）以前の明王朝の海禁政策を継承しながら、さらに東南沿海地域の抗清勢力を隔離し消滅させるために、海を徹底的に封鎖しようとしていた。具体的には、海外渡航禁止の他に、沿海住民を内地へ強制的に遷移するいわゆる「遷界令」を一六六一年、一六七二年、一六七八年の三回にわたって発布したのである。清朝最初の四十年間、満州族の支配者の強硬な海禁政策は民衆の生活に様々な災難をもたらした。なかでも海運業の停滞がひどく、一六八〇年前後に日本に寄港した中国大陸からの商船は、十七世紀前半と比べて極端に少なくなり、一六八一年には一艘さえもなかった。[9]

しかし、この不振衰微の時代に次いですぐやってきたのは、東南沿海地域における人々の長崎渡航ブームであった。一六八四年、清朝が海禁政策を転換させ「展海令」を発布した後、その年にもすぐに二十四艘の唐船が長崎に入港した。そして一六八五年に八十五艘、一六八六年に一〇二艘、一六八七年に一三六艘、ピークの一六八八年にはさらに一九四艘に達した。その勢いに歯止めをかけるために、これ以降日本の幕府と清朝官府は相次いで制限策を打ち出さざるを得なくなった。[10]

このにわかに現れた中国人の渡崎熱については、当時の渡航人数に関する統計からも一斑をうかがえる。朱徳蘭が『華夷変態』に依拠して算出した数字によれば、一六八四年〜一七二二年の三十九年間に中国人の長崎渡航者の延べ人数は約十三万人に達し、なかでも一六八八年には、一年間で延べ九二一六人が長崎を訪れた。[11]

なぜこの盛況が突如、現れたのだろうか。

きっかけはいうまでもなく清朝の展海令である。三藩の乱（一六七三〜一六八一）を平定した後、満州族による中国支配の正統性はようやく広く認められ、[12]そして一六八三年の台湾鄭氏一族の降伏はさらに抗清勢力の最終的な敗北と清朝支配の完全確立を意味した。江寧巡撫を務めていた慕天顔（一六二四〜一六九六）が康熙皇帝への上奏文「請開海禁疏」に言ったように、新王朝のこれからの課題は、海禁を解除することによって民衆の生活を安定させ、「貧寡之患」を除去すると共に王朝に「富強」をもたらすことになった。事実、海を開放することの必要性は、実務に携わる官僚たちによって繰り返して強調され、康熙皇帝本人もそれをはっきり認識していたのであった。[13]

もうひとつ、この渡崎熱を演出した主役――江南から来た人たちの新たな登場も注目すべきことである。周知のように、長い歴史のなかで中国の対日貿易は、距離的にもっとも地の利をもち、かつ日本向け物資を豊富に産する江南地域を中心として展開してきた。海禁の時に江南の海外貿易が一時に打撃を受けたが、その復活は驚くほど迅速で、しかもあっというまに福建、広東を凌駕して唐人貿易で断然優位を占めるようになった。大庭脩の統計を見ると、一六八四年から一七二八年の間に江南から出航した船が、南京船は三七〇艘、寧波船は二三七艘に達し、なかでもピークの一七〇八年には四十五艘の南京船と二十三艘の寧波船が長崎に入津した。そして乾隆時代（一七三六〜一七九五）の中期以降、対日貿易に携わる唐船は江蘇（呉）、浙江商人の独占のもとに運営されるようになった。[14] 因みに、武元登登庵が填詞のなかで唐船のことを「呉船」と呼ぶ理由もここにある。

もちろん、一六八〇年代以降の長崎渡航熱が突如に現れた原因は、官府の政策上の誘導と参入者の増加だけではない。もう一つの根本的理由は、やはり清朝の異民族支配、また四十年間にも及ぶ極端な海禁政策に対する民衆の反動にあった。海禁政策は海外へ向かおうとする人々の欲望を扼殺することに一時的な成功を収めたが、それがなくなったとたん、久しく抑圧されていた民衆のエネルギーが爆発したのである。以下に見るように、清客は実に様々な人間からなっており、また彼らの欲望も様々であった。

二　渡航者の構成

江戸時代の長崎を訪れた中国人の渡航者は、実に様々な職業と身分の人々からなっている。この事実は、当時の清朝当局にもしっかり把握されていた。それは、官府が過去の倭寇の乱にかんがみ、さらに馬や武器などの軍需物資が日本へ流入することを警戒して、常に渡航者たちを注意深く監視した結果であった。

大量の長崎渡航者に対する清朝官府の管理対策に関して、たとえば戊申雍正六年（一七二八）の秋八月、浙江総督李衛（一六八六〜一七三八）が雍正皇帝に次のように上奏したことがある。

凡出洋装貨包箱各物、悉令開験。一応水手、舵工、商人、奴僕、附搭小客倶著落牙行査明籍貫、年貌、取保結、限期回籍。返棹進口点験、人数缺少者拿究。(15)

凡そ海外に輸出する各々の貨物は、ことごとく開けて検査せしめる。水手、舵工、商人、奴僕、附搭小客に対しては、その出身や年齢、相貌を牙行に調べさせ、それから保証を取らせ、定められた日限にて原籍地へ帰す。帰航の際にも点検を行い、人数が少なくなったら責任を追及する。

この建言の主旨は、日本に対する警備を強めるよう、ということである。引用の部分は、李衛がすでに沿海地域の各部門（文武営県および各税関）に下した秘密命令についての説明である。文中の「牙行《ヤアハン》」とは、明清時代の中国で発達した一種のサービス業で、『清俗紀聞』によれば、「牙行」が携わる業務の内容は、商取引をまとめることから、倉庫や宿泊施設、運送手段の提供すなわち「諸民私用の旅行」全般を仲介することまで実に幅広いものである。(16) 李衛が上奏文のなかで述べているのは、すなわち「牙行」を監視することによって「販洋往来」の人々に対する統制を強めようとする官府側の管理方針である。ここで興味深いのは、官府側の直接責任者である李衛が記述した渡崎者たちの人員構成である。

それによると、渡崎者のなかにはまず「水手」と「舵工」がある。これはいうまでもなく海船の運航に関係する乗組員のことだが、彼らを総括して「水手」と「舵工」と呼ぶのはかなり大雑把である。実際、当時日本で「唐船役者」と呼ばれていたこれら船員は、それぞれの役割分担が細かく区分され、それによって各々の職名をもっていた。それを記録した長崎の学者西川如見（一六二八～一七二四）の『華夷通商考』に拠ると、「唐船役者」は「夥長《ホイチャン》」「舵工《タイコン》」「頭碇《トウテン》」「亜班《アハン》」「財附《ツアイウフ》」「総官《ツヲンクワン》」「杉板工《サンパンコン》」「工《コン》社《シャ》」「香工《ヒヨンコン》」「船主《ツンツウ》」によって構成されている。「船主」は総責任者で、「船中の役」がなく、「日本にて商売の下知をし、公儀を勤め、一船の人数を治む」リーダー的存在であると同時に、商人でもある(17)。

次は商人である。商人は、清朝の官命を受け棹銅の購入を担当する「銅商」のほか、個人貿易に携わる数多くの海商も含まれている。西川如見によれば、商人たちは中国各地からきたものであり、なかには四川省や貴州省など内陸部の人もいる(18)。

それから「奴僕」である。唐船に乗った「奴僕」はまた「随使」「搭份」とも呼ばれ、おそらく二種類の人間を指していると思われる。つまり下僕として船のなかで働いている者および商人の養子である。後者の場合、廖大珂『福建海外交通史』によれば、清代の福建省では海外貿易に従事させるために他人の子供を養子としてもらう風習が盛んであり、このような海商としての養子は福建方言では「契子」という(19)。また、長崎版画のなかに、「随使」たちがしばしば可愛い少年として描かれているのである（図8）。

図8　孟涵九と従者の図
孟涵九、名は世燾、字は涵九、乍浦の人である。彼について、『長崎名勝図絵』巻之二下に、「寛政のころ、長崎の館中にありて日本のいろは仮名《かな》を学びて、古歌など臨摸《りんも》し、書を乞ふ者あれば専らに書き与へけり。」と紹介している。

最後は「附搭小客」である。上奏文の文脈から見れば、「附搭小客」はすなわち船に便乗した、船の運航関係者でも商人でもない人々であると考えられる。また李衛が出した秘密命令に「附搭小客」が単独でとりあげられるほど、その人数が大勢いたことも読みとれる。しかし、彼らの正体について、李衛の文章にはこれ以上詳しく記されていない。「附搭小客」とはいったいどのような人たちであろうか。

三　「壮遊」者たち

李衛が言及した「附搭小客」の形象は、同時代の厳雲なる人物の文章のなかに描かれている。厳雲は丙戌年（一七〇六）から四年間官僚として勤め、その後一民間文人として蘇州に十六年間住んでいた人物である。彼は甲辰年（一七二四）長崎崇福寺の六代目住持道本（一六六四〜一七三一）の詩集『蕭鳴草』に序文を寄せ、その文章の冒頭に、次の一文がある。

姑蘇、江南一大都会也、東抵蒼溟、控閩浙、通群島、而於長崎尤近、貨貝之所聚、艘船之所至、吾郷之挟貲服買者、多奔走焉、而懐奇好異之士、亦往往借之以供其壮遊之具。[20]

蘇州は江南の大都会である。東は海に面し、福建と浙江を控え、島々と通じ、長崎と特に近い。長崎は商品と富が集まり、商船が行ける場所なので、私の故郷の商人たちは大いに行き来している。そして好奇心が強く、奇異なものを好む士人も、往々にして商船を自らの壮遊の道具とする。

厳雲の観察によれば、長崎へ渡った中国人は、売買を目的とする商人および遊楽を目的にして出かけた士人という二種類の人間である（文人の彼は当然船員や奴僕など底辺の人々に目が向かないのである）。そして士人たちにとって、唐船は単なる商船ではなく、むしろ長崎での「壮遊」を目的とした者を運ぶ客船という側面もあわせて持つのである。この記述が表わしているように、そもそも渡崎者のなかの「懐奇好異之士」、すなわち李衛のいう「附搭小客」は、中国人「長崎観光旅行」の先駆者と称すべき、実は歴然とした遊楽組の人々であった。

「壮遊」を目的に渡崎した「附搭小客」は数多くいたに違いないが、彼ら個々人の足跡についてはほとんど長い歳月に埋没されてしまい、今日まで伝えられていない。[21]少数の例外として、たとえば庚寅年（一七一〇）の夏に長崎を訪れ、その見聞を後に『海国聞見録』に記録した陳倫炯という人物がいた。彼は商売とまったく無関係な旅行者で、単に「日本風景佳勝」を聞き、そして明代の倭寇擾乱の「情実」を究明するために訪日した。[22]因みに、かの厳雲も、先と同じ文章のなかで、自分が官職から退いた後の退屈をはらすために、船に乗って颪と波を追い、「海表」（海外の地）を「漫遊」しながら、「域外之異観」を見にいこうという、海外旅行に対する情熱と意欲をも併記している。ただ、それが実現したかどうかは詳らかではない。[23]

清朝官僚の李衛と旅行に興味津々の民間文人厳雲、それぞれ立場が異なる二人は、船員や奴僕を除いた渡崎者たちの構成を、はからずも二種類の人間、つまり商人と遊客として分けた。この分け方は渡航者たちの真実の一面を伝えたものに違いない。それだけでなく、一六八〇年代から始まった中国人の渡崎熱は、じっさい貿易と観光の二つの動向が合流した結果であることをも物語っている。

四　日本人の目に映った唐人たち

一方、来日した中国人に対して、受入側の立場に立った当時の日本人の見方は、それはまた清朝側と異なるものであった。幕府の役人は、唐船が長崎に入津した際、必ず船主に渡航者名簿を提出させ、そしてそれを入念に確認しさらに仔細に記録したのである。しかし、役人たちには中国の渡航者を商売人と遊楽客に分けるという考え方はなかった。

『通航一覧』巻二二七に、貞享五年（一六八八）謝芬如を船頭とした一三六番南京船の人員に関する幕府側の記録を例として見ると、水夫以外の「唐船役者」は、船頭一人、財副一人、夥長一人、船公一人、総官一人、工社二人で、そして残りの十人は、その渡航目的を問わず、みな「客」とされている。(24) すなわち、「客」と呼ばれた人（彼らは厳格な意味での「清客」である）たちを、日本人は一様に見なしていたのだ。

幕府が「唐船役者」以外の渡航者を一律に「客」として扱った一つの理由は、そもそも商人と遊楽者を区別する境界線がはっきり存在していないことにある。実際、遊楽目的の清客のなかには、商売を金稼ぎの手段とし、その稼いだお金を遊楽などの消費に使う人が多くいたと考えられる。当時の日本人のイメージにも、むしろこのような清客の存在が一般的であった。たとえば岡島冠山（一六七四〜一七二八）著『唐話纂要』巻六「和漢奇談」の「徳容行善有報事」という伝奇物語には、日本に渡った一人の揚州青年の訪日経過が次のように書かれている。

　李徳容ハ揚州ノ人ナリ。乃チ富貴ノ人ノ嫡子ニテ。諸人コレヲ敬ヒケル。素リ長崎ノ山水ノ風景ヲ聞及ビ。一タビ遊ビタク思ヒケル処ニ。我カ国貞享年中ニ。幸ヒ便リアリケル故。荷物ヲ販テ長崎ニ来リ。(25)

「長崎ノ山水ノ風景」を観ることが目的なので、李徳容は遊楽組の一人といえよう。物語のなかで、彼はたしかに「毎日稲山大浦等ノ所ニ来往シテ消遣」することや、あるいは「荊棘林《クルワ》」へ足を運び「当

図9　「非文人」の唐人
「唐船役者」の大半は、文人的教養を持っていない社会底層の人々である。

代ノ名妓十数人見」るなど遊興三昧の旅生活を送っていた。一方、彼は「荷物ヲ販テ長崎ニ来」たので、紛れもなく商人でもあった。李徳容という文学作品のなかの人物像は、あるいは清客の一つの「理想型」といえるかもしれない。因みに、「徳容行善有報事」は虚構の伝奇物語といえども、長崎における主人公李徳容の行動、とくに女性関係に関する描写および物語の展開は、かなり真実味のあるものとされている。『丸山遊女と唐紅毛人』のなかでそれを紹介した古賀十二郎も、「まゝあったらうと考えたい」と評した。

職業や目的に関わりなく唐船の乗客を大まかに「清客」、「客唐人」と呼んだ一方で、中国人渡航者に対する当時の日本人の関心は、実は別のところにあった。これについて、唐人屋敷を管理する役人を務め、漢学者でもあった松浦東渓（一七五九～一八一八）が興味深い発言を残している。五人の清客へ贈った詩作「贈大清五子詩並序」のなかで、彼は自分が「清館監」（つまり「唐人番」）を務めてからすでに十四年になり、その間交わりを結んだ「翰墨者」（文人墨客）は枚挙にいとまがない、というふうに述べている[26]。東渓がここで清客たちを「翰墨者」と呼ぶのは、いうまでもなく彼らの教養や学問を強調するためであろう。東渓はここで身分より、その知識や教養をもって来舶清人を識別しているのである。

江戸時代に渡崎した清客のなかには、たしかに沈南蘋、江芸閣のような後世に名を残せるほどに高い教養をもつ人がいた。また東渓が言及した「大清五子」（程赤城、王蘭谷、陳晴山、姚中一、費晴湖）のような言わばふつうの騒人墨客も少なくなかろう。清客たちに対して、文人的素養の有無を以って識別する考えは、いうまでもなく中国文物を大量に輸入し、また中国文化を崇拝する当時の日本社会の気風に由来したものである。この事実と相まって、船員や奴僕など底辺の唐人に対して、当時の日本人がわざと彼らの「非文人」的な側面を強調する傾向があったことも、同じ発想による表現といえよう。たとえば『長崎古今集攬名勝図絵』のなかの一枚の絵に、幕府の御用絵師・石崎融思（一七六七〜一八四六）は、「唐人唐人といっても字も書けぬ者がいるぞ」という警告、また唐人がすべて文筆ある者と思い込んでいた日本人に対する揶揄を込めて、「非文人」の唐人を登場させたのであった（図9）[27]。

五　長崎の遊女に恋して

長崎を訪れた清客のなかに、海外観光客とも呼ばれるほど遊楽を目的とする人が数多くいたことは、すでに述べた。一方、前述「徳容行善有報事」のなかで、「荊棘林《クルワ》」の記述や「名妓」の登場が暗示しているように、清客たちの遊楽の特色は、物見遊山より、むしろ遊女との遊興にある。あるいはもっと直接に、彼らの「壮遊」がすなわち遊女を求める旅だといっても過言ではない。この実際の状況について、当時の日本人が書いた遊女評判記類の書物から一斑をうかがうことができる。

問《とふ》　長崎《ながさき》の遊女の数《かず》を見るに　日本にて二三番《ばん》の遊郭也　且《かつ》又何方見るにも　遊女ハ其曲輪《くるわ》より外《ほか》へハ出さぬ掟《をきて》成を　長崎にかぎり　其法度《はつと》〆《しま》りもなく　衣食《いしよく》共にびれいにして所にハ過《すぎ》たり　此事いかゝ

尼答云　長崎《ながさき》ハ日本西海《さいかい》のはてにて、東国《とうごく》にてハ蝦夷《えぞ》松前《まつまへ》と云ふに同し異国《いこく》舟の出入《いで》なくハ　塩焼《しおやく》海士《あま》釣《つり》の翁《をきな》も住《すむ》べき所にあらず　年久敷《としひさしく》所に住馴《すミなれ》たる者といへども　秋冬《あきふゆ》の間に年中の渡世《とせい》をしまつして　春夏《はるなつ》はかり《仮》にもなすべき家職《かしよく》なし　凡《をよそ》金《かな》山の法《ほう》のごとし　此故に御仕置《しをき》も廣《ひろ》くゆたかにして諸人安堵《しよにんあんど》のおもひをなして　心なきもうる人も　日本の住《すま》ゐを恋《こい》ねがふと云　殊若《わか》き唐人《たうしん》などハ長崎の遊女を恋しつゝ商《あきなひ》にことよせ　渡海《とかい》するものあるよし也　異国《いこく》のならひ傾城《けいせい》屋に行て　かくれしのびして買《かふ》事はせず　をの〳〵小宿《こやど》〳〵によ《呼》ひて　月に雪《ゆき》に酒《さけ》のミうたひ舞《まひ》　かなでつゝなぐさむわざなれハ、曲輪《くるわ》の外に女の出ずハ、一人も賣《うる》へき様なし　衣装《いしやう》のうつくしきも　た《食》へ物のおろそかならぬも　多《おほく》ハ唐《たう》人より我をとら《劣》しとつかハすゆへ　金入緞子《きんいりたんす》惣《そう》かのこ《鹿の子》もあま《着》たきる也　異《い》国《こく》に持帰る銀子を　是がために長崎《ながさき》につかひ捨《すつ》る事　一ヶ《いっか》年に凡《をよそ》千貫《ぐハん》目ほど成よし(28)

右の引用は、江戸時代に流行した、筆名「前悪性大臣島原金捨」なる者が著した『長崎土産』巻二のなかの一節である。巻首の序文によると、この本は延宝七年（一六七九）長崎に下った京都の某が書き、長崎在住の某が増補し、そして延宝九年（一六八一）に板行されたものである。本の前半は、日本全国の名だたる遊郭を見残したるものなしという女遊びの通人が問い、丸山で遊女・やりてをつとめ揚げ、今は稲荷堂にこもる世捨人である八十歳の老尼が答えるという問答の形によって構成されている。男女の色恋にすでに悟りすました二人の淡々とした会話のなかに、「日本西海のはて」にある長崎の繁栄の秘密も話題として出てきたのである。

それによると、「日本にて二三番の遊郭」ができたほどの繁昌ぶりが長崎に出現したのは、一年に「凡千貫目」という莫大な金銭を使い捨てた「若き唐人」たちのお陰である。それら「若き唐人」の一部は、「長崎の遊女を恋し」たことが本音で、またあくまで「商にことよせ渡海」した者だと、老尼が断言している。『長崎土産』の記述はきわめて文学的で、なかには誇張があることも否めない。しかしまさに李徳容を髣髴させる「若き唐人」たちのただならぬ遊楽志向が当時の日本人に強烈な印象を与えたからこそ、このような記述が生まれたのであろう。

因みに、『長崎土産』は展海令が公布される三年前に板行された書物である。その頃に長崎を訪れた唐船は、主に台湾鄭氏の船隊、また尚氏や耿氏など藩王に属する商船、それから密航船からなっていた。『長崎土産』の記述から見れば、これらの船の乗客に前述の「壮遊」者たちの姿がすでにあったということである（図10）。

そして一六八〇年代中期以降、長崎渡航熱の発展にともない、遊興を目的とする長崎渡航もそのピークに向かう。この時期の様子は出島のオランダ人にも注目を浴び記録された。一六九〇年から一六九二

図10　唐人と遊女の交歓
延宝版『長崎土産』のなかの挿絵。画中の唐人が明人の服を着ていることから、清朝が中国全土を完全に支配する以前の様子がうかがえる。

年にかけて日本に滞在し、オランダ商館の医師として勤めたケンペル（Engelbert Kaempfer 一六五一〜一七一六）は、『日本誌』の「日本におけるシナ人の貿易およびシナ人の処遇」の章に、その盛況について次のように描写している。

その後シナ人とシナ船の来航が短日月の間に非常に増え、一六八三年と一六八四年だけを例にとってみても、一年間に二〇〇隻のジャンクが次々に長崎に入港し、一隻の乗組員は五〇人を下らず（現在では三〇人を超えることを許さない）、年間にすれば、延べ一万人にのぼるシナ人がやって来る有様だったので、用心深くかつ疑い深い日本人は、ようやく危惧の念を抱くに至った。
ちょっと想像できないことであるが、時には一〇〇人を満載してきたジャンクも数度あった。これらの人々の大部分は船客で、品物を売って儲けようという連中であり、他の者も遊びがてらやってきた連中である。遊びがてらやってくる連中というのは、若い金持ちのシナ人であり、長崎でただ遊ぶというよりは、正しく言えば女遊びをするためにやって来るのである。シナでは金で女を買えるところはどこにもないが、日本では至るところで女郎買いができ、特に長崎の町の遊女は、他の町の女郎よりもずっとよい稼ぎをしている。(29)

オランダ商館が日本の貿易統制に対応するため、精力的に日中貿易関係の情報を収集した事実は、かつて岩生成一、永積洋子両氏が指摘したところである。(30)上の文章を見ると、中国人渡航者の「品物を売って儲けようという連中」と「遊びがてらやってくる連中」という分け方は前述した李衛や厳雲の記述と一致するし、また「若い金持ちのシナ人」云々も『長崎土産』のなかの「若き唐人」についての描写と符合する。もっとも、ケンペルの記述は、年代が誤っている。一六八四年の唐船数は二十四艘であり、約二百艘の唐船が長崎に寄港したのは数年後の一六八八年のことである。

とにかく、突然の中国人の渡崎熱に対して、ケンペルは驚嘆を禁じえなかった。当時日本を訪れるオランダ商船が毎年せいぜい数艘しかなかったことを考えれば、中国人の殺到ぶりは、やはり人を圧倒するほどの凄まじい光景であったろう。

それに、わざわざ「女遊びをするためにやって来る」大勢の「若い金持ちのシナ人」たちに対して、ケンペルは「ちょっと想像できない」という感想をも洩らした。ヨーロッパ人にとって、同じ目的でオランダ東インド会社の商船に搭乗して世界の果てにある国日本へ渡ることは、とても考えられないからであろう。もちろん『長崎土産』に描かれている清客と遊女の「月に雪《ゆき》に酒《さけ》のミうたひ舞《まひ》」といった花鳥風月の世界も、このドイツ生まれの医師にとって、もともと共感を呼ぶことではなかった。

第二章　縮められた距離——江南から長崎まで

丸山の恋は一万三千里

男女の恋愛はしばしば二人の距離と結びつけて語られる。その距離が遠ければ遠いほど、両者の関係にきっと何か不思議なものが隠されているという通念は、江戸時代の川柳子が吟じた右の一句によく表れている。(31)「一万三千里」という数字は、日本とオランダとの距離を指していると思われるが、異国との距離を実感することのできない作者は、丸山遊女の恋が山海万里を乗り越えてはじめて生まれたものだというふうに思いを馳せた。

清客と遊女に対しても、例の武元登登庵が詠んだ詩句「一朝人遠く去れば、千里檝停め難し」から見れば、やはり距離が情けの絆《ほだ》しとして見なされていた。しかし、当時多くの日本人がもっていたこの距離感覚は果たしてどれぐらいの真実を反映していたのだろうか。本章では、「壮遊」客たちの誕生劇と密接に関連する一つの外部条件——当時の中国と日本の交通事情について考察する。

一　「針経」と「海程図」――清初の航海術について

清代における貿易や移民など様々な形の民衆の海外進出は、日本、東南アジアを含めて中国の近海地域で展開されていた。彼らの活動を支えた技術的な要因として、まず中国における伝統的な航海技術の発達と伝播を挙げなければならない。

一つの既知の事実は、当時の中国人がすでに長崎までの航海距離を精確に把握していたことである。清朝の事情に関する問答書で、江戸時代に広く流布していた『清朝探事』に、「上海乍浦、寧波陀山ヨリ、長崎迄道程實ニハ何程可有ヤ」という日本人の質問に、享保年間来日した朱佩章は次のように答えている。

> 航海ノ時、船中ニ、夥長、舵工数年ノ積功ヲ以テ、方向、更数ヲ考へ、各処往来スルナリ、更数トハ、唐里六十里、日本路ニシテ、七里有奇ノ道程ナリ、是ハ順風ノ時、一昼夜ヲ行コト、直路六百里ナルヲ以テ、此十分一、六十里ヲ更ト定ム、上海三十二更日本路、二百二十五里、乍浦三十六更日本路、二百六十里、寧波四十二更日本、二百九十六里、普陀山四十更日本、二百八十二里、右ハ無地ノ更数ナリ、十度ニ一度モ、此直路ヲ乗渡スコトナシ……夥長、舵工ハ、航海ノ準則ヲ考テ、遂ニハ志ス所ニ至レルナリ……(32)

朱の回答は主に「更数」という航海距離の計算法および江南の各港から長崎までの具体的距離数に集中している。他方、従軍の経験をもち、また中国各地に遊歴した朱佩章は同時に、「夥長」と「舵工」といった船乗りたちがもっている航海の「積功」や「航海ノ準則」をも観察し、それが「志ス所ニ至レル」条件であることも指摘した。

実際、明清時代に書かれた『順風相送』『指南正法』などの「針経」（航海術の本）を見ると、当時の中国人の航海術は少なくとも次の三つの面を含んでいる。一つ目は気象観測と方位測定（「観電法」、「観星法」など）、二つ目は各地の地理的特徴（これは「山形水勢」という）、それから三つ目は各地を往復する時の「針路」（方向、距離、海水の深さ、暗礁の有無など）について詳しい記録である。

そして日本に関しては、十六世紀に成立した『順風相送』には、すでに福建から琉球へ、琉球から日本への「針路」および「日本港山形水勢」などの内容が含まれている。また十八世紀初頭に書かれた『指南正法』には、さらに長崎港における潮の毎日の変化（同書「長崎水漲時候」を参照）、それから中国と南洋の各港（福建の厦門、福州、沙埕、浙江省の温州、鳳尾、寧波、普陀、盡山、また広東、広南（ベトナム広南省）、雙口（マニラ）、咬嵧吧（バタビア）、大泥（タイのパタニ）、暹羅（シャム））から長崎へのそれぞれの「針路」が細かく書かれている。日本との間の「針路」に関する記録の多さと細かさは『指南正法』の一つの大きな特徴であり、かつて向達が指摘したように、これは当時長崎と中国諸海港間との交通往来がきわめて頻繁だったことを象徴的に示しているといえる[33]。

他方、これら航海術を紹介する「針経」類書物の性質を考える場合、それは単なる船乗りたちの技術ハンドブックではないことをも注意すべきだろう。たとえば『順風相送』の序に著者は、自分が「天朝」の南京、直隷から多くの「夷邦」に至る「針路、山形水勢、澳嶼浅深」を記録する目的を、「好遊者」に伝えるためだと述べている。また『指南正法』の著者も同様で、彼は自分の読者を「有志遠遊者と想定している。[34]すなわち、「針経」は同時に一般の人々に対する航海知識の普及書でもあり、さらに旅行愛好者のための指南書でもあった。

もうひとつ、文字で書かれた「針経」と並んで、明清時代の中国に「海程図」といったような航海地図類も存在していた。たとえば、長崎県立図書館所蔵の「従唐国乍浦至日本崎港海程図」(図11)を見ると、乍浦港から長崎までの航路が詳細に描かれており、しかも船の路線がかなりややこしく、航路が数多く存在していることがよくわかる。二つの港の間がこれほど多くの航路によって結ばれているのは、一つにはおそらく風や海流など自然条件を利用するためであろう。たとえば、地図のなかに「夏帮針路」と「冬帮針路」と名付けられている航路があり、季節によって航路が異なるのがはっきり示されている。そしてもうひとつの理由は海賊の襲撃を避けるためと考えられる。というのは、地図の島々の間に「海賊所拠」の文字が見え、海賊が出没する地域が明記されているのである。[35]

もちろん、これらの航海術はすべて当時新たに発明、発見されたものではなく、もっと古い時代から伝わってきて、利用され続けていたものも少なくなかろう。たとえば「観星法」に関する記録は十一世紀、十二世紀の北宋時代の文献にすでに見られるし、それに明代初期にかの鄭和が率いた船隊が「観星牽洋」などの海事技術を使ってすでに地球の東半球を数回にわたって周航したのであった。

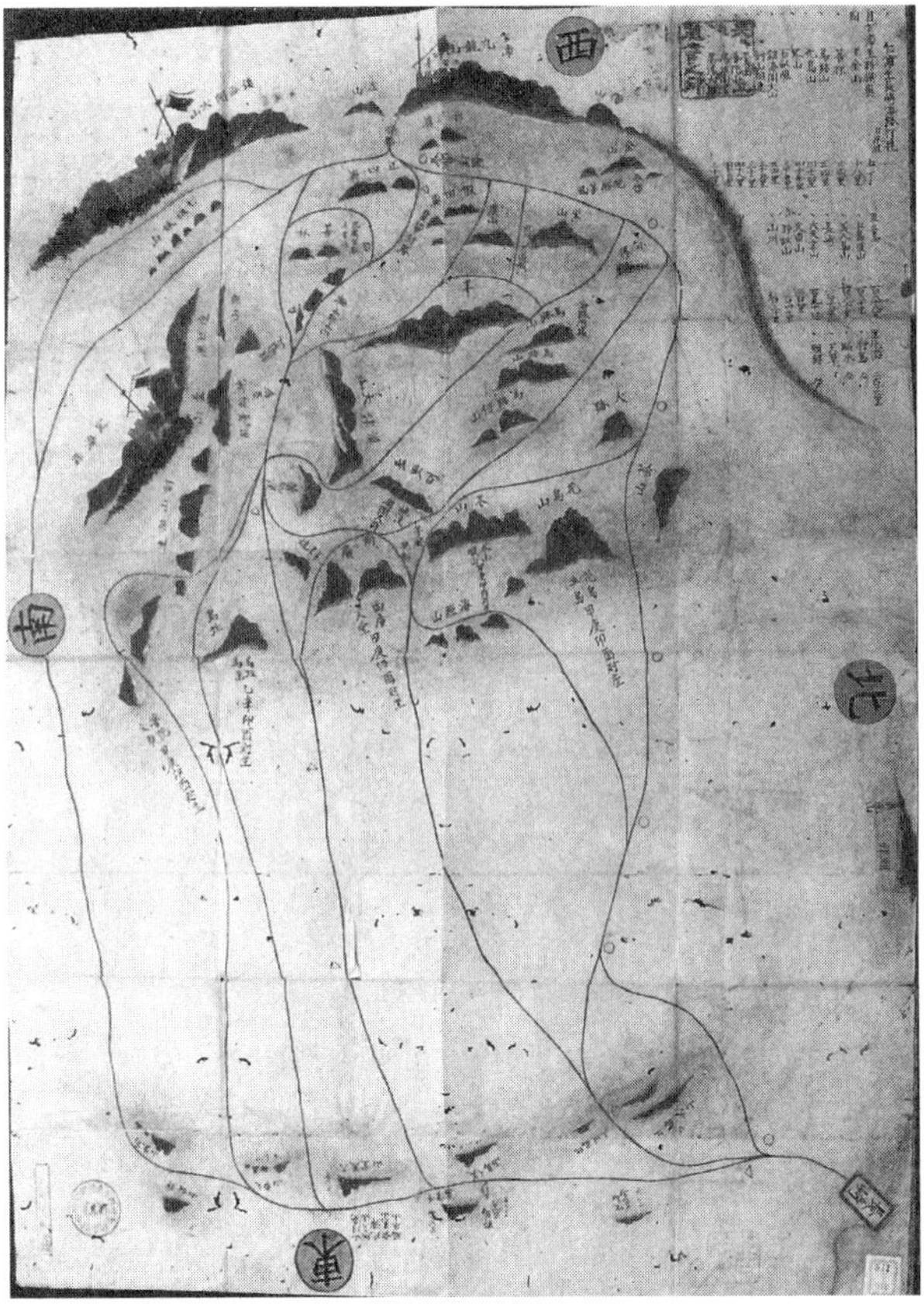

図11　従唐国乍浦至日本崎港海程図　天保年間唐人沈某が作った「唐船夏冬乗筋絵図」と同じ系統の地図である（その地図について、大庭脩『江戸時代における中国文化受容の研究』に紹介がある）。

二　鳥船登場

清朝頃に長崎へ出帆していた唐船といえば、大きく分けると「沙船」と「鳥船」の二種類の船であった。沙船は日本で「南京船」とも呼ばれ、船底が平らかでかつ長く、主に中国国内運輸用の河船として使われていた。西川如見が『華夷通商考』巻一で南京船について「何方より吹風にも乗安く妨げ無し。日本に来る船、四季共に之れ有り」と述べ、その安全性を評価しているのである。(36) しかし実際のところ、近代まで中国国内で活躍していた沙船は、巡航性が弱いため、日本渡航の船のなかから次第にその姿を消し、安永年間以降唐船のなかにほとんど見られなくなった。その沙船を遠洋航海から駆逐したのは、ほかならぬ鳥船である。

鳥船は清代の中国で外洋船としての地位をほしいままにした船であった。鳥船の名前はその船形が鳥に相似するところ、つまり船体横断面が「V」字形で船首と船尾が高くなっており、しかも本帆と弥帆を左右の舷側から翼のように張り出しているところ、また船端に実際「鳥の目」と呼ばれる大きな目玉が描かれているところから由来したとされる（図12）。沙船といちばん異なる部分といえば、鳥船は竜骨（keel）を中心に作られる船で、航海の時に船体が海に食い込み、船が比較的安定することである。来日した唐船の主要な船種として、鳥船の具体的な構造や性能、さらに船体の変遷過程に関して、すでに大庭脩と松浦章がそれぞれ精緻な研究成果を残している。(37)

鳥船を代表とする清代中国の外洋船について、ここで強調したいことはまずその優れた巡航性である。

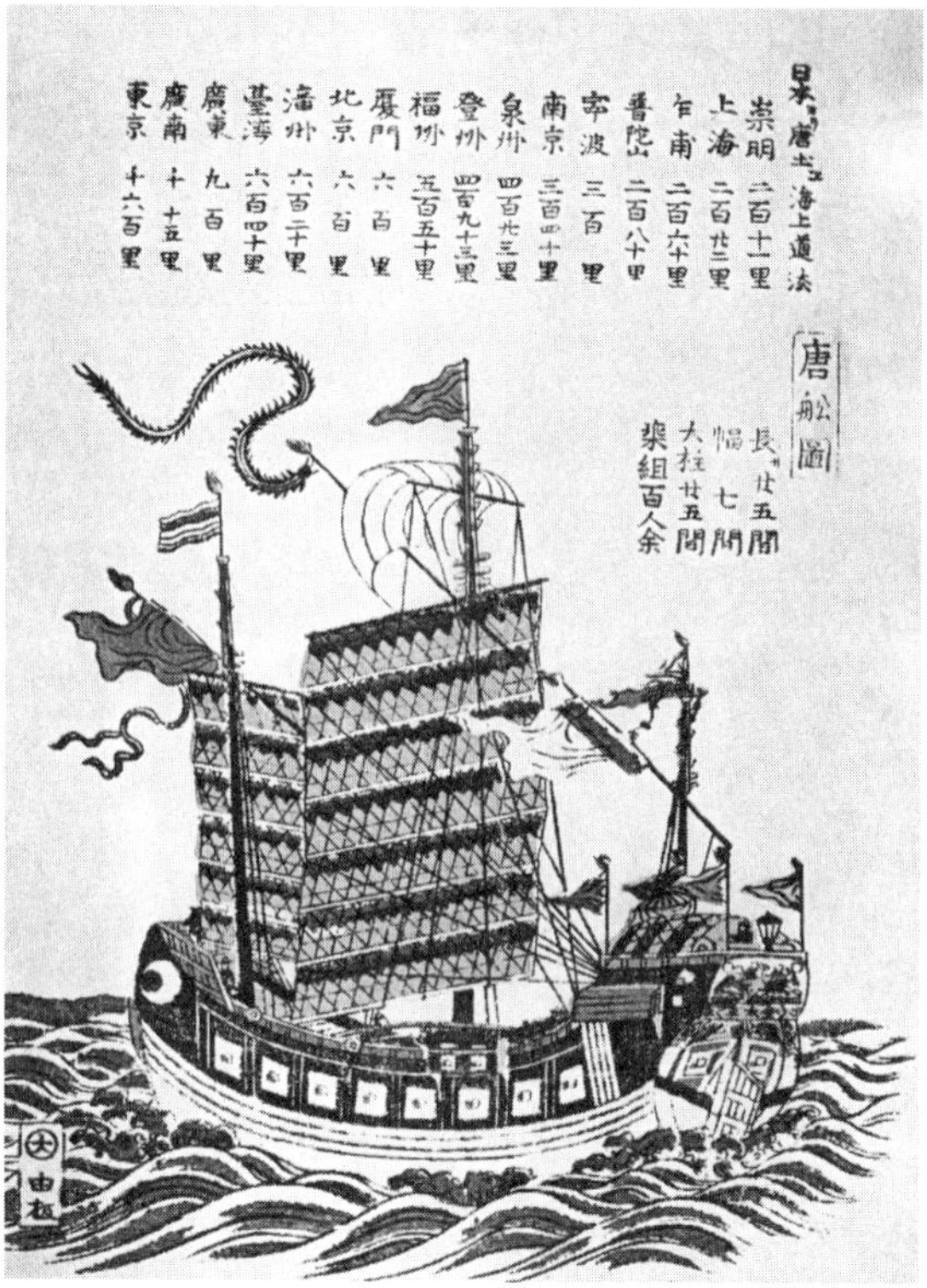

図12　唐船図
長崎の画人たちが好んで描く題材の一つである。唐船が長崎港内の海で遊弋往来の姿は、「天門ノ飛帆」と呼ばれ、「長崎十二景」の一つとされていた。その風景を詠う作品として、次の一首がある。

両山並峙《ビテ》一門開《ク》
風送《テ》江辺帆影来《ル》
万頃《ノ》波光天水接《シ》
頻《ニ》看《ル》華舶趁《フテ》レ潮回《ルヲ》

一七八八年アメリカ西北部海岸を探検するためにマカオから出航したイギリス人ジョン・ミアーズ(John Meares)が次のように述べている。

この分野の中国人職人たちは、われわれの造船術に関しては何の知識も持っていなかった。彼らの国の船は中国海域および近隣の海を航海しているが、独特の構造をしている。数千トンの積載量の船にも、一片の鉄さえ使われていない。その錨は木製のものであり、巨大な帆は筵でできている。しかも、この木製の浮体はどんな暴風雨の天候にも持ちこたえることができ、かなりの強風にも耐えてうまく帆走する。また、ヨーロッパの水夫たちを驚かせるほどの腕前と注意とでもって動かされている(38)。

十八世紀イギリスの大航海家のこの意見は伝統的な中国海船の性能に対する賞賛にほかならない。実際、彼は中国の船大工をつれて自分の探検に参加させたのであった。

周知のように、清代頃の海外渡航をする中国人は、その活動範囲を中国の近海区域に留めていた。しかしこれは海事技術による制限ではなく、社会的ないし政治的環境の制限がもたらした結果である。伝統中国の海事技術を見事に反映した実例として、現在ロンドンのケンジントン博物館に陳列されている中国帆船「キーイン」号の航海を挙げることができる。この船は七五〇トンのチーク材作りのジャンク船で、一八四五年広州を出発し、アフリカの喜望峰を経て、大西洋を横断してアメリカ大陸へ赴き、補給を受けた後再度大西洋の向う側へ向けて出帆、最後に一八四八年三月二十八日にテムズ川に到着した。

因みに、「キーイン」号がロンドンについた後、ヴィクトリア女王が自ら王族たちを率いて上船し見物した。船はその後一八五一年英国の万国博覧会にも出品され、観客をかなり沸き立たせたという[39]。

もう一つ、鳥船について注目すべきことといえば、その登場時期である。鳥船は明代後期の福建省で開発された海洋船で、当初は小型で主に兵船・戦船として活躍していた。松浦章によると、鳥船が一般の民用商船として大いに活動し始めたのは、実は清代に入ってからのことであり、しかも次第に大型化していった[40]。つまり、海外民間貿易における鳥船の登場という軍事技術の民用化への革新と、中国人の渡崎熱という社会現象とは、実は同じ頃に同じ場所で起きた二つの出来事である。

この二つの出来事が無関係だとはむろん考えにくい。それについて次のように推測することはできるかもしれない。清代初期頃に「鳥船」という波風に強く速力の出る海洋船の民用化によって、海外渡航に必要な物理的条件がいっそう整備されるようになった。その結果、安心して鳥船に乗り、海外へ出かけた大勢の中国人が長崎渡航のブームを創った、と。

三　倭寇の遺産

清代中国の航海術および帆船性能の観点から、沿海地域とくに江南地域から長崎までの航海を考える場合、それがもはや困難なことでなくなったのは明白である。一方、揚子江口と長崎の間にはなんといっても四六〇マイルの海路があり、当時の計算法で言えば三十「更」以上の路程がある。この距離に対して蘇州在住の文人厳雲が「尤も近い」と表現したのは、いったいなぜだろうか。

ここでまず強調しなければならないのは、日本に対する厳雲の距離感はけっして彼個人の独特なものではない、ということである。戊申雍正六年（一七二八）冬十月、浙江総督李衛が雍正帝への上奏のなかで、「日本の島々は浙江、江南に最も近く、わずか三十数更の路程しかない。順風ならば四、五昼夜で行ける。」と述べて、(41)はからずも厳雲と同じ表現を使い、しかも具体的な航海日数をも示している。また、十八世紀前後に寧波と舟山群島を訪れ、現地の中国人から話を聞いたイエズス会の宣教師フォンタネー（Jean de Fontaney）も同様の見方をもっていた。彼は同じ会の会士であるド・ラ・シェーズ宛ての一通の手紙（一七〇四年一月十五日付）のなかで、次のように述べている。

寧波から日本へは、順風に乗れば三、四日間で渡れますし、この港からナガサキにむけて多数の船が発たない年はありませんので、わたしはこの大国の現状を知りたいという好奇心をもちました。つぎに掲げることはゴレ師が二名のシナ人から聴いて知った話です。そのひとりは五度も渡海したことがある男ですが、もうひとりのわたしが親しく口をきいた男はナガサキから帰ったばかりでした。後者はわれわれの聖教を奉ずる準備をしていたのです。もしかれの日本へ向けての第二次渡海を行うという欲望がかれを妨げなかったならば、すでにその計画を実行していたことでしょう。(42)

ある中国人の日本へ渡海する「欲望」が彼の「聖教を奉ずる」気持ちを上回ってしまった。寧波におけるこの社会状況はきっとフォンタネー神父をがっかりさせただろう。それは別として、とにかく当時多くの人が、わずか数日間の航海で行ける長崎は近い、という共通の距離感をもっていたことは事実である。

このような感覚が生まれた背景には、人々が暗黙のうちに中国国内の海運航路と比較していたということがあったかもしれない。たとえば当時の主要航路の一つ、福建厦門港から天津港までの航海は、順風の場合でも十数日かかる[43]。これに比べれば、寧波から長崎に至る海の航路はたしかに近距離と言える。

しかし、李衛が挙げた「四、五昼夜」、あるいはフォンタネー神父が聞いた「三、四日間」といった航海日数はあくまで当時の人々がもっていた感覚的な数字であり、実際の統計によって得られた数字ではない。一六八八年中国沿岸の港から出発し、長崎に入港した唐船の航海日数を入念に調べた大庭脩は、次の統計数字を挙げた。

普陀山	五日〜十四日
南京（上海）	六日〜二十日
寧波	八日〜十四日
福州	六日〜十四日
厦門	五日〜十五日
泉州	八日〜十七日[44]

風や海流など自然界の力に左右され、船が一定の航行速度を常に保つことはほぼ不可能なので、実際の航海日数がある範囲内で変化するのは帆船時代における遠洋航行の特徴である。実際の統計数字を比

べて見ると、李衛とフォンタネー神父の記述は、航海日数の短さが極力に強調ないし誇張されていることが共通の特色といえる。この強調ないし誇張はすなわち、日本に対する当時中国人の距離感覚のなかに、「三十余更」というような実際の路程数のほかに、別の要因も同時に働いていたことを意味する。

その要因とは、当時の人々の心にまだ残されていた一つの傷跡に由来すると思われる。この傷跡は、明代初期から中国東南沿海地域に横行していた倭寇によってもたらされた。当時の中国人は倭寇に対する憎しみを表わす時に、常に日本との空間的距離の近さと結びつけて語っていた。一つの典型的な例は、マッテーオ・リッチ（Matteo Ricci 一五五二～一六一〇）著『中国キリスト教布教史』のなかでの十七世紀初頭の上海に関する記述部分に見られる。

シャンハイ〔上海〕市はヒェン〔県〕と呼ばれるものの一つで、ナンキン省〔南直隷〕に属しナンキンの統治をうけている。首都〔ナンキン〕からの距離は一四四ミリャあり、〔北緯〕二九〔三二〕度のところに位置している。北側はコレア〔朝鮮〕と相対し、東にジャパン〔日本〕を望んでいる。シャンハイはジャパンにたいへん近いため、これほど近くなければよいのにと考えられている（船尾から風を受けたときは二四時間足らずでチナからジャパンへの航海、またその逆の航海が可能である）。というのは、ジャパン人の海賊がしばしば姿を現わしてはシャンハイ市や海岸地帯にあるその他の市を悩ましているからで、チナ人が以前からジャパン人を憎んでいるのもこのためである。(45)

古くから貿易の街として賑わいつづけてきた上海は、嘉靖三十二年（一五五三）倭寇の襲撃を防御するために初めて城壁を築いた。同じ頃、上海付近の海辺が倭寇上陸の拠点となっており、その地域が頻繁に襲撃を受け、略奪された[46]。日本が「これほど近くなければよいのに」という考えは、「ジャパン人の海賊」に対する現地の人々の強烈な憎悪感の表れにほかならない。

当時、上海の人々のこの感覚は、他の中国人にも共有されていた。明人王在晋はある文章のなかに、浙江省と日本を隔てた海を「盈盈一水」（わずかの水路）と形容し、また「片帆を借りて風を乗じれば、不日に到着できる」というふうに水路交通の便利さを強調した後、彼は倭寇を「門庭之寇」と名付けた[47]。

倭寇の猖獗によってもたらされた影響は、もちろんこれだけではない。というのは、日本の海賊の劫掠が、「倭寇」と呼ばれた人たち（彼らは日本人に限らなかった）の行動の一部に過ぎなかったからである。特に明代後期になると、九州に活動拠点を築き、明王朝と対抗しながら東アジアの海で覇を称えた王直らの倭寇は、同時に海外貿易に従事する商人集団でもあり、その活動は直接「通倭貿易」と呼ばれた対日密貿易の繁栄を促した。福建商人から始まったこの貿易の参加者は、後に南京、蘇州、杭州など大都市の商人にまで広まっていった。大規模な民間貿易をもたらしたという意味においても、倭寇の活動は確実に中国社会と日本社会との距離を短縮させたのであった。

四　民衆の海外渡航に対する清朝官府の統制

海外渡航を試みる清代中国の民衆にとって、政治権力による制度上の統制は疑いなく正視しなければならないことであった。一般的に言えば、一八六〇年に清朝とイギリスが北京条約を調印するまで、近代的な意味での海外渡航の自由化は中国に存在しなかった。しかし、一六八四年の「展海令」がある以上、一般民衆の海外渡航は法律に認可された行為として考えられていた。

清朝の官府は、海外へ出航する商船を管理する政府機構として海関を設けた。出航許可を得た商船は、官府発行の通航証書を以って通関する。松浦章の分析によると、ふつうの通航証書は、船舶の規格や乗務員数等を届け出た船戸に県が発行するもの「県照」、「牙行」＝「船行」の申請によって海防庁が発行する「聯単」、海関が発行する「海関商船照」、目的地や積荷内容を記して布政司が発行する「憲照」の四種がある。(48) つまり、海関の監督の主眼があくまで船と貨物であり、個々人の乗客ではないことは明らかである。むろん渡航者向けに個人の身分を証明するためのパスポートを発行することもなかった。

海外へ渡航する個々人の乗客に対して、官府は「牙行」などの民間の仲介機構を通してある程度は彼等の出身や年齢、ないし人相を把握することができる。また乗客にとって、「牙行」の担保を取得することも必須の手続きであった。個人に対するこのような管理措置はむしろ間接的管理の色が強く、また李衛が述べたように、その目的は「附搭小客」を根絶することではなく、彼らの「限期回籍」、つまり定められた日限で原籍地へ帰すことであった（第一章を参照）。

官府が乗客の「限期回籍」にこだわったのは、渡航者の海外移民の傾向を心配していたからかもしれない。雍正五年（一七二七）九月九日浙閩総督高其倬（一六七六〜一七三八）ら三人の官僚の上奏文には、浙江、福建、広東から出航した船のなかに、二、三百人ないし四、五百人を乗せて密かに南洋へ向かう船がしばしばあり、密航者らは「外洋」の土地で結婚・育児してしまえば、もはや「故土の想い」をしなくなったと書かれている(49)。

他方、海外へ渡航する人々の遊興行為に至っては、王朝の統治にまったく無害であるせいか、官府側が公式的な関心を示し、何らかの対応措置をとることはなかったようだ。

第三章　江南都市の娯楽事情

一六八〇年代に大勢の「若い金持ちのシナ人」が「女遊びをするためにやって来る」というケンペルが見た凄まじい光景は、たんなる偶発的事件ではなく、それは当時の中国国内の社会事情と深く関わっており、またそれと連動して発生したことであった。この点について、ケンペル自身もはっきり意識していた。ただ彼が挙げた原因は、「シナでは金で女を買えるところはどこにもないが、日本では至るところで女郎買いができ」るという、中国における娼妓の欠如論である。この指摘は問題の核心に部分的にしか言及しておらず、しかも簡略すぎる。本章では、十七世紀頃の江南地域の都市娯楽事情に注目し、渡崎熱時代の社会背景を探りたい。

一　「情欲覚醒」の時代

井波律子は、中国伝統における「快楽主義」の諸相を考察する時に、二つの乱世を挙げた——魏晋六朝と明末清初。前者を、主役としての貴族たちが奇抜なライフスタイルを誇示しながら、哲学論をえんえんと戦わせる「清談」の時代と呼ぶならば、後者は世俗化社会の到来によってもたらされた、個人の欲望に基づく、自由な生き方を求める「情欲覚醒」の時代に他ならない。[50]

明代中期以降の中国社会において、「情欲覚醒」は、まず従来の儒教思想のなかの「天理」「人欲」対立論に強く反発する、いわゆる「王学左派」の思想家たちの自覚的でラディカルな哲学主張として現れてくる。儒教の実践原理をめぐって、李卓吾（一五二七～一六〇二）の「衣を穿て飯を吃うこそ人倫物理」、陳確（一六〇四～一六七七）の「天理は正に人欲中より現れ、人欲がほどよく調和した処が天理である」、王夫之（一六一九～一六九二）の「人欲が各々に充足を得るのが、天理の大同である。天理の大同にあっては、人欲の間にとくに突出したり、とくに抑圧されたりするものはない」など、有名なテーゼはいずれも「人欲」の正当性を肯定するのみならず、「人欲」を整合的に満足させること自体を儒教的実践の最終目標として位置づけた主張として知られている。[51]

文学芸術の分野において、李卓吾の影響を受けた馮夢龍（一五七四～一六四六）は「借男女之真情、発名教之偽薬」（男女の真情を借りて、儒教的礼法道徳の偽善性を暴き出す）といったような「情教説」の創作理念を掲げ、またこの理念を『情史』『三言』などの文学作品に貫いた。そのほか、この時期に大量に出版された小説戯曲のなかで、湯顕祖（一五五〇～一六一六）の恋愛伝奇『牡丹亭』や、露骨な描写で有名な長編小説『金瓶梅』が「情欲覚醒」時代の傑作としてしばしば挙げられる。[52]それから絵画の世界においても、十七世紀前期の江南の文人画家たちは春画の黄金時代を築き、「花営錦陣」や「風流絶暢」をはじめとする色刷版画の春画集を次々に創作した。その影響は中国画壇に止まらず、菱川師宣

（?～一六九四）以降の浮世絵春画にまで及んだのであった[53]。

「人欲」の解放は、また直接に青楼文化の爛熟を促した。明人謝肇淛（一五六七～一六二四）の随筆『五雑俎』では、明末社会の様子について次のように紹介している。

現今、娼妓は天下に満ちており、大都会では、ややもすれば千とか百とかの単位で数えるほどである。そのほか、辺鄙な町や村にも、それぞれ娼妓がいて、終日門に由りかかって媚を売り、春をひさいで生活をしているのだが、生計もここまでくると、また憐れむべしである[54]。

娼妓の氾濫は、むろん商工業の繁栄や都市の発達とも関連しているが、風月の場へ足を踏み入れること自体がもはや禁忌でなくなったことが大きな理由として考えられる。というのは、明代後期頃に書かれた嫖客向けの遊興指南、たとえば妓女の心を動かすためのラブレターの書き方や、妓楼の遊戯ルールないし各種の媚薬の処方箋を紹介する風月関係の文章は、『嫖経』などの専門書だけでなく、各版本の民間日用類書『萬宝全書』のなかにも詳しく掲載されている。この事実はすなわち当時の江南社会では嫖妓という行為がもはや日常生活の一部として一般的に認識されており、それに関連する知識やテクニックも他の生活技能や儀礼規範と一緒に公然として伝授されていたことを物語っている[55]。

そして明末の青楼文化のなかで、江南の中心都市である南京は特に重要な地位を占めていた。詩人余懐（一六一六～一六九六）が艶史『板橋雑記』のなかで、南京を「欲界之仙都、昇平之楽国」（色の道の天国、太平の御代の楽園）と呼び、都市の中心部に横たわる秦淮河のほとりにある「旧院」という色町の様子を次のように描写している。

旧院は貢院（郷試の試験場）との間に河をひと筋隔てて、遥かに向かい合っている恰好である。もともと才子佳人のために設けたものであるから、郷試の行われる年になると、四方からの受験者がことごとく集って来る。四頭立ての馬車を仕立てたり、騎馬を連ねたりして訪れ、器量よしを選んで歌をうたわせる。車子のような美声で歌がうたわれ、陽阿のごとき美妓の舞が演じられる。芝居の囃子と歌が合奏されると、屋形船の浮かぶ河の水は香ぐわしく感じられる。あるいは十日も留連しての歓びを味わい、あるいは二世の契をかわし、葡萄棚のもとで戯れにお銭を投げて表が出るか裏が出るかで勝負を争い、芍薬の花壇のあたりでは、閑にあかして玉馬を抛げての賭けごとをするなど、平康（唐代の長安の地名、妓女のすんでいたところ）の全盛時の再現であり、詩文の盛事の一面でもある。(56)

明末の南京にはかつて三つの色町があった。身分の低い妓女ばかりが集まる「南院」、また容色が優れた妓女が時たましかいない「珠市」と違い、「旧院」は琴棋書画、詩詞歌賦に通じる名妓や花魁たちが集まる花柳の巷だった。ここに訪れてきた多情な才子たちは、才色兼備の佳人たちを相手として、数々の風流韻事を演じた（図13）。余懐が格調高い美文に託して示そうとするのは、現実の社会秩序や礼教の外にある浪漫かつ詩的な世界という、この狭斜の境のもう一つの側面であり、またそこには金銭と女色を超越した遊興の理想、風流の真諦が秘められていることをも説き起こそうとしている。

図13　青楼風月
明代の木版本『風月争奇』に描かれている娼家風景

ちなみに、明末頃に青楼を舞台に展開していた文人たちの遊興生活について、王鴻泰がそれを文人と妓女の「情芸生活」と名付けている。(57)明王朝の滅亡が到来するまで、江南の文人たちは『板橋雑記』に書かれているような「情芸生活」を、娼家や花舫（妓女を載せた遊覧船）のなかで求めつづけていたのであった。

二　王朝交替およびその結果

一六四四年五月清軍の山海関入りから始まる満州族の中国征服は、江南文人たちの青楼「情芸生活」

に終焉を告げる突然の出来事であった。この戦いは、従来の易姓革命であると同時に、後の中国社会に大きな変貌をもたらしたきっかけでもあった。

清軍の侵攻によって、南京、蘇州、揚州など江南の都市がたちまち修羅場と化し、かつて栄えてきた妓館、酒楼など南京の娯楽施設はすべて瓦礫となってしまった。戦争後の様子について、前述『板橋雑記』のなかに、余懐はさらに次のように述べている。

いまの清の時世となりましてこのかた、時うつり物かわり、十年昔の夢、揚州（隋の都）の繁華のさまも捨てがたいとは申せ、かつての歓楽の巷も草の茂るがまま、紅き拍板（四つ竹、ハンドカスターの類）にあわせての妙なる舞や、清らかな歌ごえも、もはや聴こうにも聴けません。また洞房のあやぎぬ、青簾に刺繍した窓掛けなど、見たくても見ることもできません。名花、瑤草（香草）、錦瑟、犀毗も鑑賞しようにも、かなわぬしだいです。ときたまそのあたりを通りすぎると、みわたすかぎり蒿と藜ばかり、楼館も焼け失せ灰となり、美人の姿も塵土に埋もれ、盛者必衰の感慨これにすぎるものがあるでしょうか。鬱々とした気持ちは晴れそうにもありません(58)。

王朝交替の過程のなかで余懐の多くの知友が節に殉じ、彼が愛した名妓は清兵の凌辱を蒙り、かつて板橋にあった夢幻のような風流世界も廃墟と化した。火が消えたような淋しい光景に面して、彼は王朝衰亡の悲壮感をもち、もはや人生の無常と世事の栄枯を慨嘆することしかできなかった。事実、この戦争による破壊は想像以上に甚だ大きく、一六四五年の戦火のなかで壊滅した南京の歓楽街は、十八世紀の末期になってやっと昔の活気を戻し、『板橋雑記』の次に現れた南京色町案内書である『続板橋雑記』が出版されたのは、すでに乾隆四十九年（一七八三）のことであった。また、江南の経済中心地である揚州においても、色町がもとの繁華を戻したのは、同じく百年以上かかったという[59]。

明清王朝交替の影響は、もちろん都市に対する物理的な破壊だけではなかった。清朝の支配者は、明朝崩壊を前車の轍とし、人心を一新させるために腐心していた。官府の娯楽政策に関して、たとえば教坊司女楽の廃止令（一六五一年と一六五九年）、あるいは良家の女が娼妓になるのを禁止する命令（一六五二年）、それから各府州県で祭祀を行う際に娼婦伶人の使用禁止令（一六七三年）、さらに各省の「在官楽工」の廃止令（一七二五年）など、実に多くの禁令が次々と出されたのであった[60]。この一連の措置の主旨は、簡単に言うと、旧来の「官妓」制度を徹底的に廃止させ、また民間経営の妓楼を官府の厳しい統制の下に置くことである。そのほか、清朝の刑法には、女を誘い娼家を経営する者、あるいは文武官吏と生員、監生（科挙試験をめざす学生）が妓楼で遊ぶことに対しても、重い刑罰を設けているのである[61]。要するに、一連の禁令や法律を作ることによって、清朝支配者は、都市娯楽にまつわる気風ないし社会環境を完全に変えようとしていたのであった。

そして清朝初頭における娼家の実際の様子を見ても、『板橋雑記』に描かれているあの風流世界の光景はたしかに消えてしまい、官府の努力が一時に功を奏したといえる。将軍吉宗の下問に答えた前述『清朝探事』のなかに、清朝の前軍官朱佩章は自分が体験した時代の移り変わりを次のように日本人に紹介している。

明朝マテハ、遊女町処々ニ有ト云トモ、日本ノ如ク、定リタル場所ニ、曲郭ヲ構ル等ノコトナシ、清朝ニ至テ、遊女禁制也、但シ、山西、陝西二省ニハ、楽戸水戸ト云、遊女芝居、狂言ナドヲシ、人ヲ集メ慰ムル宿屋アリ、其外諸省ノ内、遊山処、或ハ商客旅人ノ集ル処、舟湊ニ、茶屋女ノ類ヲ抱ヘテ、置所尤多シ、其宿ニ、旅人等来ルアリ、或ハ旅宿ニ呼寄スルコトモアリ、先代官処ニモ知レタル、遊女ヲ官妓ト云リ、当代ニハ官妓ナシ、表テ向キ皆隠シ遊女ナリ、曲郭ヲ花街ト云、遊女ヲ倡ト云、俗ニ嫖ト云、カブロヲ（交）婢ト云、クツワヲ亀鴉ト云、又ハ忘八ト云、揚屋ヲ娼房ト云

（遊女町、芝居見物は）何レモ昔年ニ比スレハ、粗減セリ、婦女ハ、自分ノ家内ニテ、唱戯ヲ倣シム、外方エ至ル者、マレナリ、間々五六十歳ノ老婦ハ、行モノアリ、僧ハ戯園ニ尤多シ(62)

朱佩章の観察によると、かつて「処々ニ有」った「遊女町」がほとんど消えてしまい、北方地方の山西省、陝西省など少数の例外を除いて、多くの地域にはただ「粗減」な「隠シ遊女」しか存在しなかった。つまり、戦争の破壊と清朝の禁欲的な娯楽政策によって、江南地域の娯楽業が確実に没落してしまい、文人と妓女が築いた青楼の「情芸」文化がすでに終焉を迎えたのであった。「シナでは金で女を買えるところはどこにもない」というケンペルの指摘は、おそらくこの状況を指すのであろう。

もちろん、新しい王朝の樹立によって、十七世紀半ば以降の中国社会は余儀なく変貌させられる一方、いかなる政治権力にも止められない時代の流れもあった。人々の観念世界のなかに、かつていったん開

いた「情欲覚醒」の門は、再び閉め切ることはできなかった。十八世紀に入った後も、「人欲」と「規範」の関係は依然として儒学者たちの議論のテーマであり、戴震（一七二三〜一七七七）が示した「共欲」の実践原理は儒学の「天理人欲論」の新しい展開ともいえる。[63] またもう一つの象徴的なできごととして、男女の情を謳歌するかの偉大な長編小説『紅楼夢』が一七五〇年代に誕生したことも挙げられる。

そのうえ、厳しい禁令や法律をもって社会をより禁欲的な方向へ推し進めようとする清朝支配者側の思惑と裏腹に、さらなる放縦な生活を求めようとする人々さえ出現したのであった。この現象を生み出した一つの理由は、満州族による政治支配に対する人々の民族感情と関わる。つまりかつて「夷狄」とされつづけていた満州族は今や支配者となり、この現実は、多くの漢民族の士人にとって、それは単なる「亡国」ではなく、「亡天下」つまり文明の覆滅を意味する最大の惨事である（同じ時期に日本でも明清の王朝交替を「華夷変態」と呼んでいた）。ある種の絶望感に包まれているなかで、徹底的に抵抗して殺された士人、または自ら命を絶った士人が多くいた。これ以外に、人々の多くは異族支配に対して無言の反抗を示すために清朝官僚になることを拒みつつ在野の身分を堅持し、あるいはもっと消極的なやり方で、現実から逃避しようとする人もいた。そのなかで、苦痛が比較的に少ない逃避法として、いわゆる「醇酒婦人」に耽る方法がある。そのような逃避者の姿は、たとえば清初の文人・袁枚（一七一六〜一七九七）が書いた随筆『子不語』のなかにある「人蝦《ひとえび》」という逸話に見られるのである。

わが清朝の初期に、明代の遺老でなにがしという人があった。明の滅亡に殉じたいとは思ったが、刀で自分の首をはねるのも首をくくるのも、身投げをするのも焼け死ぬのも、みな気が進まない。

安楽に死ねる方法をとりたいと考え、それには信陵君のようにうまい酒と女で健康を害するのが一番だと、真似をすることにして、妾をたくさんかかえ、一日中淫乱にふけった。

こうして数年たったが、どうしても死ねない。ただ下腹部の神経が切れてしまって、頭が垂れ下がり、背が丸くなって、煮た蝦のように前かがみの姿勢となり、這いながら歩いた。人々はこれを人蝦と呼んでからかった。これが二十年あまりも続いた末、八十四才でようやく死んだ。王子堅先生の話によれば、先生が子供のころにはまだこの老人が生きていて、見たことがあるという(64)。

男が健康を害するためにわざと「醇酒婦人」を選んだ理由は、いうまでもなく、性が男の身体に消耗と衰弱、最終的に無惨な死をもたらすという、古代から伝わってきた認識である。事実、性の危険性およびそれに伴う男たちの深い焦慮は中国の歴史文献にしばしば見られる話題であり、王溢嘉の分析によると、その根源は女の性的能力に対する男の恐れにある(65)。引用のなかの「信陵君」は中国戦国時代に偉大な戦功を残した悲劇的な英雄で、司馬遷の『史記』に、彼は王様の猜疑を受けたのちに酒と女に溺れる生活を続けたあげく、ついに病死したとされる。その信陵君のまねをしようとする明の遺民こと「人蝦」は、ある意味で紀元前三世紀以来の伝統と考え方を忠実に守った男といえる。不幸にして長生きをしてしまった彼にとって、「醇酒婦人」に耽った行為自体は気楽なことどころか、悲壮な色彩を帯びる自虐に他ならなかった。一方、清朝統治の正統性が完全に樹立した時代を生きた人の目から見れば、この逸話に内包されている悲劇性がすっかり希薄になってしまい、ただ道化役者みたいな主人公の姿だけが作者袁枚の目に留められたのであった。

そして「人蝦」と同時代の、長崎の丸山遊女に恋して海を渡った大勢の人たちに目を向け、再び彼らの動機を考える時に、あるいは次のように説明することができるかもしれない。つまり、男たちの放蕩は、清朝官府の禁制から逃げ、快楽を求める一面を有するほか、それは同時に過去の青楼「情芸生活」を懐かしみ、あるいは風流に憧れる彼らの心情の現れでもあり、また異族統治に対するやるせない反抗の徴しでもあった。

三　「路程書」時代の旅事情

明末における江南の都市娯楽文化のなかに、青楼の繁栄がもたらした「情芸文化」の爛熟と並んで、もう一つ顕著な特色、すなわち民間旅行の発達もあった。明代後期という時代は、様々な旅が当時の中国社会の各階層の人々を熱狂させた時代としても知られている。この時代背景がなければ、後にあれほどの長崎「壮遊」ブームが起きたことも想像し難いのである。

谷井俊仁が明後期を「路程書の時代」と名づけたように、その頃に『一統路程図記』（一五七〇年）や『士商類要』（一六二六年）のような「路程書」が数多く坊間から出版され、爆発的に売れていた。「路程書」とは一種の生活実用書で、なかには中国全土の百数十の幹線に関する詳細な道路情報、各地方それぞれの官署組織や治安状況、名産物などの一般社会常識、さらに各地の「古跡」、「遺墟」、「故老之伝聞」に関する観光案内など実に多種多様な内容が記入されている。(66) 楊正泰によると、明清時代の三、四百年間、「路引」とも呼ばれた「路程書」は人々の旅行必携書として広く利用され、清末に鉄道、蒸気船など近代的交通手段の導入および西洋式の地図や交通案内が利用され始めるまで、「路程書」に対する需要はずっとなくなっていなかった。また谷井の分析によれば、「路程書」の利用者層が主に下層士人や「雛商」（アマチュア商人）といった流動性の高い社会階層の人々であり、交通案内書に対する彼らの大量需要は、交通網の整備や社会治安の安定、「牙行」など仲介業者のサービス改善など明代後期の交通事情と密接に関係する社会現象であった。谷井はさらに、明後期におけるこのような交通の拡大と発展は、直接に清代という前近代中国史上最高の交通社会の誕生を促した、とも指摘した。(67)

そして明代後期に中国国内において空前の観光旅行熱が発生したことは、まさに「路程書の時代」の名にふさわしい社会現象といえる。事実、この旅ブームは多種多様な形で展開し、なかには南京名勝の二十カ所選出といったような優雅なもよおしもあれば、十巻の旅行記を残した徐霞客（一五八六～一六四一）のような、三十数年間を費やして中国の山水をあまねく踏破しようとする異人も現れた。もちろん、一般の庶民にとって、蘇州虎丘、杭州西湖などの名勝地へ見物に行ったり、端午の節に鎮江、瓜州の競漕に参加したりするなど身近な旅も少なくなかった。そのなかで人気が特に集まった旅といえば、民衆の宗教信仰と結びついた名山へ参詣することであった。たとえば碧霞元君（道教の神）の前に香を捧げるための泰山参詣について、前述謝肇淛『五雑俎』のなかに次のような描写がある。

長江以北、斉（山東省）・晋（山西省）・秦（陝西省）・楚（湖南・湖北両省）の地の諸民で、泰山に行ってお線香をあげないものはない。斎戒のうえ盛装し、敬虔な心で志をもっぱらにすることは、とくに申し合わせずともみな同じである。山村の農民婦女とても、みな戒律を守り念仏を唱え、お詣りしているときは上品な階層の人のようで、少しでも不潔なことがあると、即座に重い病気にかかったり、躓《つまず》き倒れるような患《わずら》いにあう、という。参詣が終わって下山し、宿屋に泊まる段になると、そこに宿泊している親戚や知人がみな精進あげをし、生贄《いけにえ》をむやみに屠殺したり、酔ったり踊ったりして喧騒をきわめ、孌童《れんどう》（美しい童子）に歌わせたりして、みだらな遊びをしないものはない。(68)

名山への参詣は、人々の信仰心と遊び心に同時に満足を与えるものとして、当時の民衆から熱烈な支持を受けたものであった。泰山だけでなく、武當山（一名、太和山。湖北省にある道教の聖地）、普陀山（浙江省にある仏教聖地）、妙峯山（北京の西にある名山、山上の娘娘廟が霊験あらたかだと言われている）などにも同様の光景が見られる。なかでも海中の島である普陀山は、観音様の洞府とされ、そこへ多くの女性がわざわざ渡海して訪れたという。(69)因みに、清朝に入ってからも、諸名山へ行って参拝する風習は相変わらず民衆の間で盛んに行われていた。ただ、それに伴う遊興は、風俗を害するものだと位置づけられて、官府の取締対象になったことが、しばしばあった。

明、清両朝に中国民衆の参詣旅行が隆盛を極めた理由として、まず信者たちの布施によって支えられている寺院側の積極的な誘致活動を挙げなければならない。たとえば普陀山の場合、乾隆十四年（一七四九）正月二十五日浙江巡撫方観承の上奏文によると、そこの寺院は進香客（寺院の参詣者）を「勧誘」するために「僧徒」たちを四方に遣わすだけでなく、参拝者たちを招集し、また乗船を案内する「香頭」、客たちの宿泊を世話する「房頭」といった専門職も置いている。方観承は上奏文のなかでこの現象を指摘し、そして寺院と参拝者の関係がまるで商売人と顧客の関係だと問題視している。[70] もう一つの理由は、ちょうど江戸時代の日本に様々な「講」があるように、中国にも多数の民間信仰団体が存在することである。たとえば一八三四年北京関帝廟に参詣した団体のなかに、官府に問題視されたものだけで、「堆金社」「遊山会」「関爺会」「平安会」など実に多数あった。[71] さらに三つ目の理由として、明末以降の参詣旅行の隆盛に伴うサービス業の驚異的な発達も注目すべきであろう。泰山への旅を体験した一人の文人・張岱（一五九七～一六八九）は、随筆『陶庵夢憶』のなかで、泰山の麓にある一軒の巨大宿屋について次のように記録している。その宿屋はまず「驢馬小屋二、三十軒」、「俳優の宿泊所二十四カ所」があり、それから「軒を連ねて入りくんだ家屋の中は、妖かしく化粧した妓女たちでいっぱい」、さらに「演劇するのが二十余カ所」「料理場や炊事場も二十余カ所」「走り使いの使用人は一、二百人もいる」という模様。しかも同じ町にこの宿屋に比すべきものがまだ五、六カ所あると、張岱はいう。[72]

享楽的な雰囲気が瀰漫する明末という時世のなか、後の長崎渡航に匹敵するほどの現象も中国国内に起きた。それはすなわち十七世紀前後に蘇州の人々が武當山へ参詣した船の旅である。揚子江の中流に位置する武當山は道教の「第八福地」であり、当時明代皇室の「家神」としての「真武帝君」がそこに祭られていた。嘉靖年間（一五二二～一五六六）から庶民による武當山詣でが大いに流行しはじめた後、三千余里（中国の距離単位、一里は約五七六メートル）も離れている蘇州から大勢の人が武當山に献香するために旅するようになった。無錫の人・王永積（一六〇〇～一六六〇）の『錫山景物略』によれば、毎年二月になると、百艘以上の「香船」が旅人たちを乗せてまず各地から大運河のなかのもっとも広い水域である「蓮蓉湖」（無錫県北門）に集合し、そこで「香灯」を点じたり、花火を放ったりして、さまざまな儀式を行う。そしてあらかじめ決められた出発の日が来ると、銅鑼や木魚など楽器の響きとおびただしい見物人の歓声が織り交ざるなか、巨大な船隊が出航し、参詣の旅も同時に始まる。船隊の航路はまず大運河に沿って揚子江に入り、それから揚子江の流れに逆らって目的地の均州へ向かう。顧文璧の計算によれば、これはじつに約一カ月半もかかる長い水上の旅であり、にもかかわらず、萬歴の頃(一五七〇年代)から、一六三〇年前後に農民の蜂起によって中国が内乱に陥り、さらに道教自体が衰微するまでの長い間、江南の蘇州から武當山までの船旅はずっと繁栄し続けていたのであった[73]。

いずれにせよ、明代後期以降の中国国内旅行の隆盛を概観するにあたって、一つはっきりいえることは、「旅行」という観念が民衆のなかに定着したことである。より重要なのは、それは清初の渡崎熱と相前後して起きた現象であり、後者が前者の延長線上に位置する新しい展開として考えられる。たしかに、明清の王朝交替が国内の青楼を一時に衰微させ、また民衆の旅行にも衰退をもたらした。しかし、社会の安定が再び戻ってくるにつれて、長距離の船旅に慣れた江南の人々にとって、蘇州に「尤も近い」とされる都市――長崎を新たな旅の目的地としたことは、むしろ自然な選択といえよう。

第四章　清客と遊女の「情芸」世界

一　二つの「情芸」世界の間

五街の楼館互《たがい》に佳麗《かれい》を競ひ、三千の娼妓各々嬋妍《せんけん》を闘わす。一廓の繁華、日に月に盛昌《せいしょう》なり。三月花を栽ゑ、七月燈を放ち、八月舞を陳《つら》ぬ。是を三大盛事と為す。……其の他五度の佳節、直《ただ》に観の美の為めならず、例して格式有りと云ふ。若し夫れ暮靄《ぼあい》柳を抹《まつ》し、黄昏燈火《タソヤアンドウ》を上《のぼ》すや、各楼の銀《ぎん》燭《しょく》星の如く、絃声《スガヾキ》人を鼓《こ》す。四角の鶏卵世未だ之を見ず。此の境の晦夜《かいや》も亦、円月天を開く。(74)

清朝時代の中国と江戸時代の日本がそれぞれ異なる娼妓制度を採用したことは、周知の事実である。前者は『中国娼妓史』に王書奴がいう「私人経営娼妓時代」であるのに対し、後者は元和三年（一六一七）に発布された幕府の命令（元和五カ条）によって制度化された集娼制の時代であった。しかし、同時代の日本文人の印象では、両者の差異よりむしろ共通性のほうが多かった。右の引用は江戸の儒者・

寺門静軒（一七九六〜一八六八）が『江戸繁昌記』のなかに書いた文章であり、吉原遊郭に対する賛美の辞は、「旧院」をこよなく愛する余懐の『板橋雑記』の表現と相通ずるものである。事実、訓点をつけた和刻本の『板橋雑記』は明和九年（一七七二）、享和三年（一八〇三）、文化十一年（一八一四）の三度にわたって出版され、静軒を含む多くの日本人に愛読されていた。そして『板橋雑記』に記されている多くの遊里卑語が日本人にも熟知され、「欲界之仙都、昇平之楽国」というせりふが特に江戸の通人に膾炙した。それだけでなく、前田愛の分析によると、『板橋雑記』自体が近世日本で一つの「風流の軌範」とさえなったのである。その結果、幕末の詩人・成島柳北（一八三七〜一八八四）が『柳橋新誌』に「崇禎今ヲ距ル二百年ニ過ギ、地ノ相去ル亦数万里ニシテ風情ノ酷ダ肖タルハ奇ナリト謂ヒツベシ矣」と述べた通り、中国でまぼろしになった南京秦淮の「情芸」世界の風習が、江戸の遊郭で生き続けていたのであった。(75)

ところで、江南から訪れてきた大勢の清客を接する長崎の丸山遊女に対して、江戸時代の遊里案内に記されている評価と言えば、実は高いものではない。およそ日本の遊里に関するすべての事柄を集大成した百科事典とも称すべき書物である『色道大鏡』のなかに、「肥前国長崎　丸山町寄合町」の遊女について、著者の藤本箕山（一六二六〜一七〇四）が次のように酷評している。

長崎傾城《ながさきけいせい》の風儀《ふうぎ》、筑紫《つくし》の果《はて》とはいひながら、わきて異《こと》やうなる者《もの》なり。和漢《わかん》の旅客参会《りよかくさんくわい》の所《ところ》なれば、都《すべ》て傾国繁昌《けいこくはんじやう》の地《ち》にして、荘厳《しやうごん》きらを琢《みが》き、着用《ちやくやう》するに美服《びふく》をもてす。鹿子《かのこ》を上絹《しやうけん》とし、巻物《まきもの》を下服《げふく》とす。然りといへども、衣服《いふく》のかためをしらず、着《き》こなしあしし。……心ざしを尋《たづ》ぬれば、忠《ちう》ある女まれなり。飽《あく》まで野人《やじん》にし、不敵《ふてき》さきだちて、思慮《しりよ》すくなし。男《おとこ》に得通《えつう》しては、勢《いきをひ》のをとろふるをもしらず、身のそこぬるをもいとはずして、理不尽《りふじん》におもひこむ。されど近年《きんねん》は、和人《わじん》是をもてあそぶ事少分《せうぶん》にして、おほくは唐人《たうじん》のみなり。(76)

出で立ちから態度や性格に至るまですべてがとにかく野暮で見慣れない、京都生まれで、日本中の廓を遍歴した粋人箕山にとって、丸山遊女はけっして馴染みやすい存在ではなかった。「筑紫の果」という長崎の辺境性はやはり彼の評価に大きな影響を与えたからだろう。

それに、「おほくは唐人のみ」を相手とする丸山遊女の日頃の営みは、実際一般の日本人の目に晒されることも少なかった。ある日本人の男は、清客が丸山に遊ぶという画題の絵を観た後、自分の感想を次の一句に託して述べた。

花に鳥鸚鵡の舌ほしげなる(77)

「花」（つまり遊女、彼女たちは「解語花」という別称がある）の言葉を解したくてしょうがない哀れな鳥、これは作者が想像する清客のイメージである。この一句にはまた、言語も通じ合えない男女同士の遊興がきっとつまらないものだろう、という暗黙裏のせりふをも読み解くことができるのである。

結局、長崎は中国と日本のそれぞれの青楼文化が融合した場所でありながらも、そこで起きていたことの実態は同時代の多くの日本人にも知られていなかった。さて、風流の本拠地だった江南から中国人の男たちは、日本の廓に生きる女たちと一緒に、いったいどのような風流世界を長崎で築いたのであろうか。

二　中国人の遊女礼賛

江南文人と日本遊女の関係についての記録は、明末頃に遡ることができる。『色道大鏡』巻十七「扶桑列女伝」のなかで、名妓の筆頭とされる京都の吉野太夫（本名は藤原徳子、一六〇六～一六四三）について、次の逸話が紹介されている。大明国呉興の李湘山という人が、吉野の「幽容」を慕い、寛永四年（一六二七）に詩を賦して日本に送った。その詩は曰く、

日本曽聞芳野名　　日本　曽て聞く　芳野の名
夢中髣髴覚猶驚　　夢中　髣髴として　覚めて猶お　驚く
清容未見恨無極　　清容　未だ見ざれば　恨　極まり無く
空向海東数雁行　　空しく　海東に向かって　雁行を数う

またその翌年には、「漢土」（中国）から吉野の肖像画を要請してきた。それに対して日本の「遊客」たちが協議した末、画工に命じて徳子の「佳貌」を写させ、その絵を七幅の掛け軸と為して九州へ送り、そして「異朝商人」が歓喜して受けたという(78)。

「吉野傳」にこの逸話が紹介されたのは、いうまでもなく吉野太夫の名妓たる魅力を説明するためである。つまり、彼女の容貌を見ていないにもかかわらず、「中華」の「風雅之士」もその「美名」を知り、しかも「丹心」を悩まされた。著者の藤本箕山がここで説き起しているのは、名妓が「何ぞ必ずしも色のみに在らんや」という彼なりの風流論である。それを別として、逸話のなかで中国と日本の好事家たちが煩わしさを厭わずに詩なり絵なりのやりとりをしているのは実に興味深い事実である。寛永年間に一人の名妓が海の両側に同時に波瀾を興したことは、日本と中国がそれぞれ動乱を経て太平の時代に入った後に（江南の文人にとってそれは一時的なものだったが）、文人たちが「風流」を求めて共に相手の国に目を向けはじめたという新しい動向を示す象徴的な出来事である。当時、美談として記録されたこの出来事は、その後の新たな展開の到来を予示したと思われる。

実際、丸山遊郭の遊女に関する中国人最初の記録は、明末清初の大儒・黄宗羲（一六一〇〜一六九五）が著した「日本乞師記」に見える。この文章は、清に滅亡された明朝の復興を図るために、明の遺臣たちが前後数回にわたり日本に来て救援を求めた経緯を記すものである。実際、黄宗羲本人も正保四年（一六四七）十月に援兵を請うため長崎に渡り、しかし要領を得ずにしてやむなく帰ったという。[79]黄宗羲が渡日した翌年（一六四八）、明の武将黄斌卿の弟なる黄孝卿という人も長崎に渡航し日本の救援を求めた。「日本乞師記」に彼の長崎滞在の経過を叙述してある。

孝卿仮商舶、留長崎、長崎多官妓、皆居大宅、無壁落以綾幔分為私室、当月夜、毎室懸各色瑠璃灯、諸妓各賽琵琶、中国之所未有、孝卿楽之、忌其乞師而来者、見軽於其国、其国発師之意益荒。[80]

孝卿が商船を借りて、長崎に留まった。長崎では官妓が多くて、皆大きな家に住んでいる。その家は壁がなく綾幔をもって部屋を分ける。月夜になると、各室に瑠璃の灯火が掛けられ、妓女たちはそれぞれ琵琶を競う。これは中国にはないことなので、孝卿はそれを楽しんでいた。乞師のために来た彼は、これによって日本に軽視され、また日本は出兵の意図もなくなった。

黄孝卿が中国に見られない妓楼の美しさと遊女たちの琵琶演奏を競う姿に魅せられ、享楽に溺れ、遂に日本人に軽視されて、その重大なる使命を全うすることができなかった。黄宗羲はここで一六四八年の乞師が失敗した理由として、黄孝卿個人の軽薄と荒唐を挙げている。

一方、「日本乞師記」が単に黄孝卿を譴責するために書かれた文章ではないことは、注意すべきだろう。現にすべての乞師が失敗に帰してしまい、その最大の理由について、黄宗羲はむしろ次の事実を世人に伝えようとしているのである。それはすなわち寛永以降の三十余年間に日本ではすでに「承平久しく矣」、また日本人の多くがただ「詩書」・「法帖」・「名画」・「古奇器」などを好み、「兵革」を見ず武備を忘れたという、日本の最新の社会事情である(81)。したがって長崎妓館についての記述は明朝官僚の腐敗を暴露するためのみならず、黄宗羲にとって、日本が平和で、文芸愛好の国だという見方を説明するための一論拠でもあった。

結局、「乞師」の失敗をめぐる黄宗羲の議論は、おそらく著者本人も意識しなかったもう一つの側面を帯びることになる。つまり、残忍な「倭寇」の国というかつて広く定着していた中国人のイメージと異なり、「日本乞師記」がまったく斬新な日本像を創った、ということである。言い換えれば、この文章には中国における日本観の転換という現象が見られるのである。事実、黄宗羲の影響を受けた他の中国文人も多くおり、戴名世（一六五三～一七一三）の「日本風土記」のように、長崎「官妓」に関する「日本乞師記」の記述をそのまま引用するものもあれば、[82]清初に刊行された小説『東遊記』の末尾に、

日本の婦人は玉のように美しいので、立ち去り難く、身を滅ぼして、帰国しない中国人も多い。現在、長崎に唐人屋敷があり、住んでいるのはすべて中国人である。[83]

とあるように、女性の美しさをメインに紹介する猟奇的な文章もある。この記述はすべて日本人女性を対象としているが、じっさい白粉塗りの遊女イメージを述べているのは明らかだ。ちなみに、『東遊記』に記されているこの記述は、杭州出身の文人・郁永河が書いた随筆「海上紀略」のなかにも見られるのである。郁永河は「遠遊」好きと自称する文人だが、日本へ行ったことがなかった。そのせいか、彼の文章のなかで、日本では婦人が「玉人」の如く「妍美白皙」であるだけでなく、男も同様に「肉色」が最も白いと紹介し、さらに中国人がもし日本へ行って向こうの風と日光と接すれば、たとい肌がひどく黒ずんでいる人でも白く変えられるという奇妙な話も記されている。[84]

長崎事情に関する中国人の見聞記のなかで、汪鵬の「袖海編」がもっとも詳しい文章である。汪鵬は対日貿易に携わりながら日本に残された中国の逸書を再び持ち帰るという貢献をした人であり、[85]彼はまた、八度も長崎へ渡航した経験の持ち主でもある。「袖海編」は乾隆甲申年（一七六四）に彼が日本滞在

中に書いた随筆で、長崎の物産や風景をはじめ、日本人の書籍愛好、日本産貢墨の良さなど、彼の見聞は網羅的に記されている。そして遊郭と遊女についての描写もいうまでもなく随筆の主題の一つである。

遊女の住んでいる花街では、長い節で美しく歌い、たおやかに舞う。杜牧の詩に「百宝もて腰帯をよそほひ、真珠もて臂鞲につなぐ、笑う時には花が眼に近づき、舞ひをはれば錦を頭に纏ふ」とあるのは、このことをいうのである。日本の大商人はみんなこれに心を動かされる……(86)

花街の歌舞の場面を目にして、作者は遥か昔の「北里」（唐代長安の色町）の風景を連想した。この連想と、丸山遊郭の華美さを称えるために唐詩を引用するという文学的手法は、風流を育む場所としての日本の花街が中国の青楼と本質的に同様だという作者の見方の反映に他ならない。さらに、汪鵬は遊女の魅力を次のように述べ連ねている。

遊女にはかしこいものが多い。言葉も、はきはきして、応対に巧みである。化粧も上手で、美しい顔に、みごとな衣裳をつけている。たいまいの櫛をたっとぶ。一つで百両あまりもするのがある。十四、五が妙齢で、お客の前に出る。二十五になると、くるわを出て、かたづくのが多い。三十になると、年寄ということになる。シナ人が呼び入れた遊女をタユウ（大夫）という。タユウは品よく客をもてなし、かゆいところに手が届く。たべもののことから、会計に至るまで、まるで一生つきそう者のようにしてくれる。だから遊女はもてはやされるのだ。遊女のなかには、義妓・痴妓・

悍妓などと言われるのがある。シナ人のところに来ているときには、まるで夫婦のように、大切にしてくれる。もらいものも沢山にある。いろまちのことを花街という。抱主は、なになに楼のだれ、というように遊女の名をつけている。一軒に数十人抱えているところもあり、十数人抱えているところも有る。そこには、桃や芍薬がえんをきそっているようである。同じうちの相客にはとても親切である。まるで姉妹のように、ものを贈ったり、ゆききしたりする。また、しょっちゅう、下働きの女を屋敷から出して、珍しい花とか果物とか、珍味を買ってこさせて、シナ人を喜ばせる。シナ人のまよいは、ますます深くなり、湯水の如く金を使うようになる。たとえ知者でも、愛欲の海に超然とすることはできまい。このかごの中から飛び出せるものはあるまい(87)。

「袖海編」自体は短い文章だが、作者が礼賛の言葉を心ゆくまで遊女たちに送り、多くの筆墨を費やすのも惜しまなかった。知恵の有無を問わず、遊女に傾倒してやまない中国の男たちがいるという事実に対して、汪鵬はこの現実を彼らの宿命として捉え、そして男たちの欲望の正当性をここで世の人に説いているのである。結局、「袖海編」は単に日本の社会事情を紹介する見聞記ではなく、明末以来の「天理」と「人欲」をめぐる議論の流れに立脚した「人欲」讃歌の一面も有することになる。この角度から見れば、「袖海編」という作品を、中国社会における「情欲覚醒」の思想が文人たちの対日交流に多大な影響を与えたあかしとして位置づけることもできよう。

三　「和光同塵」――房中術の誘惑

　遊女たちの歌舞や容貌、それから客に接する時の媚態ないし話術に関する「袖海編」の描写を通して、唐人屋敷のなかで実際行われていた遊興の様子がある程度想像できると思われる。一方、江戸時代の日本人も唐人たちの余暇生活、特に遊女との遊興に対して興味津々であった。長崎の画家たちがそれをテーマとして絵にしたことがしばしばあったので、遊興の実態はかなり鮮明に記録されている。たとえば、教養人である清客たちが登場しているのは、彼らが遊女に侍られて優雅に揮毫する場面（図14）や、あるいは遊女に従い浄瑠璃を習う場面（図15）である。それに対して、「非文人」の唐人たちの遊びに関するテーマは、彼らが遊女と一緒に歌や踊りでどんちゃん騒ぎをしている場面である（図16）。その他、『長崎名勝図絵』巻之二下、「唐館」の条に、さらに「華客」と「妓」がいちゃつきふざける問答も載せてあり、両者が独特な話法でコミュニケーションを行っていた事実の一斑がうかがえる(88)。とにかく、清客と遊女の遊興はけっして言葉も通じない男女同士が無言のままに行った無味乾燥なものではなく、そこには文化の香りを漂わせた独特かつ多彩な世界があった。

　むろん丸山遊女が遊女である以上、清客との関係のなかに、性的交渉が付きものであることは言うまでもない。両者の性行為のなかには、いわゆる「房中術」という、今やほとんど知られざる秘密の世界が存在していた。以下、清日交流のもっとも奥に秘められているこの領域に光を当てることを試みるが、それは単に猟奇するためではなく、中国の男たちに波涛を越えさせ、長崎へ赴かせた最大の原動力の一

▶図14　大清人并長崎遊女之図
江戸後期長崎の町絵師である中村可敬の作品。可敬の画風は概ね長崎に起った風物をニュース的に捉えたものであるが、漫画的で皮肉をたたえた要素も含んでいる。

◀図15　陸明斎学語浄留利
陸明斎は乍浦の人、安永のころより年々長崎に渡航していた。『長崎名勝図絵』巻之二下に、「(明斎が)甚だ日本の風儀《ふうぎ》を好み、乍浦の居宅も日本の製のごとく二階造りにして、日本の畳《たたみ》を敷き、日本の膳椀《ぜんわん》、食具《しょくぐ》、酒器《しゅき》を用ひ、烹調《ほうちょう》料理《りょうり》の品《ひん》味《み》すべて日本の風を学び効《なら》ふて客を饗応し、また酒興あるいは談話の折ふしには、忠臣蔵《ちゅうしんぐら》の浄瑠璃《じょうるり》一二句を口ずさみにす。これは大町《おほまち》といへる傾城《けいせい》より習ひ得しとぞ」とある。

▲図16　唐人踊図
丸山遊女を呼び、胡弓と月琴の合奏で故郷の唄を歌う唐人たち。画中の文は江南の俗謡である「九連環」の歌詞であり、この唄は漂流した唐人によって日本の内地へも伝わった。文政年間三都を中心に狂的に流行した「看々踊」はこの唄から起こったものである。

◀図17　吉田半兵衛の秘画
艶本「好色花すゝき」のなかの一枚。同書の冒頭に、この絵の主題は次のように説明されている。「とうじん女の物にくすりをつけておつけを出させすふ事」。

つはそこに潜んでいたのではないか、と思ったからである。

まず房中術とは、大木康の解釈を借りれば、「男性を陽、女性を陰に配し、両者の交渉の様態を探求するという、壮大なコスモロジーをその背景にもっている。いうならば、床上の男女に、天地宇宙の理法の実現を目指さんとする術」である。[89] 伝統中国社会で発達してきた房中術は、男性が「百病自ら癒える」、「精力は百倍する」という健康目的の養生法であり、また多数の女性を相手にして同時に彼女たちに性的満足を与えることによって、一夫多妻制家庭を円満和睦にし、そして持続させるための不可欠な手段であり（房中術がしばしば「家訓」に記載されてあるのはこのためである）、さらに道教において房中術は「男女双修」とも呼ばれ、不老不死の神仙になるための宗教的修行法でもあった。前述「人蝦《ひとえび》」の逸話は性的放縦が死を招くという古来中国人の性観念の一側面を表したが、その観念を逆利用することによって正反対の効果を狙おうとするのが、房中術である。房中術的な発想を簡単に言えば、道教的観念に基づいて開発された特殊なテクニックを身につけ、またそれを駆使して性を「正しく」コントロールすれば、絶大な正の効果があり得るということである[90]。

清客が丸山遊女を相手に房中術を行っていた事実について、直接の史料がないためその詳細を知る術はもはやなくなったが、江戸時代の日本で大量に創作された春画のなかの、中国人男性と日本人女性との交わりという人気の高いジャンルの作品から手がかりを見つけることができる。この問題に関して、リチャード・レイン（Richard Lane）著『江戸の春・異邦人満開』の「なぜか日本だけで頻繁に描かれる『愛液』採集シーン」の一節では、京都の絵師・吉田半兵衛の作品（図17）をはじめとする同類の春画作品を数多く紹介しており、レインは同時にこれらの春画作品と道教の秘儀（つまり房中術）との関連性をも指摘したのである[91]。

一方、これらの春画のなかに、実はもうひとつのメッセージが秘められていると私は思う。すなわち長崎滞在中の唐人と丸山遊女との間に房中術がじっさい広く行われていたという事実である。半兵衛の作品はすでにこの点を暗示しているが、「房中術」と「長崎」をより明確に結びつけて語る春画作品として、たとえば高橋鉄『近世近代一五〇年性風俗史』に紹介されている「泄淫国」という絵がある（図18、同書は昭和四十三年に出版されたもので、書中の図版に描かれている男女性器の部分がすべて隠蔽されている）。高橋鉄によると、この絵は歌川派の三冊本「青楼夜花王《さとのよざくら》」のなかの一葉で、おそらく空想国の話が日本で大流行していた宝暦十三年（一七六三）以後の作品である[92]。しかし画中の船は明らかに長崎を想起させる道具として描かれたのであり、また匙を手にして体を後ろへねじりまげた弁髪男と日本人の女が営んでいる性愛が尋常なものではないことを強調するために、絵の横に「水少ナキ国ナリタマタマ水出レバ流テトメドナキナリ男ハ寿命長シ」という房中術っぽい説明も書き添えられてある。

そのほか、あくまで中国人と房中術にまつわる伝聞を間接的に反映した「泄淫国」よりさらに一歩進み、その伝聞を真実として語る作品も存在する（図19）。この絵は渓斎英泉（一七九一～一八四八）が描いたものであり、内容は仙人風の中国人男と丸山遊女が各自の性器を持ち出して対峙している場面である。そしてこの場面に対する画家の説明は次のとおりである。

華人崎陽なる丸山の岐院に遊ぶに房中に入る毎に異香をくゆらして春情をおこさしめ陽汁をとり不老の仙丹を練る事は冊中に委し(93)

「華人」が丸山遊郭で遊ぶ時に不老不死の薬「仙丹」を練り、その「仙丹」の材料を「岐院」（妓院）の房中にある「陽汁」（女の愛液）に求めたというストレートな表現である。「不老の仙丹」云々はいうまでもなく道教用語であるが、画家がわざとそれを使うのは、事の神秘性を強調するためだろう。

とにかく、房中術をテーマとして清客と遊女を登場させる春画作品は、江戸時代を通して多く創られた。そしてこれらの絵の存在は、単に日本の好色者たちの嗜好と需要に応じた結果のみならず、かなりの真実性を帯びているのではないかと私は思う。

その真実性はまた画家たちが好んで描いた愛液採集の場面からうかがうこともできる。女性の各種分泌液の薬効性を極端に信じて行われた愛液採集は、房中術の数多くの技法の一つである。ファン・フーリック（R.H.van.Gulik）『古代中国の性生活』によると、中国においてこの種の房中術の技法はちょう

図18　泄淫国

図19　英泉　唐人と長崎遊女

ど明末の頃、主に江南地域の文人グループのなかで流行っていた。『紫金光耀大仙修真演義』など十六世紀前後に出版された房中理論書には、女性の唾液、乳汁と愛液にそれぞれ「玉泉」、「不死の桃」、「月の華」など神秘的な名称がつけられ（また三者を総じて「三峰大薬」と呼ぶ）、もし「三峰大薬」を吸ったら、「精気と新鮮な血液を生み出す」とか、「からだ全体の気分が高まりのびのびする」など諸々の効用があるとされている。[94] つまり、愛液採集が明清時代の中国で広く知られた房中術のテクニックであったことは疑いない。日本の画家たちがそれをテーマとして絵を創作する時に頻繁に中国人の男を登場させた理由の一つも、ここにあるだろう。

なぜ房中術を行うために中国人の男たちが丸山遊女を選ばなければならなかったかについて、少なくとも三つの理由が考えられる。一番重要な理由はやはり房中術自体の要求によるものだろう。黄帝が三六〇〇〇人の女性と交わって仙人となったという、後世まで語り継がれる伝説があることからもわかるように、房中術の基本かつ必須条件の一つは、多数の女性が薬、つまり「金丹」として存在することである。もし自家に「金丹」がいなければ、街中の娼妓でもかまわない。このことを房中術用語で表現すれば、すなわち「和光同塵《わこうどうじん》」である（同じ意味の表現としてほかに「混俗市廛《こんぞくしてん》」などもある）[95]。清初という時代に「和光同塵」を実践しようとすれば、長崎ほど便利な場所がないことは、すでに屢述したとおりである。

二つめの理由は、房中術が当時の日本社会においても同様に盛んだったということである。房中術が古い時期にすでに中国から日本へ伝わり、そして中国においてすでに散逸した多くの房中術文献が『医心方』（九八四年）など日本の医書にしか残存していないことや、藤原明衡（?～一〇六六）の『新猿楽

図20　春朝斎　日清・恋合戦

記』には「偃仰養気」といった房中術的な呼吸法や「竜飛虎歩」といった御法に精通する遊女の理想像が描かれていることはよく知られた事実である。また、滝川政次郎が指摘したように、房中術は日本において長い間、特に遊女社会のなかで切磋琢磨され、好色が「道」として確立した江戸時代に入ると独自な発達さえ見せた。たとえば、『医心方』に三十手の御法が示されているのに対して、『色道大鏡』巻二「寛文格」に「六十五伝事」とあって、「しののめ」をはじめとする御法の名称六十五が挙げられている。また、島原・吉原の傾城屋では、初会の客と寝る時に行燈を枕許から何尺離れた所に置く、うら（二回目）の時にはそれが何尺、三回目の時には何尺というように、さまざまなきまりも作られていた[96]。さらに中国の房中術に対しても、日本人はいつも注意深く観察し、それを怠らずにとり入れていた。たとえば一七八〇年代に画家・春朝斎が描いた一枚の春画は、まさに日本人カップルが中国の仙術を学んで愛液採集の実践をしている、という主題である（図20）。また、文政天保年間にベストセラーとなった艶本『枕文庫』のなかで、著者の英泉が「三峯採戦」や「交合採薬の奇術」など房中術的テクニックを繰り返して紹介しているのである。(97) 要するに、房中術を行おうとする男にとって、日本ほどもってこいの場所は他になかったといっても過言ではない。

それから三つめの理由は、おそらく異域の女性に対する中国人の観念と関係があるように思われる。というのは、異民族の女性を偏愛する男たちの存在は中国の歴史のなかで後を絶たない現象であり、唐代長安の酒屋の「胡姫」（西域の女）たちを対象として多くの詩文を残した文人たち然り、明代北京の王宮で朝鮮人女性を大いに寵愛した永楽、宣徳などの皇帝たち然り。特に永楽帝は、朝鮮国王に対して美女を朝貢するようにと迫ったり、時にはわざわざ宦官をソウルまで派遣して、美女選びの下見をさせたりして、朝鮮女性に対する異常とも言えるほどの嗜好やこだわりを示していた。一四〇八年には、三百名の朝鮮人の処女が北京に送られ、永楽帝がそのなかから五名の女性を自分の嬪妃として選んだという、とんでもない出来事もあった。(98) そして前述した清代中国の文人たちが書いた遊女礼賛にも、実は同じ傾向の性的幻想が見え、ただ相手が日本の女性に変わっただけだった。

以上、唐人をモチーフとする春画を手がかりとして、それらの絵の写実性および房中術との関連を分析した。そこで浮上してきたのは、唐人屋敷のなかで房中術がたしかに流行っていたという事実である。この事実の存在は、明代後期の江南で発達した好色文化が清朝に入って依然として生命力をもち、その影響がさらに海を渡って日本社会にまで及んだことを物語っている。結果から言えば、清客たちの心の底に隠されている赤裸々な欲望は、唐人屋敷を「和光同塵」の場と化し、そして清日交流の歴史に淫気連綿の一頁を残したのであった。

第五章　抑圧と歓待――幕府政策の両面

唐人もここまでござれ天の原三国一の富士が見たくば[99]

江戸時代に長崎を訪れた外国人に対する日本側の対応は、おおむね親切な一面があった。かつて蜀山人大田南畝は、唐人たちを歓迎する心情をこめて、右の一句を詠んだことがある。事実、このような意識は幕府の対外政策にも反映されており、前に引用した『長崎土産』に「此故に御仕置《しをき》も廣《ひろ》くゆたかにして諸人安堵《しよにんあんど》のおもひをなして　心なきもうる人も　日本の住《すま》ゐを恋《こい》ねがふと云」とあるように、異国人に対する役所の「御仕置」（行政）の寛大さは日本人自身もいささか自慢げに褒めたほどであった。

ところで、一六八〇年代中期に大盛況を成した中国人の渡崎熱は、鎖国政策を堅持する幕府側にとって、むろん好ましい事態ではなかった。それと同時に発生した金銀や銅の大量流出は、なおかつ深刻に受け止めなければならない問題であった。この事態に対して、幕府の役人はいったいどのような対応策を講じたのであろうか。

一　清朝官吏を驚かせた二つの事実

一六八四年、大勢の唐船が押寄せてくる事態をあらかじめ想定したか、幕府は「貞享令」を打ち出し、唐船の貿易高を一年銀六千貫に限る商法、すなわち「割付仕法」を導入した。この貿易制限令の公布をきっかけに、入港唐船数の限定（一六八八年）、それから唐人屋敷の設置（一六八九年）など一連の行政命令がさらに追加され、幕府はそれによって貿易規模の収縮、唐人管理の強化を企てようとした。そしてこれらの政令のなかで、唐人貿易にもっとも大きな影響を及ぼしたのは、一七一五年新井白石（一六五七～一七二五）が発布した「正徳新令」であった。「正徳新令」は「貞享令」の内容を継承する一方、唐船の入港船舶数を年間三十艘まで減らし、それに「信牌」制度という新たな貿易許可制度を導入した。新令が実施された以降、船数と貿易の定高に変化が見られるものの、白石が決めた原則は幕末まで踏襲され続けていた[100]。

日本の新措置が江南の商人たちに与えた衝撃について、雍正十三年（一七三五）に書かれた『長崎紀聞』（全一巻）にその様子がつぶさに記録されている。この随筆の作者は董華（一六七五～一七三九）という清朝の官吏で、彼は雍正七年（一七二九）から九年（一七三一）までの間に蘇州地方の知府として、対日貿易の商人たちを管理し、また商人の手から数百万斤の日本の銅を買収した経歴もある。『長崎紀聞』の内容は彼の在任中の見聞であるが、そのなかに彼を驚かせた二つの事実が特に詳しく記録されている[101]。

その一つはいわば日本の役人の跋扈および商人たちの苦境である。『長崎紀聞』によると、「正徳新令」が公布された後、江蘇、浙江両省は一時騒然となった。信牌発行の権力を握った唐通事がのさばり、自分の意のままにならないとすぐ商人を罵ったりして、商人たちは鼠のように唐通事の前にこせこせとし、その地位は奴隷同然であった。(102)それだけでなく、さらに深刻なのは、銅の価格が上昇する一方で、商人たちの利益が激減する事態に陥ったことであった。それまで一回の貿易では二、三千両の利益が得られたが、その後数百両に減り、董華在任時は一艘の船が一回の貿易で必ず千両以上の損失を被っている。商人は怯んで航海に行かなくなり、しかし銅を買収する清朝官吏が後ろで商人たちを厳しく追い詰めているので、商人は隠れたり、逃げたりした。(103)

清朝の地方長官を務めた董華は、もちろん直接日本へ行ったことはなかった。しかし商人などから聞知した知識を記憶に基づいて書いた『長崎紀聞』は、松浦章の分析によると、長崎事情および清日貿易事情を比較的正確に反映している記録である。対日貿易が谷底まで落ちてしまい、商人が日に日に困窮していった事態は、彼の身辺で起きたことであり、その光景を彼が自ら目にしていたのかもしれない。そのゆえか、この厳しい貿易状況に直面せざるを得ない董華個人の態度は相当悲観的なもので、彼は清朝の銅政が数年のうちに必ず崩壊するとさえ予言した。(104)

董華に驚きを与え、そして『長崎紀聞』に詳述されているもう一つの事実は、唐人屋敷のなかでは商人たちが悲惨な現実状況と苦境をまったく顧みず、贅沢に遊楽を行っていたことである。董華は文章のなかでその様子について次のように描写している。

女閭七八百名、曰花街。居楼上者、以奉唐商、楼下以待水手。妓至館終年不去、従婢一二人、或三四人、皆鮮衣美食取給於商。商船瀕行、司計者籌其日用並夜合之資、一妓動需五六百金、又索贈一二百金、求商本無過不可得也。商人冒風涛、棄家室、以競錐刀之利。乃日与此輩為伍、言語不通、瘡毒易染、貲財生命委之異域、豈不可惜。

妓女七、八百名が集まるところは花街という。楼上に住むものは商人を接待して、楼の下に住むものは水夫を相手とする。妓は唐館に来て、一年中に去らず、連れてきた下女は一、二人、あるいは三、四人がいて、女たちの衣食はすべて商人が負担する。商船が出発する前に、会計の人は日常の費用と花代を計算する。一人の娼婦はややもすれば五、六百両はかかり、さらに一、二百両の礼金を請求する。商売の元金はこれによって損をしないことはないのである。商人はほんらい波涛を冒して、家族を離れてわずかな利益を求める。だが、毎日にこの輩と伍して、言葉も通じず、瘡毒に伝染しやすい、財産と命を異域に委ねることは、惜しいことではないか。

わずかな利益を求める商人たちが資本金だけを保つのもすでに不可能なのに、遊女ひとりに対して迷わず五、六百両の花代を払い、また一、二百両の贈り物をする。どうして彼らが性病感染の危険を冒すことにも甘んじ、異国で財産と命を失うことも憚らないのだろう。董華は文章のなかで思わず不憫の情を流露したのである。

董華が『長崎紀聞』のなかに描いた商人像はいうまでもなく、彼の直接管理下で銅貿易に携わる一部の海商のことであって、すべての渡航客ではない。しかしそれら困窮を極めた銅商たちでさえ豪遊を楽しむことが可能だったのはいったいなぜだろうか。この疑問は当然出てくるはずだが、貿易を管理する官僚という立場で、商人たちが伝えた日本側の貿易制限政策だけに注目したせいか、この疑問について董華は文章のなかでまったく触れていない。しかし彼が述べた二つの現象の間にギャップが歴然として存在しており、日本側がけっして単純な対応をしていなかった事実はここで暗黙の内に提示されている。以下、幕府の政策の唐人管理強化策と対蹠するもう一つの側面を明らかにするが、それはおそらく商人たちが董華に報告していなかった事実だろう。

二　幕府の唐人歓待策

中国商人たちは長崎滞在中、その行動範囲がすべて幕府の掟によって定められていた。したがって、幕府の政策にもう一つの側面、つまり唐人歓待策ともいうべき一連の措置が存在しなければ、商人たちのあのような贅沢三昧は不可能だったに違いない。このことについて、古賀十二郎『丸山遊女と唐紅毛人』のなかに、丸山遊郭の種々の慣習、とくに唐紅毛行遊女の揚代に関する規定について非常に詳細な紹介があるので、そのなかから唐人関係の規定を抽出してみれば、幕府側の唐人歓待策が浮き彫りになるものと思われる。それを述べる前に、まず丸山遊郭の特色について簡単な説明をつけ加えておく(105)。

丸山遊郭の開設は、幕府が鎖国政策を完成させた翌年である寛永十九年（一六四二）頃のことであった。海外貿易が潤した唯一の都市という地の利を得て、廓の女たちも豪華さと贅沢ぶりで日本中に知られていた。「京の女郎に長崎衣装、江戸の意気地にはればれと、大阪の揚屋で遊びたい、なんと通ではないかいな」というように、当時の俗謡が、丸山遊女の衣装が江戸大阪のそれに勝る、としているほどであった(106)。

むろん丸山遊女の特色はそれだけではない。日本の他の地域の遊女と比べて、決定的に異なる性格といえばむしろ次の二つの側面である。その一つは遊女に対する二重のランク付けである。丸山遊女は「太夫」、「みせ」、「並」という他の廓にも見られる等級によって分けられた一方（これはいうまでもなく遊女の容貌や教養による分類であるが、みせ女郎と並女郎の区別がその後崩れてしまい、両者はみせ女郎の名目で統一した）、それと平行して、奉公対象というもう一つの分類基準もあった。つまり中国人と関係する遊女は「唐人行」（図21）、オランダ人と関係する遊女は「阿蘭陀行」、日本人と関係する遊女は「日

図21　唐館《シウゼンジ》交《ユ》加《キ》遊女《ジョラウ》ノ図
長崎板画の大板元である大和屋の作品。本図は「蘭館娼妓出代ノ図」とセットになっている。

本行」というふうに別々の名称で呼ばれ、区別されていた。唐紅毛人と関係する遊女をあえて分類することが必要とされたのは、おそらく幕府側が管理の便を図るためであり、この分類は言ってみれば幕府の公的権力が介入した結果ともいえる。

丸山遊郭特有の遊女等級制と関連して、「唐人行」と「阿蘭陀行」の遊女が幕府役所の煩瑣な管理制度のもとに置かれていたことも丸山遊郭の特色として挙げられる。彼女たちに関する遊女町役人の事務の主な内容を挙げると、

一、遊女、禿などの唐人屋敷あるいは出島へ出入の取締方。
二、唐人屋敷あるいは出島へ出入する遊女、禿、遣手へ法度申渡し。
三、唐人屋敷あるいは出島へ出入する遊女、禿、遣手等の定期および臨時誓詞血判の見分。
四、唐人あるいは紅毛人の遊女揚代銀に関する事務。
五、唐人あるいは紅毛人より遊女、禿、遣手、遊女小使、遊女屋等へ贈与に関する事務。
六、唐人あるいは紅毛人に関係する遊女の妊娠より出産までの諸届出手続。
七、混血児の生誕、移動、病気、死亡等に関する諸届その他の事務。

など実に多岐に渡っている。そしてこの管理制度のなかで、特に遊女揚代銀に関する幕府の管理と規定は、唐人優遇の側面を色濃く反映しているのである。

唐人行遊女の揚代について、元禄頃定められた規定は、太夫十五匁、みせ女郎十匁、並女郎五匁であ

った。しかしその後の揚代は享保十七年（一七三二）、同十八年（一七三三）、十九年（一七三四）、それから元文二年（一七三七）、元文四年（一七三九）の数回にわたって減価の方向へ改められ、時には暴落したこともあった。ついに寛保二年（一七四二）に定められた揚代は太夫六匁割増なし、みせ女郎三匁八分割増なしとなった。丸山の遊女屋たちは揚代値上げのために百方奔走したが、一度も成功することなく、この金額はその後幕末まで一定していたのであった。それに比べて、蘭館行の遊女は、丸山遊郭のなかでもっとも格下の遊女であるにもかかわらず、その揚代は、一七八二年から幕末までずっと唐人の倍以上で、つまり太夫十五匁、みせ七匁五分の値段であった。また日本人客を接する遊女の場合、幕末の記録によると、丸山の遊女屋が、揚代高によって、二十五匁処、一歩処、十五匁処、十匁処に分類されているので、唐人行遊女よりかなり値段が高いことは言うまでもない。因みに、江戸の吉原遊郭の場合、享保期に太夫の揚代は八十二匁、「小さんちゃ」というもっとも低いクラスの遊女でさえ十五匁が必要であった(107)。つまり、遊女揚代に限って言えば、江戸時代を通じて、渡崎の唐人たちがもっとも優遇された嫖客であった。

また、唐人揚代の支払いに対して、寛文十二年（一六七二）に公布された条令に、「日本人なら当座に揚銭を取り、異国人ならば一ヶ月迄は相対たるべき」とあるように、幕府役所もきわめて寛容な措置を採っていた。この規定を利用して、唐人たちの揚代支払はとかく滞りがちで、未払いの揚代は次第に膨んでいったのであった。たとえば、董華が『長崎紀聞』を書いたころとほぼ同じ時期に、未払いの揚代金額は、

享保十八年（一七三三）　宝銀　　九十七貫二九九匁五分四厘
享保十九年（一七三四）　同　　一一二貫八二八匁七分三厘
享保二十年（一七三五）　同　　六貫二三一匁

であり、全部で合わせて二一六貫三五九匁二分七厘という莫大な金額である。因みに、享保十七年（一七三二）の一年間に唐人屋敷を出入りした遊女の延べ人数が二万四六四四人になったが、その揚代の総金額は一二三貫二二〇匁に過ぎなかった。つまり、『長崎紀聞』に記されている困窮した商人たちの贅沢な遊興は、おそらくその大部分は未払いのままだったであろう。そして、これら多くの未払い金に対し、長崎の奉行所は放過遺却することが多く、強制的に清客たちに揚代を支払わせることはなかったのである。

この寛大な政策のもとに、遊女屋はいうまでもなく被害者となった。揚代の値上げと滞った揚代銀の支払いを求めるため、彼ら遊女屋は何回も長崎奉行へ嘆願書を差し出したが、その嘆願はおおむね容赦なく却下された。そして、補償策として、遊女屋の困窮難儀に対し、唐人行遊女揚代を引当に、長崎会所が時に助成銀あるいは給米助成を与えたのである。宝暦三年（一七五三）になると、長崎奉行の大橋近江守は、向後出帆の際、唐船は一船限り一々決算すべきことを命じた。この命令により、唐人たちは毎月揚代を計算し、遊女町役人は長崎会所より計算額を受領することになっていた。その結果唐人の揚代払方はようやく良好になったが、それにしても揚代停滞の問題が幕末まで根絶することはなかった。

また、遊女揚代の他に、唐人が遊女を招く時にも特権が授けられていた。つまり唐人が一度遊女を招いたならば、その遊女においていかなる事情があろうと、否応なしに、唐人屋敷へ入らなければならなかった。遊女のなかには、唐人屋敷に入ることを拒否した者もあったが、それを好まぬ遊女町の役人や遊女の親類は、無理に入館を強制し、また時には唐人屋敷の役人、唐通事などまでもが、その遊女を説得したことすらあった。

長崎当局が唐人たちにこのような特殊な優遇を与えたのは、いったいなぜだろうか。この一連の懐柔措置によって日本側にもたらされた最大のメリットといえば、まず幕府の外貨稼ぎに非常に役立ったということである。この政策のもとに、丸山遊郭の遊女屋の利益が犠牲になったが、他方多くの唐人は遊楽に耽溺し、莫大な金銭を投じたのであった。山脇悌二郎の統計によると、長崎滞在中の中国人が日用品や遊女揚代などに使ういわゆる遣捨銀は、彼らの売立代銀のおよそ五分の一に当っていた(108)。それからもう一つ、唐人および唐人貿易をより有効に統制するために、アメとムチの両方を利用するという幕府の姿勢も、これらの優遇措置からうかがえる。幕府は中国渡航者全員の行動範囲を唐人屋敷に制限したり、強硬な貿易縮小政策を打ち出したりしたが、中国の人々がほとんど反発もせずそれを受け入れたのは、幕府の歓待政策による相殺効果が大きかったといえるかもしれない。また「正徳新令」以後、長崎当局が唐人行遊女の揚代を繰り返して下げたのも、同じ理由だろう。

このような唐人歓待政策が成立しうる背後には、他に二つの背景があると思われる。一つは幕府の天領としての長崎が、他の都市と比べて例外的に、武士たちの手で管理される町ではなかったこと。長崎で「唐船阿蘭陀商売吟味定役」をはじめとする主要な役職に就いて実務にあたったのは、武士ではなく町人の身分をもっている人であった(109)。唐人歓待策がとられたのは、あるいは町人役人たちが眼前の経済利益を重視した結果かもしれない。それからもう一つ、「遊女牛馬観」という考え方が当時の日本社会に存在したことも注目すべきである。つまり遊女が賤民と定められ、人間以下の存在とされていた。そして遊女に向かって、人々がしばしば使っていた表現は、「禽獣」、「畜生」など差別的なものであった。[110]それゆえに幕府役人の意識として、牛馬如きの「禽獣」を異国の人々に提供することは、さほど国のメンツが潰されるほどの行為ではなかったであろう。

三　唐人屋敷の遊楽風景

十八世紀中期以後、清朝政府は新しい銅鉱を採掘するなど、日本銅に対する依存度の減少に努力するかたわら、対日貿易を乍浦一港に限定し、「官弁銅商」、「十二家額商」といった特定の商人に委ねたことによって、貿易統制が強化されるようになった。一方、銅不足を告げた日本は、銅の輸出を制限しながら、当初三十艘であった清船定船数を時代が降るにつれて二十五艘、二十艘、十五艘、十三艘と減らしていき、寛政三年（一七九一）以後ついに十艘と定めるようになった。[111]以後幕末に至る間に、両国の政策上において注目される変動はなく、唐人貿易はいよいよ最後の安定期に入っていった。

この安定期に、長崎へ渡った清客たちは唐人屋敷で平穏な日々を送り、遊女たちとの遊興も、むろん相変わらずの盛況だった。たとえば一七六〇年代ごろの唐人屋敷の様子について、前述「袖海篇」では次のように述べている。

屋敷では宴会がさかんで、それによって、互いに、つきあいを重ねている。上からふるまう宴会、下からよぶ宴会、通事との宴会、福酒をのむ宴会、春の宴会、遊女をもてなす宴会、蔵しらべや蔵出しのすんだ時の宴会、それに、ただの宴会もよく開かれる。珍味が並び、あかりがかがやく。それが毎日のようだ。遊女をもてなす宴会を「撒羹」という。そもそもシナ人が遊女を迎えるには、どうしても、さかんに宴を開かねばならぬ。屋敷の人々やほかの遊女を呼び集めて、もてなし、夜のふけるまで、賑やかにやり、酔わなければ帰らせない。まったく金つかいの荒いことである。長崎にいたものがとかく声色にうつつをぬかすようになるのは、人をまよわす媚によるのであろうか？　それとも宴会の毒にあてられるのであろうか？　はなやかな宴席を一度設けるには、中流家庭の半年分の食費が消しとぶ。笑を買うためにかたむける金は、貧乏役人の数年のふち米にひとしい。酒の代が何千金、かけごとの代は何万金、そうしたことが、ならわしとなって、誰ひとり怪しむものがない。長崎に換心山・落魄橋のあるのも、なるほどと、うなずかれる。(112)

「袖海編」の時代は日本ではちょうどいわゆる「田沼時代」にあたり、辻善之助がこの時代の特徴の一つを「風俗の淫靡」と挙げた。(113)当時の日本社会に広がっていた快楽追求の風潮に影響されたせいか、唐人屋敷を包んでいる享楽的な雰囲気も一段と高まった。因みに、『長崎名勝図絵』のなかにも、唐人屋敷内の宴会や丸山遊女が唐人屋敷に出入りする時の盛況ぶりが描かれており（図22、23）、同様の風景はまた石崎融思や川原慶賀が描いた「唐館図」絵巻にも見られる。それらの絵を見る限り、「袖海編」の描写はかなり真実に近いと言えよう。

図22　唐人宴会卓子料理図
贅沢なシッポク料理、客を饗応し酒を勧めるために延々と続く「拳令《けんれい》」。当時の日本人の目には、唐人の宴会はかなり「奇趣」のあるものとして映っていた。

図23　唐館遊女出代之図

遊女の唐人屋敷寝泊まりははじめのころには一夜に限られていた。その後、幕府の訓令（一七二三年、一七二五年）によって、入館の遊女・禿は一夜に限らず、唐人の希望によって居続けすることを許されるようになった。『長崎名勝図絵』巻之二下に、「遊女の出代《でかは》りは日・五日・十日・十五日・二十日・二十五日なり。花街《くるわ》両町の傾城《けいせい》ら、客を定めて唐館に入るもの、毎月この日を以て出《しゅっ》入《じゅう》交換し、別店《べってん》の妓《ぎ》また代入る、俗に出《で》かはりと称す。」とある。

江戸時代に日本に来た西洋人は、貿易で苦しんでいる中国商人たちの様子を見て、しばしば唐人屋敷を「牢獄」や「国立監獄」と擬えている。[114] この比喩はたしかに事実の一面を反映しているといえる。しかし他方、そこに封じ込められている人たちから見れば、唐人屋敷は同時に現世の極楽でもあったに違いない。幕府政策の二面性と相まって、唐人屋敷という空間も二つの側面を有するのである。

第六章　遊興の消長

清朝時代に中国人自身が書いた長崎関係の記録は、「袖海編」以外に、『東洋客遊略』、『長崎図』、『海外奇談』など多くの著書もあった。しかし、これらの書物については、今では翁広平（一七六〇～一八四二）『吾妻鏡補』のなかで断片的に引用されている部分にしか見られず、原典の所在はいずれも不明である。また『吾妻鏡補』には、長崎へ行った中国人が妓に惑わされ、自らが旅人であることを忘れたなどの記述が見られるが、いずれも簡略な記述に留まっている。[115] 一方、長崎においては、丸山遊女と中国人に関連する詳細かつ重要な記録として、「寄合町諸事書上控帳」という文書が残されている。この史料の写本（渡辺庫輔手写）は、現在長崎県立図書館に所蔵されており、また古賀十二郎『丸山遊女と唐紅毛人』のなかにも、付録として全部登載されている。[116] 以下は古賀十二郎が整理したデータを利用して、一八三〇年代以前の約百年間、唐人屋敷内の消費動向を垣間見よう。

一　「寄合町諸事書上控帳」について

「寄合町諸事書上控帳」は、そのタイトルから、長崎寄合町の乙名が長崎会所に提出する文書の写しであると推察できる。その内容は、寄合町に抱えられている遊女の揚げ代に関連する事項の記録である。

たとえば、明和二年の記録は、

明和元甲申年正月元日より同十二月晦日迄
唐人へ遊女売高　遊女弐千九百五拾九人　太夫
此代銀拾七貫七百五拾四匁　但六匁替
同　　　　遊女七千六拾五人　見せ
此代銀弐拾六貫八百四拾七匁　但三匁八分替
阿蘭陀人へ遊女売高　遊女千五百四拾七人
此代銀拾壱貫六百二匁五分　但七匁五分替(117)

とあるように、一年間の遊女売高や唐人屋敷、阿蘭陀屋敷に入館した遊女の延べ人数などの統計を詳しく書いているのである。そのほか、銀札代請取の期日や、オランダ人個々人の遊興記録（遊女の数と揚代）などのデータも時に見られる。「寄合町諸事書上控帳」は、享保十六年（一七三一）から天保元年

（一八三〇）までの百年間のうち、約四十年間のデータが現在残されている。

「寄合町諸事書上控帳」に「唐人行」と「阿蘭陀行」の遊女揚代および人数が詳しく記録されたのは、当時揚代支払いが独特の方法で行われていたためである。中国人の場合、揚げ代をすべて唐館役人に支払うのであり、遊女町の小役は申出、帳面の引き合わせ、銀札から正銀と引き替えなど煩瑣な手続きを経てそれを唐館乙名あるいは長崎会所から受け取るのである。(118) 遊女町側にとって、役所から中国人の揚代を手に入れるためには、「寄合町諸事書上控帳」のような詳細かつ精確な記録が不可欠であった。

ところで、「寄合町諸事書上控帳」というタイトルが示しているように、それは丸山遊郭全体ではなく、寄合町のなかの娼楼に関するデータである。江戸時代の寄合町は、丸山町と合わせて丸山遊郭となり、そこに多くの遊女屋が集まっていた。丸山町には芸者揚屋が多く、遊女屋の数はさほど多くなかった（たとえば宝暦の頃に十二軒、天明になるとわずか四軒）。それに対し、寄合町の遊女屋の数は享保以来常に二十数軒あり、丸山遊郭の大半を占めていた。ゆえに、「寄合町諸事書上控帳」は断片的な史料だとはいえ、唐人屋敷と出島に出入りした遊女の人数および売り高の状況をだいたい反映していると思われる。

二　二つのグラフが反映した真実

「寄合町諸事書上控帳」のデータを利用し、次の二つのグラフを作成してみた。グラフ１は一七三一年〜一八三〇年の間に唐人屋敷に出入りした寄合町遊女の延べ人数の全体的推移を表し、グラフ２は延

グラフ1　寄合町遊女の唐人屋敷入館延べ人数の推移
（1731年～1830年）

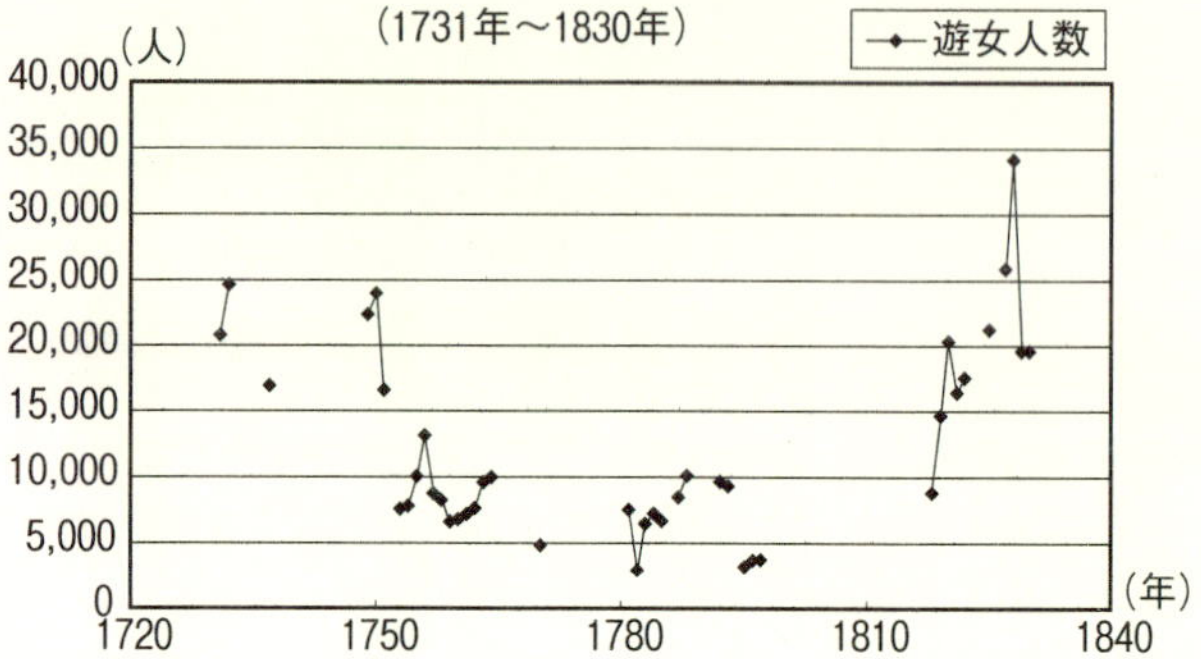

べ人数の具体的な変動幅を示している。これらのデータが主として三つの期間（一七四八年～一七六四年、一七八一年～一七九七年、一八一八年～一八三〇年）に集中しているので、グラフ2は、この三つの期間のなかでそれぞれの最多人数と最少人数を記録した六つの年を取り出し、さらに入館した遊女を太夫とみせとに分けて、各年の延べ人数を挙げているのである。そしてこの二つのグラフを通して、十八世紀中期以来長崎における中国人の遊興動向を概観する時、少なくとも次の指摘ができると思われる。

まず、唐人屋敷に出入りする遊女の延べ人数は非常に多く、驚くほど大規模な遊興が行われていたことが具体的な数字から読みとれる。一七三一年から一八三〇年にかけての百年間、毎年入館した遊女の延べ人数は最少の三二二四人（一七九五年）から最多の三万四一三九人（一八二八年）の間に変動しているが、五千人以下の年が一七七〇年、一七八二年、一七九五年、一七九六年、一七九七年の五カ年だけで、記録が残されている年のうちの約半分、つまり二十カ年は、入館した遊女の延べ人数が一万人を超えている。もちろん、これらの数字にはまだ丸山町の唐人行遊女は含まれていないので、実際の数がさらに大きいのはいうまでもない。

グラフ２　寄合町「太夫」「みせ」別入館延べ人数の変動

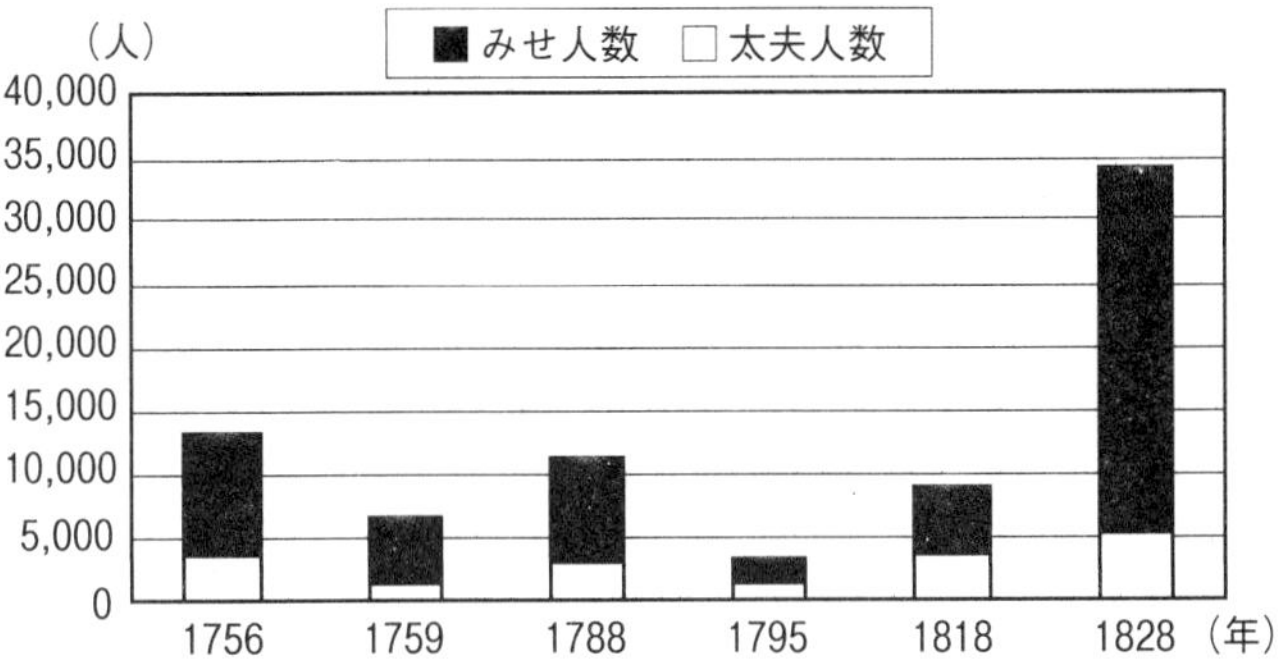

また、唐人屋敷に出入りする遊女の数が年ごとに激しく変動している点も指摘できるであろう。大雑把に言うと、一七三一年から一七九七年にかけて、遊女の延べ人数の増減には反復が見えるものの、おおむね減少する趨勢が顕著である。一七三一年、一七三二年頃に二万人台にあった延べ人数は、一七九五年からの三年間にはすでに三千人台で徘徊している。この数十年間はちょうど唐船の来航定船数が三十艘から十艘までに減らされた時期と一致しているので、渡航者の減少から直接影響を受けたと考えられる。

それから、もう一つ注目すべき変動もある。つまり貿易の衰退とまったく裏腹に、一八二〇年代には人数と揚代が大幅に上昇し、なかでもみせ女郎の人数が驚異的な増長をみせた。一八一八年から一八二八年の十年間、毎年長崎に入港した唐船数は六艘～九艘で、十八世紀末期とくらべて若干減少したにもかかわらず、遊女延べ人数と揚代はほとんど頓挫なく上がる一方である。なかでも文政十一年つまり一八二八年はついに最多記録を残した年で、この年に寄合町から唐人屋敷に出入りした遊女の延べ人数は三万四一三九人であり（そのうち太夫五三四六人、みせ二万八七九三人）、揚代の総額は銀一四一貫四八九匁四分に達した。そして一八二八年以降人数が減りはじめたが、それにしても一八二九年に一万九五六三人（そのうち太夫五三四六人、みせ一万四九八二人）、それから一八三〇年に一万九六〇三人（そのうち太夫四〇三三人、みせ一万五五七〇人）という高い数字が維持されていたのである。

すでに述べたように、一六八四年に展海令が公布された後の三十年間は、清朝時代中国人が遊楽のために長崎へ殺到する全盛期であった。それ以降の様子を簡単にまとめてみると、一七一五年に正徳新令が公布されてから唐人たちの遊興は不振期に陥り、しかし一八二〇年代前後から再び高まっていった。このような変遷が、二つのグラフから読みとれるのである。

こうした状況が生じた理由について、十九世紀以後の唐船の大型化による渡航人数の増加も考えられるが、この時期の唐人貿易の質的変化がもっとも関係していると思われる。『長崎の唐人貿易』のなかで、山脇悌二郎が幕末期の唐人貿易を分析する時、日本の輸出品の買い手は船頭、客唐人のほかに下級船員の台頭が顕著であり、清朝の独占的な官銅貿易体制は実質的に大きく崩れ、幕末の唐人貿易はすでに自由貿易へ指向していたと指摘している[119]。また、松浦章は、幕末期の唐船乗組員の個人貿易（別段売荷物）に注目し、乗組員各人名義で持ち渡った貨物が多く、その貿易額は急騰し、金額が銀数百貫に達したことを指摘した[120]。要するに、幕末期の唐人貿易は、在唐荷主の経営力が弱体化したため、実際、多くの部分が船員（とくに下級船員）によって行われた。とすれば、貿易利益の相当な部分が船員個人に流入し、そして彼らがその儲けた大金を遊女遊びに投じたことによって、唐人行遊女の入館延べ人数の直線的増長がもたらされたと考えられる。

「寄合町諸事書上控帳」の記録は天保元年（一八三〇）で終わり、それ以降唐人屋敷に入館した遊女の揚代と人数についてのデータは不明である。しかし時は清朝最後の平和な時期だったので、遊興の盛況は暫くの間は続いただろう。しかし、清兵南下以来長く続いた泰平は、一八四〇年にアヘン戦争の勃発によって打破され、江南も再び戦火を浴びる地域となった。この戦争をきっかけに、唐人貿易は衰退し、その終焉期を迎えはじめたのであった。かつて詩人武元登登庵に感動を与えた、清客と丸山遊女が惜別するあのエキゾチックな風景も、いつの間にか唐人屋敷の前から消えてしまった。

第一部小括

一 「支那の青楼」――遊興都市としての長崎

日本の開国以前における清日交流は、徳川幕府が開けた唯一の窓口である長崎において行われていた。一般の中国人が海外渡航を許可されたのは、王朝鼎革後の景気回復や銅の獲得といった清朝支配者の経済的打算があったからだ。しかしながら、実際この政策を利用して長崎へ渡った人々の多くは、自らの活動を単なる物資の交易活動に限ろうとしなかった。第一部では、丸山遊女を相手として遊興に耽った清客たちを主人公として、彼らが経験した対日交流の歴史を追跡した。

多くの意味において、清客たちと遊女との交歓を清日交流の主要な一側面として位置づけることができる。まず、遊興そのこと自体が多くの清客にとって渡日の動機となったということである。一六八〇年代の中国人の渡崎熱は、貿易のブームだけでなく、貿易船を「壮遊」の道具とする観光ブームでもあった。ブームの発生は、鳥船の民用化という交通技術の革新によってもたらされたが、その根本原因は、やはり明清の王朝鼎革が引き起こした中国社会の連鎖的な反応——都市娯楽業の衰微、異族支配に対する逃避と反抗、戦乱中の中国社会と対比することによって生まれた日本に対する美化と幻想などにあった。したがって、清客たちの遊興活動は海外貿易と共に展開しはじめ、また貿易に左右されたことがあったとしても、その発生と展開の過程において現れた独自性を認めなければならない。次に、清客と丸山遊女の交歓が事実上清日交流の主要な形態の一つとなったことも強調すべきだろう。この交流規模の大きさは大庭脩、朱徳蘭が統計した渡航者人数、あるいは「寄合町諸事書上控帳」が示した丸山遊女の唐人屋敷入館延べ人数と揚代からうかがうことができる。また、忘れてはいけないのは、一六八九年以降一般の日本人が唐人屋敷に閉じ込められた中国の渡航者と接触することが禁じられているなかで、遊女だけが例外であったということである。さらに、清客と丸山遊女の遊興内容からいうと、そこにはいうまでもなく「風流」という表現が規定した、多彩で文化的な営みが見られるし、そしてこのような営みを通じて唐人屋敷のなかで一つの独自な「情芸世界」が築かれたことも確認できるのである。

したがって、清日交流における長崎という都市の位置づけを考える時、中国からの渡航者たちにとって、長崎が貿易都市であったと同時に、遊興都市でもあったということを指摘することができよう。このような見方はもちろん「袖海編」など中国文人の記述からうかがうことができるが、事実、十九世紀の欧米人のなかにも同様の印象を述べた人がいた。たとえば、ロシア人ゴロヴニン（Golovnin, Vasilii Mikhailovich 一七七六～一八三一）の名著『日本幽囚記』（初版一八一六年）のなかに、日本の性的風習に関して、「罪悪のうちで最も日本人を支配しているのは肉欲らしい」、また「(日本の遊女屋)を好む人々は、日没から日出までの間にこれを訪れるのが普通で、その間遊女屋では絶えず太鼓を叩く音楽がかしましく聞こえる」[121]などと紹介されている。それに対して、一八一九年ロンドンで出版された同書の英訳本には、訳者が長い脚注をつけている。その脚注のなかに、鎌倉幕府将軍頼朝以降の遊郭制度および日本国内の旅行事情が補充説明され、そして次の一節がさらにつけ加えられている。

頼朝が遊女制度を定めたと云う事。自然の結果、全帝国に於ける性格に、一つの十分なる堕落を見るに至った。随って、支那人は、実際日本を支那の青楼と呼ぶのをつねとした。彼等の多数は、特に其淫蕩に参加するために、日本へ渡るのであった。[122]

文章の作者がここで多数の中国人の渡日目的を「淫蕩に参加するため」だという偏見を帯びた断定を下したのは、おそらく東アジア社会の「青楼」をイギリスの売春宿（brothel）と同一視した結果であろう。それはともかく、江戸時代の長崎がたしかに貿易港以上の意味をもつ都市として見なされていた事実が、この文章から読みとれるのである。

二　釜山倭館、広州商館との比較

近代以前の東アジア世界において、外国船の寄港を認める貿易港といえば、長崎のほかに、朝鮮の釜山と中国の広州があった。来航した外国人のために居留地を設けたことや、彼らの行動の自由を厳しく制限する点において、三都市はまったく同じであったが、娼妓を外国人に提供する都市は、唯一、長崎だけであった。釜山の草梁倭館、それから広州の外国商館と比較することによって、長崎の遊興都市としての特質がより鮮明になると思われる。

釜山の場合、朝鮮王朝は対馬藩と貿易関係を維持するため、釜山で「倭館」（日本人の居留地）を設けていた。しかし、朝鮮当局は朝鮮女性と倭館の日本人との間に発生した性的交渉を単に道徳の問題だけでなく、重大な政治問題として取り扱っていた。一七〇八年に朝鮮人女性が倭館に潜り込み、日本人に売春する「交奸」事件が起きた時、朝鮮当局は当事者の朝鮮人を全部死刑に処し、さらに対馬藩に対して当事者の日本人男性を処罰するよう強く求めた。異国女性との交情を極刑で処罰することは、そのころの日本の法慣習からすれば考えられぬことで、倭館の館守はまた「唐人之交通遊女、不知其数」と長崎の事例を引用して言い争ったが、功を奏することはできなかった。朝鮮側の圧力で一七一一年には、朝鮮と対馬藩の間にはついに別名「交奸約条」なる辛卯約条三カ条が締結され、それによって朝鮮人女性と関係した日本人男性に対する処罰が明文化された[123]。

また清代中国の場合、イギリス東インド会社をはじめとする西洋諸国の商人たちに対して、当局は広州で商館（夷館）を設け、彼らをそのなかに閉じ込めていた。商館滞在中の欧米商人は、「行商」という清朝政府の特定商人との接触しか認められず、「出島」のオランダ人より幸運なのは、月に二回（後三回）の郊外散策が許可されることであった。一方、夷人たちの女性問題に対して、広東当局の態度はやはり不寛容であった。一つの措置として、総督と粤海関部が毎年の慣例として公行（「行商」らの組合）の玄関で告示を公布し、その内容は外国人の淫欲を満足させるためのいかなる行為に対しても厳重に罰するというものである。それからもう一つ、外国人女性が商館に入居することももちろん堅く禁じられていた。外国人女性の入館問題をめぐって、清朝政府とイギリス側は何度も見解に齟齬をきたし、なかでも一八三〇年にイギリス東インド会社職員のウイリアム・ベインズ（William Baynes）が妻と下女を商館に連れ込んだ事件（すなわち「盼師案」）が起きた時には、清英双方が武力衝突の寸前まで至った。そして、外国人女性に対する清朝側の上陸禁止令はしばしば野蛮な制度とイギリスに断罪され、その後、イギリスがアヘン戦争を挑発した際の一つの重要な口実にもなった[124]。

それにくらべて、長崎の貿易体制が中国の広東システムと同じく中華的自己本位のもとに作られたものであったにもかかわらず、日本は中国人やオランダ人と正面から衝突することは少なかった。この違いの背後に、丸山遊女の存在があることはけっして無視できないのである。

三　「唐人行」から「からゆき」へ

江戸時代に来船清人のために「唐人行」遊女を設けた制度は、その後の歴史に大きな影響を与えたのであった。周知のように、近代日本社会における海外進出の先駆者のなかに、「からゆきさん」と呼ばれた女が数多くいた。「からゆきさん」とは、洋妾になった女性、それから異国の土地で娼妓奉公する女性を指す称呼である。「からゆきさん」という言葉の誕生過程について、古賀十二郎が次のように述べている。

島原あたりにて、か﹅ら﹅ゆ﹅きと云ふ言葉が、今猶ほ行はれてゐる。このか﹅ら﹅ゆ﹅きと云ふ言葉は、からゆき即ち唐行と云ふ言葉に転化したもので、もとより唐人に関係する、すなわち唐人行の遊女を指示するものと考察する。それが、年月のたつうちに、特に幕末以降明治の初頭、洋妾と云ふ意味に展化したものと思ふ。からゆきのからは唐人の略称であったが、西洋人の意味に展化して、斯く洋妾の意味に用ゐらるるに至った者と考えざるを得ないのである。(125)

近代日本においてなぜ「からゆきさん」現象が起きたかについては、今まで多くの議論が交わされた課題であるが、古賀十二郎がここで主張しているのは、「唐人行」と「からゆき」との連続性である。たしかに、「唐人行」の遊女たちの多くは、「鎖国」時代から長く中国人のみを相手にしてきた。そのゆえに、彼女たちは民族差別の観念が薄く、時には中国男性のことを「風俗あしく息くさき日本人とあふよりは、中々心やすくてよきよし(126)」と思ったりした。日本人の海外渡航がいったん可能になると、彼女たちがいち早く海外へ飛び出したことは、むしろ自然のなりゆきといえよう。

「からゆきさん」の出現は一八六〇年代中期頃のことである。彼女たちが最初に目指した場所はほかならぬ中国の江南であり、そこには開港都市・上海がある。女たちの進出によって清日交流は新たな局面が繰り広げられていたが、その具体的な様子については、第二部の課題とする。

第二部
「異域花」盛衰史

東洋妓女と清末上海社会

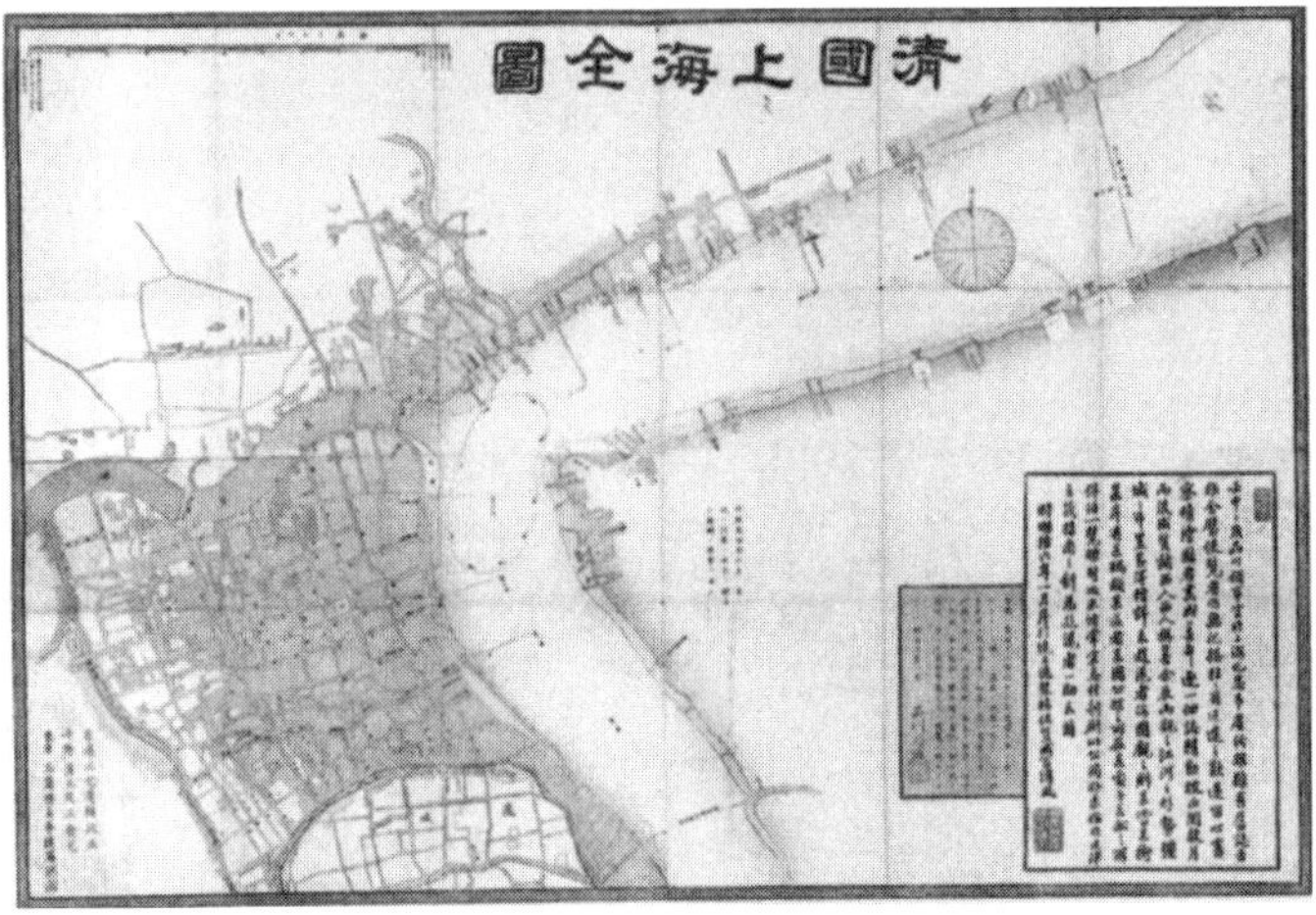

清国上海全図　一八七三年品川忠道領事官がつくった地図、木版色摺。図中の彩色された部分が租界の全範囲。

はじめに

一　日本淑女、上海へ行く

一八六六年八月二十三日、上海。

一隻の船「モルダヴィアン」号（Moldavian）が、この日黄浦江の埠頭に接岸した。毎日の船舶情報をつぶさに記載する地元の英文紙『ノース・チャイナ・ヘラルド』（*North China Herald*）によると、この船は長崎から出帆したもので、船中の乗客にふたりの「日本淑女」（two Japanese ladies）がいたという。

彼女たちは誰か。ふたりの名は後世に伝わっていない。もちろんふたりの渡航経緯や、到着後の境遇などももはや知ることのできない往事となった。一つ言えるのは、このふたりがおそらく近世以来中国へ渡航した最初の日本女性である、ということだけである(1)。

一八六六年すなわち慶応二年という年は、日本国内では大変革が遂行された年として知られている。五月（陰暦四月）、徳川幕府は二百年間も続いた海禁を解除し、学問と貿易のための海外渡航を許可するという内容の御触書を出した。そのわずか三カ月後、ふたりの「日本淑女」が海外へ旅立った。つまりこのふたりこそ、海禁解除という幕府の政策転換の恩恵にいち早く浴した人物である。

『ノース・チャイナ・ヘラルド』紙はその後も、日本婦人の来滬情報を掲載し続けていた（「滬《こ》」は上海の略称、「滬瀆」という古称から由来する）。翌年十二月十七日、フェイルーン号、三名。それから一八六八年五月十三日、同じくフェイルーン号、一名。記事のなかではこれらの女性たちも同様に「日本淑女」と呼ばれた。かつて上海史研究者の沖田一は、この英語表現から、女性たちがいずれも美服を身にまとい、それから一等船客であっただろうと推測した。そして女性たちの素性について、彼はさらに次のように言い切った。あのころに普通の日本婦人が女性たちだけで視察や見物のために上海へ渡航するとは考えられぬことで、それに来滬するものばかりで、その反対に離滬するものが見えないから、これらの日本婦人がいずれも玄人の女、長崎丸山遊郭の遊女であったにちがいない、と。[2]

これら日本婦人の来滬と離滬に関する記録の一部は、日本外務省資料館に保存されている明治初期の旅券記録に残されている。それに、彼女たちが丸山遊女であることも、その記録によって裏づけることができる。たとえば一八六八年の旅券記録に、「辰二月十三日出立　同九月十五日帰国　上海外国人御連　丸山町　羽山　辰二十二歳」、それから「辰四月十四日出立　同九月帰国　上海外国人御連　丸山町　司　辰二十二歳」といった内容のものがある。ここで渡航者である羽山と司の身分が丸山遊女であること、渡航理由が「上海外国人御連」、つまり洋妾として奉公すること、さらに彼女たちの上海滞在期間までがはっきりと記載されている。当時日本人の海外渡航記録を子細に調べた宋連玉によると、上海行きの旅券発給を受けた初期の女性がいずれも長崎の遊女であり、その次に欧米人に雇用されて上海

やウラジオストックに向かう若い女性が続くという。(3)

ちなみに、右の外務省記録に羽山と司がいずれも丸山町の遊女とされていることは、あるいは「日本淑女」の謎を解く一つの手がかりになるかもしれない。というのは、江戸後期の長崎遊郭は二つの町によって構成され、寄合町はもっぱら一般の遊女屋が集まる場所であるのに対して、丸山町は芸妓揚屋の多い色町であった。したがって「日本淑女」たちがおそらく普通の遊女ではなく、芸妓であった可能性は大きいと思われる。『ノース・チャイナ・ヘラルド』紙の船舶情報欄に日本婦人がいずれも「淑女」として認定されたのは、彼女たちの芸妓たる優雅な振舞いによるかもしれない。

閑話休題。一八六〇年代後期に長崎丸山遊女が上海に現れはじめたことは、天地もひっくりかえるような激動が続く時代のなか、たんなる一つの小さなエピソードにすぎない。しかし、日本人の海外渡航が自由化された直後に起きたこの出来事は、江戸初期以来続いていた鎖国の終焉を告げる象徴としてだけでなく、さらに日本の対外交流にとって新しい時代が到来したことをも予示した。以下述べるように、幕末から日清戦争にかけての約三十年間、「日本淑女」とその後継者たちが、かつての丸山遊女のように、中国との交流の担い手として活躍しつづけ、上海という大舞台で様々な悲喜劇を演出したのである。

二 長崎と上海

さて、羽山や司などの遊女が長崎を離れ、上海に渡った現象はなぜ起きたか。根本的理由は、幕末時代の清日関係を強く左右した一つの劇的な大変動——長崎の衰退と上海の勃興にあると私は思う。これから我々の関心を長崎から上海に移さなければならない理由も、いうまでもなくここにある。

かつて唐人貿易、日蘭貿易を独占して栄えてきた長崎は、海外貿易に対する幕府の縮小・制限政策によって江戸中期頃からすでに衰退の相を呈し始めた。当時の長崎の人口数の変遷を見ると、元禄九年（一六九六）に一時六万四五二三人に達した人口は、正徳五年（一七一五）に四万一五五三人、寛政元年（一七八九）に三万一八九三人、天保九年（一八三八）に二万七一六六人、嘉永六年（一八五三）に二万七三四三人となり、人口減少が顕著な現象であった[4]。そして幕末になるとこの衰退の趨勢が国際情勢の変化によってさらに加速する。『割符留帳』の記録が示しているように、一八五〇年代に長崎を訪れた唐船の隻数が以前と比べて大きく減り、なかでも一八五三年は一隻の唐船も入港せず、その後の一八五八年、一八六〇年、一八六一年あたりも入港唐船が年にわずか一隻しかなかった（表2）[5]。

幕末の長崎が貿易都市として余儀なく衰退の一途をたどった背景として、アヘン戦争中に英軍の侵攻によって乍浦港が破壊されたことや、太平天国の軍隊が一八五三年に南京を陥落させたころに対日貿易に携わる官商・額商がいっせいに「瓦解・萍散」してしまったこと、さらに一八五九年以降横浜などライバルの開港場が出現したことなどが挙げられる。

唐人貿易の不振と相まって、幕末頃の唐人屋敷のさびれ方も名状しがたきものがあった。在館唐人はおおむね窮乏しており、そのために丸山遊女を呼び入れるどころか、なかには帰国の旅費さえ持合せていない者も現れた[6]。来船清人の減少と彼らの経済力の弱体化は、丸山遊郭にとって、いうまでもなく一つの主要な客層が消えてしまったことを意味する。日本人の海外渡航が自由化された直後に長崎を去る遊女が現れたのは、まさにこの深刻な事態がもたらした結果にほかならない。

一方、長崎の衰退とは対照的に、同じころ上海は急速に膨張し続けている新興都市であった。上海はアヘン戦争後の清英『南京条約』によって開港場となり、県城北部の荒涼なぬかるみの河岸で、一八四五年にイギリス租界、一八四九年にフランス租界、一八五四年にアメリカ租界が相次いで設立された（英米両租界がその後合併し、一八六二年公共租界として発足した）。租界が成立してからやがて外来者が殺到し、イギリス租界の人口統計を見ると、一八五三年に五百人しかなかった租界人口は、一八五五年に二万二四三人、一八六五年に九万二八八四人となった。(7) 人口の急増に伴い建築ブームが巻き起こり、建物がずらりと立ち並ぶ市街地が魔術のようにあっという間に現れた。この急速な変化について、当時の上海をしばしば訪れた一人の中国文人が次のように証言する。彼が初めて上海に来た時に、県城北門あたりは「荒墳」が積み重なる場所だった。開港後の一八四九年頃に数カ所に洋館がぽつぽつ建てられ景色が一変し、それから一八五六年彼が三回目の訪問の時に目の当たりにしたのは、「無数」の洋館からなっている「繁華極盛」の光景であった。また一八六四年以降太平天国が鎮圧されるにつれて、避難していた富豪たちが帰郷したゆえに上海は一時的に景気が悪くなったが、貿易の「暢盛」によって「風俗繁華」の模様は早くも再び現れた、と(8)（図24）。

上海勃興の歴史的背景について、「江海の通津」と呼ばれる交通上の重要さのほかに、茶やシルクなど国際市場での人気商品を豊富に産出する江南水郷に囲まれる周辺環境、さらにそこに租界という特殊な政治空間が誕生したことなどが、主要な理由として考えられる。特に租界が単なる外国人の居留地から、紆余曲折を経て最終的に清朝の国家権力が排除された「華洋雑居」の自治都市となったことは、決定的な要素といえよう。なぜなら、この「国の中の国」の成立によって、一攫千金の夢を見ながら冒険

表2 『割符留帳』に見る幕末期長崎の入港唐船数
（大庭脩『唐船進港回棹録・島原本唐人風説書・割符留帳』14頁〜17頁）

年代	唐　船	備　　考
1840	3隻	アヘン戦争勃発。
1841	6隻	
1842	6隻	英軍、乍浦に侵攻。
1843	6隻	上海、正式開港。
1844	7隻	
1845	5隻	イギリス租界、上海で設置される。
1846	7隻	
1847	7隻	
1848	4隻	
1849	8隻	フランス租界、上海で設置される。
1850	4隻	
1851	4隻	太平天国、広西で建国。
1852	5隻	
1853	0隻	太平軍、南京を占領。小刀会、上海県城を占領。
1854	2隻	
1855	2隻	
1856	3隻	アロー号戦争勃発（〜60年）
1857	4隻	
1858	1隻	
1859	3隻	幕府、神奈川・長崎・函館で自由貿易を許可。
1860	1隻	太平軍、蘇州と嘉興を占領。横浜開港。
1861	1隻	太平軍、乍浦を占領。

図24 外灘（バンド）風景
外国商館がずらりと並ぶバンド、十九世紀半ばごろ。

の楽園を求める西洋人だけでなく、内乱から逃げて安全な避難所を懸命に探す中国人および彼らが所持する莫大な資金も、どんどんこの街に入ってきたからである。

十九世紀中葉の上海を「ブーム・タウン」（boom town）と称したハウザー（Ernest O. Hauser）は、『大帮の都　上海』（*Shanghai: City for Sale*）のなかでさらにもう一つの理由を挙げている。アメリカ南北戦争（一八六一年〜一八六五年）の影響である。この戦争によってイギリスの紡織工場への綿花の供給が中断したため、気候温暖で、豊沃なる土地をもつ揚子江下流が、綿花栽培に適しているのに人々の目が向けられた。多くの資本が投下され、まもなくこの地域を白い綿の花が彩るようになり、同時に上海のあらゆる年齢、階級、国籍の白人のふところが暖まったという(9)。

そしてこの形成中の巨大都市は、モノ・ヒト・情報をめぐる清日間交流のなかで、やがて「ハブ」として中心的地位を占めるようになった。上海中心の、東アジア全体を覆う華人の商業ネットワークがこの頃に新たに出現し、それによってかつての乍浦—長崎間貿易という清日貿易の基本形態がついに終焉を迎えた。様々な交易品のなかには、大量の漢訳洋書と雑誌（主として「墨海書館」など上海の宣教師組織が印刷したもの）も含まれており、そのなかの知識と情報が日本人の近代啓蒙に重要な役割を果たした。また、一八六二年「千歳丸」の上海訪問をきっかけに、上海が清日交流の「現場」にもなって、一八六七年まで、外交使節や留学生といった幕府の特殊使命を担う洋行者の半数近くは、実は上海滞在の経験者であった(10)。

幕府が海禁を解除するにつれて、やがて普通の日本人も国際舞台に登場しはじめる。「外国人御連」としての「日本淑女」たちは、まさにそのなかの一員であった。自らの人生を賭けて海を渡った彼女たちにとって、繁栄の街・上海は、生き残るチャンスと金儲けの夢を与えてくれた場所にほかならない。

三 「からゆきさん」の人間像

「外国人御連」として上海に渡航した「日本淑女」は、今日の表現でいえば、すなわち「からゆきさん」である。もともと九州の方言であったこの言葉は、一九七〇年代以降、春をひさぐために世界各地――東南アジア、インド、アフリカ大陸の東海岸、北米、中国大陸ないしシベリアに出かけていく数多くの日本女性を指す専門用語としてすでに定着している。今まで、「からゆきさん」についてはすでに様々な文脈のなかで語られており、以下それらの言説を簡単に整理しながら、彼女たちがどのように描かれたかを見てみる。

まず、戦後の女性解放運動と一体となった形で高まってきた日本女性史研究のなかで、「からゆきさん」の全体像としてもっとも多く語られたのは、彼女たちの悲劇のヒロインとしての側面である。貧困、人身売買、密航、女衒の欺瞞と搾取、妓楼における苦しみの日夜、「醜業婦」という差別的なレッテル、異国での非業の死など、今日の我々が直視できないほど悲惨な運命が、海外で流浪していた日本の女たちに強いられたのである。このことについては、ベストセラー『サンダカン八番娼館――底辺女性史序章』（山崎朋子、一九七二年）をはじめとする多くの女性史の著作によって世間に知らされてきた。ただ、「からゆきさん」の渡航先として特に注目されたのは東南アジアと中国東北部であり、上海はただ「からゆきさん」の南進中継地として、あるいは一九三〇年代初頭に最初の海軍慰安所が設立された場所として言及されるにすぎない。

悲劇のヒロインのほかに、女性史研究者はもうひとつの「からゆきさん」像も描いた。すなわち山崎朋子がいう「悲しき愛国者」である。自分が欺かれ、搾取されているにもかかわらず、「からゆきさん」たちは故郷の父兄に絶えず送金するだけでなく、海外派遣の日本軍艦を歓迎したり、日本政府に戦争推進の大金を献納したり、さらに軍事情報の収集に積極的に協力したりした。彼女たちはここにおいて近代日本が海外進出・膨張する過程のなかの「先遣隊」として位置づけられている(11)。

他方、直接的に上海の「からゆきさん」を対象とする言説は、戦前や戦中に出版されたいわゆる「上海もの」のなかに多く見られる。そこには、「悲劇のヒロイン」や「悲しき愛国者」と異なる「からゆきさん」のもうひとつの顔が見られる。たとえば、上海と日本人の関係をテーマにした代表的な作品として知られている池田桃川『上海百話』（一九二一年）の冒頭部分に、「女が三分の二」という標題の下で次の一文が綴られている。

明治元年から同十四五年頃迄の上海在留邦人数は十二十人乃至百人止りで一年に平均五六人位宛増加して行った訳である。そしてその間の何れの年代たるを問はず、大凡男三分の一に対する女三分の二といふ比例であった。男は矢張り雑貨陶器小間物などの商人が大多数で、次に商社員および官吏といふ順で、女の方は六七分通りは例の外人相手の性的商売をやってゐた。此等雑貨屋などの商人が態々その頃の寂しい上海くんだりまでやって来たといふ動機は元より対支貿易の為めであったことは言ふ迄もないが、一つには贅沢な生活を送る此等性的商売婦人の需要に供えんが為めでもあった。楽をして金儲けをする此等売女の生活は一体が頗る華美で、着物や小間物に金目は惜しまなかった。雑貨屋がそこを附け込んだのは無理からぬ話で、この需要供給の原則が上海に於ける日本人膨張の一機運、少なくとも誘起したことは否まれない事実であらう。そういふ意味から言へば、彼等売女は一部上海日本人発展の先駆者かも知れない(12)。

上海日本堂書店の広告によれば、『上海百話』は「日支人の生活各方面の社会自走相及び付近の山水紀勝を著者一流の軽快なる筆致を以て記述したる」随筆集で、著者の池田桃川は『読売新聞』の上海特派員であった(13)。この本は明治前後の「黎明時期」に上海へ渡った無名なる日本民衆の生活ぶりをいきいきと紹介し、なかでも「性的商売婦人」について筆墨がかなり多く費やされている。桃川が記録したのは、上海「からゆきさん」と同時代を生き、また彼女たちを近くで熟視した上海日本人居留民の体験であるが、そこで浮かび上がったのは、「華美」や「贅沢」、「楽をして金儲けをする」といった言葉によって表現されている女たちの「成功者」としての姿である。

女たちの「成功」ぶりが強調されたのは、周知のように、明治初期以来上海における日本人の経済進出は、激しい国際競争のなかで失敗に終わったケースがきわめて多かったことに由来する。一九〇七年に出版された『上海』という都市案内書のなかに、作者の遠山景直が「然れども此臭気は澎湃として東亜に溢れ、健児亦其尾に附して渡航を試む、其今日看て以て醜業婦なりと称する所のものは当時成効者の一人にして、寧ろ始めから閉店の運命を有する商人を保護するより、醜業婦を保護するの勝れるを見る(下略)」と述べているように、「醜業婦」たちの「成効」が強調されたのは、落魄した「健児」たち

が数多くいるからだ。(14)

経済的に成功した女が「一部上海日本人発展の先駆者かも知れない」という桃川の認識は、その後の「上海邦人史」研究にも取り入れられた。『日本と上海』（一九四三年出版）のなかで、著者沖田一は「洋妾乃至醜業婦……を非難するのみであってはならない。邦人の少い上海で邦人男子を慰め、彼等を上海に定着させ、時に物質的援助をなして業務を持続させ、以て今日の基を築いた功績を忘れてはならない」と述べ、桃川と同様の見解を示しているのである。(15)

さて、以下の物語も十九世紀上海の「からゆきさん」をヒロインとする。しかし、従来のように悲運の犠牲者として、あるいは海外に進出した日本人のなかの「成効者」として捉えるのではなく、私は上海の「からゆきさん」をまず丸山遊女の後継者として、また近代日中交流の担い手として位置づけたいのである。司や羽山の事例が端的に示すように、十九世紀中葉ごろ清日交流の場が長崎から上海へと拡大する過程のなかで、遊女たちの活躍が依然として見られたからである。かつての唐人屋敷のなかで来舶清人と遊女が交歓したあの艶めかしい光景は、清末の上海でどのように変容したのか。「日本淑女」が残した足跡を尋ねていけば、今までまったく見落とされていたもうひとつの清日交流の光景が、我々の前に展開されるに違いない。

第七章　都市文化の背景

一　「中国絶大遊戯場」の誕生

　滬上は一隅の地にして、靡麗紛華、天下にまさる。寰中十有八省、海外一十七国、ことごとく此に於いて輻輳する。十年の間に二度も興衰を経験したが、今や日ごとに盛んになりつつある。城内から城外までのいたるところに妓館が立てられ、嫖客たちがぞくぞくとつめかけてきて酒宴を開き、絲竹管弦の音や妓女の歌声が朝から晩まで聞こえる。……(16)

　右の文章は、玉魫生（すなわち王韜、一八二八～一八九七）が著した上海の遊里案内『海陬冶遊付録』巻上冒頭の一節である。一八四八年以降長年にわたって租界に住んでいた王は、一人の文人として花柳の巷に耽溺していた。彼がいう「靡麗紛華」とは、いうまでもなく妓楼の繁昌ぶりを形容する文学的な表現である。たしかに、「罪悪の巣窟」（sink of iniquity）とも、「中国絶大遊戯場」とも、それから「妓藪」とも形容されているように、娼妓業の異常な発達が清末上海の一大奇観であった。(17) 以下、私はいくつかのスケッチを試み、清末上海の素顔に迫りながら、同時にこの物語のヒロインである「からゆきさん」たちが置かれていた背景を描き出す。

汪了翁『上海六十年来花界史』(18)（一九二二年）によると、上海における花柳界の発展は三つの段階に分けることができる。まず、一八四三年に開港する以前において、いわゆる「白肚皮船」が横行する時代である。「白肚皮船」とはかつて日本の「朝妻船《あさづまぶね》」や「船饅頭《ふなまんじゅう》」と同じく、小舟を漕ぎ寄せて売淫する船のことであるが、船体に白亜が塗られているところからそのように名付けられた。「白肚皮船」は主として黄浦江に出没し、商船に近づいたら水夫がすぐに「客欲喚妓乎」（お客さん、妓を呼ばないか？）と大声を出す。それに応じた客は船中に迎えられ、女と一夜過ごした後に船を去る。これは上海妓女の濫觴とされる。

次に五口通商の時代に入ると、娼妓は依然として官憲によって禁じられる存在であったが、客商雲集の滬城（上海県城）のなかにたちまちいくつかの花街が現れた。虹橋、唐家弄、梅家弄、鴛鴦庁がいずれも艶名高き場所となり、そこに集まってきた女たちも各自の出身地によってランクづけられるようになった。たとえば蘇州常塾の産まれが上とされ、現地の産まれは中とされ、維揚蘇北の産まれは下とされていた。ただ、滬城の繁栄は長く続かず、その後戦火の災いに見舞われ、城内妓楼の全盛期はわずか数年で終わってしまう。

滬城の繁栄があっという間に終わってしまったのは、小刀会による占領（一八五三年）と太平軍による二度の軍事攻撃（一八六〇年と一八六二年）によるものであった。県城ないし周辺都市の妓女たちは、

図25　四馬路中段
華麗な西洋的景観を見せるバンドの裏に、混沌とした「華洋雑居」の世界が広がっている。上海に「魔性」をもたらした一大歓楽街、四馬路。

他の中国人と同様、避難のためにどんどん租界に流れ込んでいった。そして租界への移転をきっかけに、妓楼がこの頃からさらに驚異的な繁昌ぶりを見せはじめた。工部局巡捕房の一八六四年六月の報告によれば、公共租界内の娼寮がすでに五二六軒（そのうちイギリス租界四一七軒、虹口一〇九軒）に達しており、またとなりのフランス租界では一八六九年の時点で約二五〇の娼寮と約二六〇〇人の娼婦の存在が確認された。中国人経営の娯楽施設が公共租界、フランス租界に巣喰うにつれて、上海の盛り場の中心が、東棋盤街から六馬路、五馬路あたりへ、さらに四馬路へというふうに、南からどんどん北上していき、ついに妓館、アヘン館、茶館からなる巨大娯楽空間が形成されたのであった（図25）。劉建輝の表現を借りていうと、これは租界が「魔性」を現出しはじめた頃である(19)。

二　『上海売春報告』に見る工部局の娼妓政策

一八六〇年代前後から中国の妓館が華界から租界に移り、そのまま巣喰うようになった理由は、むろん周辺の戦火が租界に及ばなかっただけではない。もう一つ、公共租界の主導者である工部局董事会が定めた対応措置も、決定的な役割を果たした。工部局董事会会議の備忘録（一八六九年十二月十七日付）に「娼寮については長期に渡り活発な議論となった」（Brothel became the subject of a long and lively discussion）とあるように、租界の支配者である「大帮」たちがつねに娼寮に大きな関心を寄せていたのであり、ビジネスマンで現実主義者である彼らは、きわめて功利的な対応措置を採ったのであった。

工部局が最初に打ち出した対策は、一八六四年七月二十七日の董事会で決められた「鑑札下付条例」

(Licensing Regulation) である。この条例は、租界内のばくち場、娼寮、アヘン館に対していっせいに課税することを中心内容とし、そのなかで、二七〇軒の娼寮が三つのクラスに分けられ、それぞれの税率が次のように定められている。

第一クラス　三ドル／一部屋／月
第二クラス　二ドル／一部屋／月
第三クラス　一ドル／一部屋／月

条例にはまた娼寮管理の具体的措置も細かく規定されている。たとえば娼寮に対して月ごとに鑑札を下付すること、娼寮の監視・管理を担当する巡捕が鑑札を下付する時に現場にいなければならないこと、あるいはパトロールの巡捕に鑑札受領先の一覧表を配ることなど、である[20]。

「鑑札下付条例」が定められたのは、「公衆娯楽ハウス」(house of public entertainment) を課税対象にするという決議案が、前の年の十一月に開かれた借地人大会 (public meeting of land renters) で採択されたからである。会議中、課税をめぐって次の二つの意見が述べられた。一つは徴税の正当性である。つまり社会の混乱を防ぐためには、アヘン館や妓楼など根絶不可能な悪習に対して、それを有効に管理することこそが最良の方法であり、したがって管理費を捻出するための徴税が正当でかつ必要である、という意見。第二点は、徴税が財政を潤すことに対する期待である。発言者はフランス租界の事例を挙げ、公董局がアヘン館から一軒ずつ月に八ドルも徴収し、また娼寮からは年に一万二〇〇〇ドルの税収を得ているという事実を紹介した。審議の結果、徴税決議案が多数票を得て採択された[21]。

租界秩序の維持という大義名分および工部局の税収を増やしたいという露骨な狙いによって成立した「鑑札下付条例」は、その後たしかに工部局の財政を潤すことに大きく貢献した。カサリン・イエーに拠れば、十九世紀後期に工部局の収入の約三分の一は、実は娯楽業の税金によって賄われていたのである[22]。しかしそれより重要なのは、「大帮」たちが敢然として打ち出した法令によって、妓女たちがはじめて合法的存在になった、ということである。租界の外では、彼女たちが依然として清朝官憲の取締対象であるにもかかわらず。

娼妓の合法化は、近代娼妓制度の重要な内容である。西欧では、一八〇二年パリで警察による公娼登録が開始されたことを嚆矢として、十九世紀半ばに公娼制が欧州大陸全域に波及し、またクリミア戦争による性病の蔓延を背景に、一八六〇年代英国にも導入された。公共租界における「鑑札下付条例」の公布は、当時の西欧社会の動きと一致するものといえよう。一方、藤目ゆきが指摘したように、近代公娼制度の本質は、軍隊慰安と性病管理を軸とした国家管理売春の体系であり、西欧諸国が相次いでこの制度を導入した最大の目的は、兵隊を性病から守ることによって国家の軍事戦闘力を維持することである。したがって娼妓たちに対して、登録だけでなく、強制的性病検診を同時に行うことは近代公娼制度の大きな特徴である[23]。ところで「鑑札下付条例」の場合、公娼登録に関する規定があるものの、強制的性病検診についての規定はまだ入っていない。このことの背後には、清末上海の特殊な事情がある。

一八六〇年代以降、租界における性病の伝染と拡大は、工部局を悩ませつづけた深刻な問題であった。一八七一年工部局の衛生官（officer of health）兼外科医のエドワード・ヘンダーソン（Edward

Henderson）がまとめた『上海売春報告』（*A Report on Prostitution in Shanghai*）によると、外国人向けの公済医院（General Hospital　一八六四年創立）では、一八六五年から一八七〇年までの六年間、延べ二七九一名の患者が治療を受け、そのうちの一六パーセント、すなわち四五四名が性病感染者であった。また、病気別で患者の構成を見ると、驚くことに、発熱や下痢など普通の病気より性病に感染した患者の数のほうが多いのである（表3）。なかでも性病の発病率が特に高いのは、上海に入港した外国船の乗組員であった。たとえば一八七〇年十一月から一八七一年三月にかけて上海港で停泊していた軍艦モノカシー号（Monocacy）の場合、一五〇名の乗組員のうち性病感染者の数は四十二名にも上ったのである。

表3　1865年～1870年公済医院における病気別の患者数
（Edward Henderson : *A Report on Prostitution in Shanghai*, p.21）

年	性病	発熱	下痢
1865	95	78	138
1866	56	33	72
1867	52	80	49
1868	84	84	61
1869	98	82	31
1870	69	55	42
合計	454	412	393

上海の西洋人コミュニティにおける性病の高発病率に対して、ヘンダーソンはその理由を直ちに娼婦たちの横行に求める。外国人住民の健康がいかに脅かされているかを説明するため、彼は次の六種類の女を挙げた。

1　ネイティブ向けのネイティブハウス（native houses visited by natives only）

2　外国人向けのネイティブハウス（native houses visited by foreigners only）

3　ネイティブと外国人が共に迎えられるネイティブハウス（native houses where the visits of native and foreigners are equally received）

4　外国人のネイティブ妾（the native mistresses of foreigners）

5　ネイティブの洗濯女と針子（native washerwomen and needlewomen）

6　外国娼婦（foreign prostitutes）

六種類のなかで、1を除いて、2から6までいずれも外国人をターゲットに性的関係を持っている女たちである。そのなかでヘンダーソンに大きな不安をもたらしたのは、外国人と関係する中国人娼婦である。彼女たちの人数がおびただしく、しかも完全に中国人医師のみに頼っている。西洋人医師の立場から見れば、中国の医師は伝染病についての観念をまったくもっておらず、その指導や治療はまったく信用できないものなのだ。

一方、外国人の健康に直接に関わっていない娼妓に対しては、ヘンダーソンはほとんど関心を示していない。たとえば外国人娼婦の場合、報告ではその人数は十二、三名しかおらず、衛生面において個人的な習慣がしっかりしており、外国の薬品に対する抵抗もないので、彼女たちの性病感染確率は中国人の女より低い、という指摘に留まっている。また、ネイティブ向けの妓館について、ヘンダーソンはこれらの場所が外国人客を拒否する事実を強調し、それを無視してもかまわないという見方を示している。彼は次のように断言する。「立法の立場から注意しなければならないのは、外国人向けのハウスにきた女のなかに、ネイティブの妓楼に属している女たちがいないということであり、したがって彼女たちが外国人コミュニティの健康に影響することはあり得ない。」（In view of legislation, it is import to note that none of the women belonging to the purely native brothels ever visit the houses of foreigners, and therefore can in no way affect the health of the foreign community.)[24]と。

ヘンダーソンの見方は、まさに工部局の娼妓政策の代弁をしているように見受けられる。工部局は一八六九年に特別ホームを設立し娼婦に対する強制的性病検診を始めたが（ホームは二年足らずで閉鎖し、工部局はその後イギリス海軍の援助を得て、一八七八年にあらためて性病検診の専門病院を創立した）、すべての娼婦ではなく、一部の外国人に接する一部の中国人娼妓に限って行われたのである。検診の対象となったのは、上海開港後に広東からやってきた「鹹水妹《ハスーマイ》」という賤民階層の女たちで、彼女たちはもっぱら各国海軍の兵隊を相手に売春していたのであった（図26）。当時の様子について、清末上海のジャーナリストである陳無我が著した『老上海三十年聞見録』の一節、「西医験看鹹水妹」のなかに次のように紹介されている。毎週の火曜日に鹹水妹たちがそろって跑馬庁の西にある病院へ行き、そこで医者に「験看」される。医者が順番に一人ひとりをみるので、その様子はあたかも「上司が下僚を接見する」ようである。もし性病が発見された場合女は「営業中」を意味するちょうちんを家の玄関から取り下げ

図26　鹹水妹
一八三〇年代～一八七〇年代に広東と香港で活躍した画家庭呱の作品、中国社会の様々な職業を描いた大シリーズ「三百六十行」のなかの一枚。

表4　1870年公共租界における妓館の軒数と娼妓の人数
（*A Report on Prostitution in Shanghai*, p.11）

	ハウス			女		
	イギリス租界	虹口	総計	イギリス租界	虹口	総計
ネイティブ向けのハウス	382	19	401	1,352	37	1,389
外国人向けのハウス	27		27	92		92
両方向けのハウス		35	35		131	131
総　計	409	54	463	1,444	168	1,612

なければならない[25]。

租界当局が娼妓管理を鹹水妹に限った理由の一つは、当時工部局がすべての中国妓女に対応できるほどの警察と医療の態勢が整っていなかったからである。もちろん、鹹水妹以外の娼婦を租界から追い出すことは、「大帮」たちの脳裏にまったくなかったことであろう。もしそうしたら租界の財政収入が大幅に減少してしまう結果が目に見えるからである[26]。

公共租界が導入した西欧的公娼制がきわめて限られた範囲で適用されたことは、ヘンダーソンの次の調査結果からもうかがえる。表4によると、一八七〇年の時点で公共租界には合計四六三軒の妓楼および一六一二名の娼婦がいるが、そのうち外国人と関係をもっているのは、わずか六十二軒の娼寮と二二三名の娼婦しかない。つまり、工部局の強制的性病検診の対象となっているのは、この二二三名の娼婦のみである。言い換えれば、他の大多数の女が近代的公娼制度下に置かれていないのが、当時の上海の現実であった。

ヘンダーソンの報告と同じ頃に、上海県の知県である陳其元（一八一一～一八八二）も人を遣わして秘密裏に租界の妓館の数を調べさせた。『庸閒斎筆記』によると、彼の調査はもっぱら中国人向けの高級妓館を対象としたが、妓館の数を千五百余軒と数えた。しかもこの数字には鹹水妹たちを抱える妓楼や売春を兼業するアヘン館はまだ含まれていない(27)。

外国人コミュニティの健康保護という目的で制定された租界側の娼妓政策を、当時の中国人がどう受け止めたか。鹹水妹の性病検診の様子を記録した陳無我は、多くの異郷客の命がそれによって救われたという観点から「立法が甚だ善」だと評価している。一方、清朝官憲の立場から見れば、この制度は妓楼を放縦にするだけでなく、上海の街に堕落と頽廃をもたらした元凶にほかならなかった。妓女たちの跋扈ぶりを目の当たりにした陳其元は、「娼寮妓館……倚洋人為護符、吏不敢呵、官不得詰、日盛一日、幾於花天酒地矣。」(娼寮妓館は……西洋人をお守りとして、官吏にも叱られず、問い質されない、日に日に盛んとなり、まったく酒色のかぎりを尽くしたところだ。)と嘆いたほどであった。

三　妓楼の等級と「妓女種族之競争」

清末上海の「魔性」は、三館(妓館、茶館、アヘン館)の発達によってもたらされた。なかでも妓館は、各国の船員や兵隊をはじめ、中国の文人や商人を含む様々な階層の嫖客に対応するため、いろんな等級に分けられ、複雑な様相を呈していた。この等級構造の存在は、すでに多くの研究者が論じたように、近代上海娼妓業のもっとも鮮明な特徴として位置づけられる(28)。以下はその概要を述べる。

上海妓女ヒエラルヒーのなかで、頂点に立ったのはいわゆる「書寓」の妓女である。「書寓」の妓女は「詞史」や「校書」、あるいは「先生」などの尊称をもち、美貌をもちかつ多くの技芸(評弾、昆曲、京劇など）に精通するものである。「書寓」はすくなくとも表向きにおいて売春する場所ではなく、「先生」たちも芸だけを売り、肉体をけっして売らないことを標榜する。そのゆえに『上海売春報告』のなかでは彼女たちは「歌姫」（singing girl）、「女芸人」（female actors）と称されている。ヘンダーソンの観察によると、上海の中国人紳士たちはあたかも劇場（amusement as theatres）へ行くように妓館に足を運び、彼らはまたしばしば妓女たちを自らのプライベートパーティに呼び、音楽演奏を披露させたりした[29]（図27）。

「書寓」の下は「長三」である。「長三」妓館お抱えの妓女も才色兼備で、一般人から「先生」とも呼ばれる。ただ、「書寓」の妓女と異なるところは、「長三」妓女が芸を売るだけでなく、客に春をひさぐことをも公然として行うことである。酒席に侍れば三元をとり、客を取ればまた三元をとったところから、「長三」と呼ぶようになった。このような「長三」妓女は、裕福な嫖客たちが追いかける対象であるが、彼女たちに近づくことはけっして簡単なことではなかった。一八九〇年代初頭、在上海のある日本人は、「長三」妓女を「支那芸者」と呼んで、彼女たちとの遊び方を次のように日本の読者にわかりやすく紹介している。

> 支那芸者を馴染にするには自ら道あり第一回目には一弗を投じて芸者の内に至り茶を飲んで其音曲を聞き畢れば帰り第二回目も亦初回の如く茶菓を食い飲んで一曲を聞ひて又帰る第三回目に至れば其芸者の知人並に自己の知己を呼んで一場の饗応を催ふを以て馴染の披露を為し之れより相好《シャンハウ》と名けて芸者の家に泊るを得るが如し然れども外国人は之を買ふこと能わざるが如し何となれば支那

図27　更唱迭和
呉友如「海上百艶図」のなかの一枚で、書寓の妓女たちが「評弾」という演芸を披露している場面である。

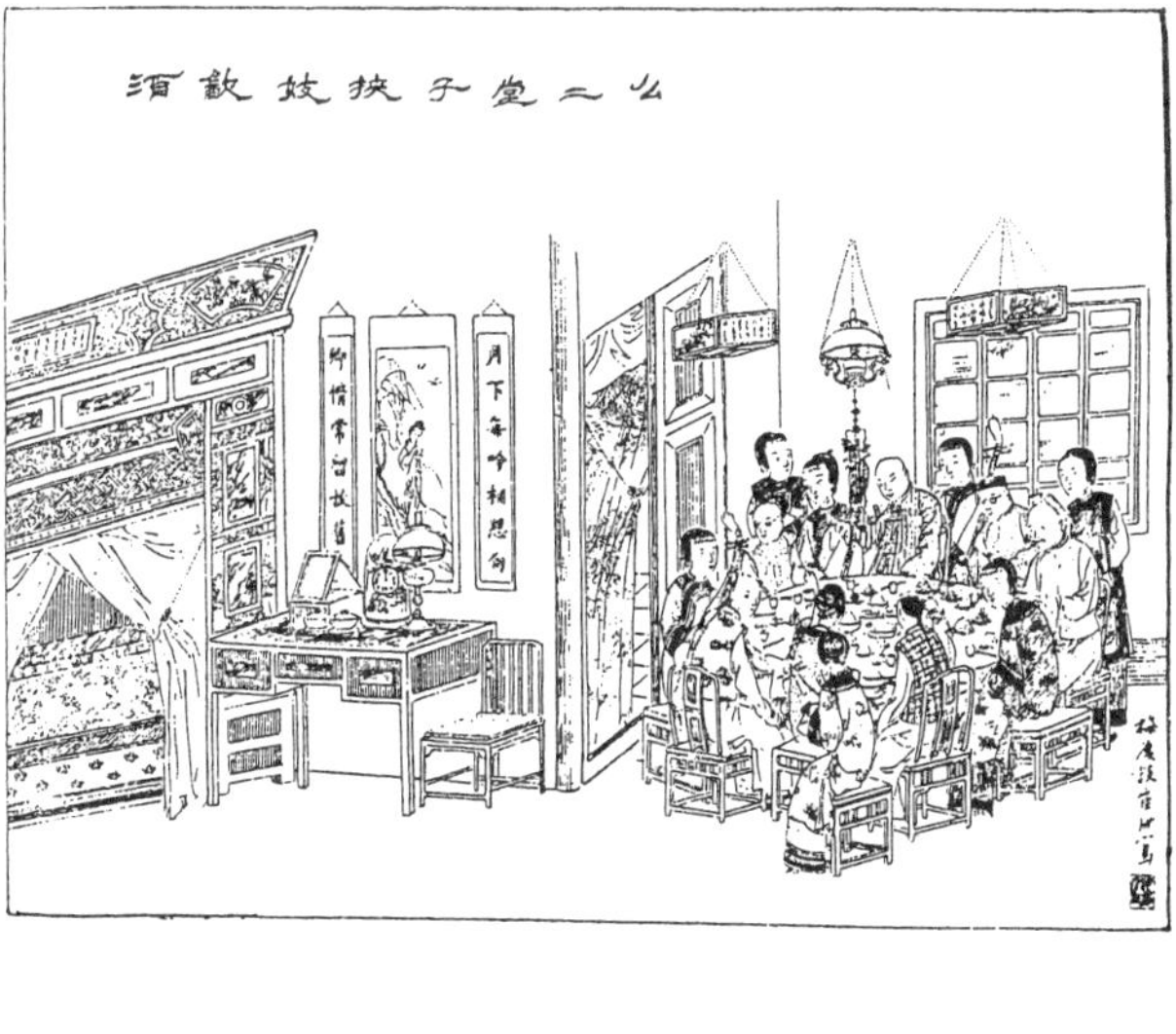

図28　幺二堂子挟妓飲酒
一八九〇年代の上海案内書に描かれている幺二妓院の光景。

芸妓は未だ外国人に身を許すを嫌へばなり……(30)

客が「長三」妓女の「シャンハウ」になるために、たいへん面倒な手続きを経なければならないことが、この文章からうかがえる。実際のところ、客が「長三」妓女を揚げた後も、その関係を維持するために、時々貢ぎものをしなければならないし、その妓女のところへお茶を飲みに行ったり（「打茶囲」という）、そこで麻雀をやったり、あるいは友人を誘って宴会を開いたり（「做花頭」という）することも不可欠である。

「長三」に次ぐ等級は、「幺二」である。このクラスの女は日本の町芸妓に相当するもので、芸を売ることは少なく、大部分は売笑である。妓館のなかで「打茶囲」や、「做花頭」などの名目のサービスを客に提供するが、値段が「書寓」「長三」と比べて安く、茶席一元、酒席二元、枕席二元といった程度である。『申江時下勝景図説』によると、「幺二」妓館のほとんどは東西棋盤街に集まり、大きい妓館には三、四十部屋があり、小さい妓館には十数ないし二十余の部屋がある。また、客が妓女を買い揚げる時、初回には妓館のなかで宴席を張らなければならない（「擺花酒」という。図28）。これだけで十二元がかかるという。(31)

「幺二」よりさらに下にあるのは、貧困者や肉体労働者向けの宿である。社会最底層の人力車夫などを相手とする「釘棚」や、アヘンと女を同時に提供する「花煙間」、あるいは男女の密会を斡旋する「台基」など、さまざまな名目の売春宿があった。それらの場所で売春を強いられている女は、「野鶏」と呼ばれる街娼および外国人を相手とする鹹水妹たちとともに、妓女ヒエラルヒーのなかでいちばん下である。

これほどの人数と等級があることは、いうまでもなく、妓女たちが生き残るために競争しなければならないことを意味する。妓女間の競争は少なくとも二つの面で展開されていた。一つは『上海六十年来花界史』で汪了翁がいう「妓女種族之競争」で、つまり妓女の地縁組織である「帮」が縄張りをめぐって争うことである。その争いの過程で、揚州出身の「揚妓」、呉江出身の「呉妓」、常州出身の「常妓」が相次いで敗れ、後になると揚州出身の女であれば「野鶏」「花煙間」クラスの妓女にしかなれないことになった。勝利を収めたのは蘇州出身の「蘇妓」であり、彼女たちが上海各処の「書場」(「書寓」の妓女が街のなかで芸を披露する場所)をほしいままに独占するようになった。[32] 妓女間競争の激しさは、また各妓館が嫖客の歓心を買うためにさまざまな創意や工夫を凝らしたことからもうかがえる。カサリン・イエーによると、清末上海の人気妓女は、あるいは『紅楼夢』の登場人物を装って文士たちと「才子佳人」の遊戯を演じ、あるいは輸入家具、馬車、写真などの舶来品を日常の暮らしにとり入れたりして、その生活ぶりの新奇さは常に世人の関心の的であった。[33] 中国文人が謳歌する、かの「靡麗紛華」の光景も、まさに熾烈な競争が行われている過程のなかで生まれたといえよう。

開国の波に乗じてやってきた日本の女たちも、いうまでもなく「妓女種族之競争」の潜在的参入者であった。彼女たちは、後に海外に進出した日本人のなかで「成効者」として評されたが、最初から「揚妓」のように負けて落ちぶれる可能性もあったし、その成功もすぐに手にしたものではなかった。後述するように、「日本淑女」が上海に現れてから最初の日本妓楼が出現するまで、実は十年以上の間隔があったのである。

第八章　洋妾時代

一　洋妾時代

幕末期から明治初期にかけて、上海へ渡る日本婦人が続出し、その多くは、外務省の旅券記録に「上海外国人お連れ」や「仏国人召連れ清国行き」などと記されているように、いわゆる洋妾であった。古賀十二郎によると、その頃の洋妾には二種類あって、一定期間に限って西洋人に仕えるタイプ（日本滞在中の西洋人と関係し、その西洋人が日本を去ると共に、また他の西洋人と関係する）と、終始一人の西洋人のみと同棲するタイプである。後者の場合、相手の西洋人が日本を去って他邦へ赴く時に同伴することがしばしばある。[34] したがって、上海へ渡った最初の日本婦人はおそらく後者のタイプの洋妾であろうと考えられる。

ところで、上海へ渡った初期の洋妾たちが注目を受けることは、ほとんどなかった。人数がもともと少なく、大勢の男を相手にするわけでもないからであろう。一八六〇年代後半における上海の売春事情を詳しく報告したヘンダーソンでさえ、「私の印象では上海で治療された数多くの花柳病が輸入されたものであり、日本が主な病原ではないかと推測する」と『上海売春報告』のなかで述べただけで、性病との関連から日本に関心を示しても、近くにいる上海の日本婦人の存在について一言も書いていない[35]。沖田一がすでに指摘したとおり、日清戦争以前における日本人居留民に対する租界当局の歴年の人口統計は、実際の人口数よりかなり下回ったものであり、時に日本女性を外国人居留民としてまったく加算しないことさえあった。たとえば一八七〇年の工部局の統計では、日本人はわずか七人で、しかもいずれも男性となっている（表5）。しかしこの年に上海を訪れた柳原前光の『使清日記』によると、当時はすでに五、六十人の日本人が上海に在留していたのである[36]。

上海へ渡航した洋妾たちに関して一つ言えることは、彼女たちが、初期の段階においてほとんど上海の中国人社会と関係をもっていなかったことである。一八八四年に出版された『海上群芳譜』という上海の名妓を紹介する遊里案内書のなかで、このことについて次のように回顧されている。

表5　上海在留日本人の人口変遷，1865年～1910年
（沖田一『日本と上海』，330頁）

年代	工部局統計数	沖田一の訂正数
1865	0	1
1870	7	12
1876	45	110
1880	168	286
1885	595	1,000
1888	—	250
1890	386	644
1895	250	250
1900	736	1,251
1905	2,157	3,361
1910	3,361	5,714

初、東洋婦女来滬者、皆居虹口一帯。除有業外、大半為西人所包、与鹹水妹相彷彿焉。中国人因言語不通、無従問鼎。[37]

初めの頃に来滬した日本の女はみな虹口あたりに住んでいた。職業のあるものを除いて、大半は西洋人に抱えられ、鹹水妹と相彷彿する。中国人は言語不通のため、手を出そうとしてもできなかった。

「東洋婦女」とはすなわち日本婦人のことであるが、もっぱら西洋人を相手にするところから、彼女たちがこの文章のなかで鹹水妹の同類として貶されている。「東洋婦女」がみな虹口あたりに住んでいたということは、彼女たちがまだ中国の歓楽街に進出していないことを物語っている。というのは、虹口が賑やかな日本人街として知られるようになったのは後年のことで、一八六〇〜七〇年代のころにはまだ辺鄙な郊外であった。他方、これらの「東洋婦女」に対して、「言語不通」にもかかわらず、中国の男たちがすでに下心を抱いていたことは上の文章から読みとれる。「問鼎」とは、もともと天下を取らんと欲する政治的野望を指す表現だが、ここでは女性に対する男性の欲望を意味する隠喩である（房中術のなかで、女が時に「鼎炉」とも呼ばれることがある）。

一八七〇年代に入ると、洋妾の数が次第に増えるにつれて、中国人の男たちの関心がさらに高まっていき、文学作品のなかでより露骨な形で語られるようになった。王韜『海陬冶遊付録』巻上で、上海の街風景が「西方美人、招揺過市、東国嬌女、綽約而来」[38]（西洋の美人がぶらぶらと街を通り過ぎ、日本の愛しい少女がしなやかに来る）というふうに描写されていることはその一例である。また当時流行っていた竹枝詞のなかにも、日本婦人をモチーフとした作品がつくられている。同治十三年（一八七四）九月から十月の間、『申報』に連載していた洛如花館主人の「春申浦竹枝詞」に、次の一首がある。

霧鬢雲鬟頂上堆、
衷衣有否漫相猜。
不関謝傅遊山興、
何事無端着屐来。

霧鬢雲鬟　頂上に堆す、
衷衣有るや否や　漫に相猜す。
謝傅の遊山の興に関らず、
何事ぞ　端無くも　屐を着けて来る。

「春申浦」とは上海の別称で、「春申浦竹枝詞」は租界生活の面々を詠む作品集である。右の竹枝詞は、女性を詠んだ作品だが、詩中の主人公は「日本女妓」とされている。詩の脚注には「日本女妓鬟髪如雲、足穿木屐、又相伝内無短褲云」[39]（日本の妓女は雲のような髪型をし、足に下駄を履き、また話によるとパンツをはいていない云々）とあり、日本女性の髪型やいでたち、さらに下着に対する男たちの好奇心と興味が、ここにあらわに書かれているのである。

他方、洋妾たちが中国人を相手にしないとはいえ、両者が接する機会がまったくないわけではなかった。たとえば王韜は『淞隠漫録』のなかに、自分が一八七九年に上海を訪れた時に、ある宴会場で十数名の日本人女性に出会ったという記録を残している。それによると、女たちはみな「西人之外室」で、月に数十枚の「金餅」を儲けている。王韜はさらに、彼女たちが「炫麗」の服を着ている「皓歯明眸、纖穠入画」（白い歯と明るい目、絵に書かれたようなしなやかさと活発さ）の美人であることも紹介している。[40]王韜の観察は洋妾生活の一斑を表しているが、それはたしかに『上海百話』のなかで桃川が言ったように「華美」なものであった。

二　日本婦人が洋妾として上海に進出した背景

さて、一八六〇～七〇年代に日本女性が洋妾として次々と上海へ渡った現象は、なぜ起きたのだろうか。日本側の事情からいうと、江戸中期以来の長期にわたり、「洋妾の祖とも謂ふ可きもの」がすでに長崎に存在していたことに、まず注意すべきであろう。丸山遊郭では、寛延年間（一七四八～一七五〇）から「名附遊女」や「仕切遊女」と呼ばれる特殊な遊女がすでに存在していた。名義だけ遊女屋に籍を置いて、日本人を避け、相手を中国人またはオランダ人一人に限ったこれらの遊女は、ただ海外渡航の自由をもっていないことだけ、のちの洋妾と異なっているのである。[41]

次に、女たちがなぜ上海を目的地にしたかというと、それはいうまでもなく、洋妾に対する需要が上海の西洋人社会に存在したからである。その需要は、およそ次の理由から生まれたと考えられる。

一つの理由は、十九世紀中後期の上海西洋人社会の人口構成である。当時の上海では、白人の男女比率に極端なアンバランスが見られた。有名な逸話だが、一八五〇年上海で最初のダンスパーティが行われた時、参加者はすべて独身男性であった。それから十年が立って、一八六一年のクリスマスパーティの時には、やはり男性二五〇人に女性十七人という有り様だった。[42]それに、これら独身男性のなかには

「できるだけ時間を損しないで金をもうけ……二、三年も立てばわたしはひと財産をつくって、さよならできる」[43]と思っている投機的冒険商人が多く、彼らはもともと安定した家庭生活を求めようともしなかった人たちであった。

もう一つの理由は上海は競争が厳しかったことである。商業上の激しい争いは、男たちの婚姻にまで影響を与えてしまったのである。多くの洋行（外国商社）は、女性を仕事への意欲や計画を妨害する存在と考え、職員が独身で働くことを望んでいた。当時は、一枚の婚礼招待状が時には会社への辞表と見なされたこともあり、怡和洋行（Jardine & Matheson Co. Ltd.）のような大手商社の場合、新入社員の結婚をきっぱりと禁止したほどである。一方、洋行の内部には、一般的に「会食制」（Junior Mess）が採り入れられ、職員たちは団体生活を送っていた。食卓で会社の上司と毎日二回会わなければならないことは、職員にとって喜ばしいことではなかった。ゆえに白人の独身男性が臨時の伴侶を探すことはむしろ一般的で、彼らの爛れきった生活ぶりは有名であった[44]。

白人男性の需要に応じ、彼らの妾となって金を稼ぐ商売が、当時の上海で生まれた。つまりヘンダーソンがいう native mistress of foreign resident である。そのなかには広東出身者と蘇州出身者がとくに多く含まれており、当時の相場では、外国人がその女を妾として仲介者から買う場合、三百あるいは四百ドルを払わなければならないが、もし単に臨時的に女を雇う場合、女に月三十ドル、仲介者に月十ドルを支払うのが普通である[45]。女性を商品とするこの商売は、いうまでもなく、大きな利潤をもたらすものであった。

この商売は、当時の日本人にとって、手が届かないところにあるわけではなかった。というのは、一八五〇年代末期から一八七〇年代半ばにかけて、イギリスをはじめ、フランス、アメリカ、さらに日本など、各国の郵船会社が上海と日本を結ぶ航路を次々に開通するにつれて、定期便に搭乗して上海へ出稼ぎにいくことはさほど困難なことではなかったからである。「上海は、長崎の人にいわせるなら、下駄ばきでひげをそりにいくところ」とかつて森崎和江が形容したように、明治期の多くの日本人にとって、上海は遙かなる異国の地ではなく、いつも身近に感じて気軽に行ける場所となっていた。(46) 交通手段の革新は、女たちの上海渡航を促す重要な外部条件といえよう。

三　洋妾の変容

上海在留日本人の人口変遷（前掲表5）を見ると、一八六〇年代から一八八〇年代中期にかけて、渡航者の一方的増加がこの時期の特徴といえる。なかでも増加が顕著に加速したのは一八七六年から一八八五年までの十年間で、人口が百人台から千人台へと約十倍も増えた。事実、明治政府が上海にいる日本人娼婦の存在をはじめて意識したのもこの時期のことで、大蔵省商務局編「清国巡回報告」（一八七八年）で、当時の上海在留日本人の人口データを出し、娼妓について特別に言及した。それによると、上海にはすでに百七十余人の日本人がおり、そのうちの三分の一が娼妓である。(47)

上海に渡航する日本人女性がこの時期に急に増えたことは、同じ明治十一年（一八七八）十二月十一日付の『読売新聞』の朝刊二面に掲載されている次の記事からも読みとれる。

此ごろ肥前長崎辺では百姓町人の娘で年ごろなのは容貌のよい悪いにかかはらず支那上海へラシヤメンに買はれて行くのが多く夫がため同地では下女になるものが少ないので大店などでは困ッて居るといふ(48)

この記事では、上海へ渡った「ラシャメン」の続出が、長崎商家の人手不足の主要理由にすらなったとしている。もしこの記事の内容が真実に近いものであれば、おそらく上海における「からゆきさん」の実際の数は「清国巡回報告」の統計データを上回っているであろう。

さて、一八七八年前後から娼妓奉公のために上海へ渡った女性が急増したのはなぜか。これはおそらく西南戦争（一八七七年）と関連があると思われるが、この戦争が残した後遺症の一つに、当時日本国内において零落の身になった女性の数が急増したという現象がある。娼婦の数があまりにも多くなったので、ある日本人が次のような提案すら真面目に出したのであった。

〈娼妓の輸出を出願する者あり〉

鹿児島県士族鈴木恭義は、当節府下にて密売淫の流行するは活計に困る者の多きゆえなれば、なにとぞこの悪弊を除くためにこれらの婦女を上海へ連れ往き、年限を定め娼妓渡世をなし、活計の目途の立ちたる上帰朝致させたくと、このほど府庁より内務省へ伺い中なりと。古今独歩の妙案だかどうか(49)。

上の記事は、明治十二年（一八七九）三月一日付の『朝野新聞』に掲載されたものである。また同日の『読売新聞』朝刊三面にも、同じ内容の記事が見える。鈴木某が何の躊躇もなく女性の輸出先を上海に指定したのは、おそらく上海に関する情報が当時の日本で広く流布していたからと思われる。たとえば、上海の租界生活を網羅的に紹介する『滬遊雑記』（葛元煦著、一八七六年出版）は、明治十一年に二人の日本人（藤堂良駿と堀直太郎）によって訓点をつけられ、それぞれ『上海繁昌記』と『滬遊雑記』と題して日本でも出版されており、また、上海の妓家風月をテーマとした、かの『海陬冶遊録』や『花国劇談』など艶史類の文学作品がこの時期日本でも読まれていた。[50] 鈴木某の提案は、日本に伝わった「靡麗紛華」の租界像がすでに明治の日本人の上海幻想の一部と化していることを物語っている。

しかし実際のところ、鈴木某が抱いていた幻想とは裏腹に、この時期の上海は景気がまったく良くなかった。太平天国が鎮圧された一八六四年以後、上海に避難していた多くの中国人は次々と故郷へ帰り、それによって上海の地価が暴落した。そして経済不況の連鎖反応として、一八七〇年～一八八〇年の十年間に西洋人の人口も減り続けていた。さらに、この時期の西洋人社会にはもう一つ重要な変化も生じていた。上海が三十年近くに及ぶ建設を経て近代都市としての基盤が次第に整えられるにつれて、そこに住んでいる多くの西洋人がこの頃から投機的な冒険者から定住者へと変わり、西洋人社会全体も安定した社会へと変容し始めたのである。この変化がもたらした一つの結果は、成年男女の性別比例において、初期の極端なアンバランス状態が次第に縮小したことである（表6参照）。つまり、金儲けの夢を抱いてやってきた女たちの前に、洋妾の需要がすでに少なくなっていたという厳しい現実があった。

この現実を前にして、女たちのなかにいつの間にか変化が起きた。これまで一人の西洋人のみに関係

表6　上海における外国人の人口および男女比例の変化，1870年〜1880年
（熊月之編『上海通史』第5巻，233頁）

公共租界の外国人人口				フランス租界の外国人人口			
	成年男性	成年女性	男：女		成年男性	成年女性	男：女
1870年	1,281	218	6：1	1865年	359	79	4.5：1
1880年	1,171	502	2.2：1	1878年	221	42	5.5：1

してきた彼女たちが、洋妾以外の商売にも手を出しはじめたのである。洋妾の変容をいち早く伝えた事例として、明治十年（一八七七）一月六日付の『読売新聞』の朝刊に、次のような記事がある。

三菱会社の東京丸が支那の上海に碇泊して居るうち先月二十五日にボーイ達が申し合わせて同港のフランスタンといふ処でクリスマスかたがた年忘をいたし西洋や支那の娼妓をあげ同港に居る日本のラシャメンもよび揚て大愉快をいたし欧羅巴の娼妓ハ足拍子を取ッて踊り支那の女郎はチンガーチャアパアと唄ひ日本のラシャメンは都々一や三下り抔を唄ッてさわぐ最中に何か仲間同志で喧嘩をはじめ其時に日本のラシャメンが衣服を破られ翌日ハ着替の着物にさし支へるといひ出したが誰が破ッたのやら分らず水天宮のお札を水に浮せて見ると知れるといひ出し夫から互ひに顔の色をかへて手に汗を握ッて居ると其場に居合せも仕ない人の方へお札が着いたゆえサア此人に違ひない水天宮さまが霊験だといッて威張だしたので終に同港の日本領事へ訴たへるといッて騒いで居たといふが水天宮がとんだ証拠人に成ッたのハ大笑ひで有ましやう(51)

遅くとも一八七七年の時点で、外国人に限らず、日本人の船員たちをも相

手にして売笑する「ラシャメン」がすでに現れたことが、この記事からうかがえる。しかし、そのころ海外へ出かけた日本人男性の多くは、この東京丸のボーイたちのように金を使って女を喜ばせる客ではなかった。倉橋正直によると、当時「からゆきさん」が日本人男性を客としてとらないことはむしろ一般的で、女たちの間には次のような民謡さえ流行っていた。「オロシャ恐ろしい、マンザは臭い、粋な日本人は金がない(52)」。

洋妾になれなくなった数多くの「からゆきさん」にとって、こうなれば目の前に選択肢は一つしか残されていない。上海の中国人社会に飛び込んで、妓女等級のなかで自らの居場所を見つけることである。

第九章　東洋茶館の誕生

一　三盛楼開店

最初の日本妓楼が上海に出現したのはいつごろのことか。私は身辺にある上海史関係の史料をあまねく調べたが、まだ答えを見つけていない。日本の商店の元祖である田代屋が開業したのは明治元年（一八六八）で、以降約十年の間に日本人経営の雑貨店、旅館、洋行が、租界のなかで走馬燈のように現れたり、消えたりして、さまざまな話題を残していた。それとは対照的に、この時期、日本妓楼に関する話はほとんど見当たらない。時は洋妾中心の時代で、妓楼の出現はその後に待たなければならない。

工部局董事会の会議記録によれば、租界警察が日本娼婦の存在を意識し始めたのは、『ノース・チャイナ・ヘラルド』紙が「日本淑女」の来滬を報道してから十一年後の一八七七年のことである。三月十九日の董事会で、捕房督察長は次のように報告した。数名の日本婦人（Japanese women）がすでに租界に住んでおり、これからその数がさらに増えるかもしれない、と。報告の後に、彼はさらに「鑑札下付条例」に依拠して彼女たちを管理下に置くか否かと董事たちの指示を伺ったが、結論は出なかった。それから一年後の一八七八年七月十六日の董事会で、「ジャパニーズ・ティー・ハウス」(Japanese tea house)がはじめて話題となったが、内容はそれに対する西洋人住民の苦情であった(53)。

したがって、日本茶屋が一八七七年～一八七八年の間にはじめて上海に現れたと見て妥当であろう。この「ジャパニーズ・ティー・ハウス」は、上海の中国人が後に「東洋茶館」、あるいは「東洋茶社」、「東洋茶室」というふうに呼び、日本妓楼を指す専門用語となり、そして日本妓楼の女に対しては自然に「東洋妓女」と呼んでいた。因みに、明治十八年(一八八五)駐上海日本領事館の報告には、東洋茶館が「此ハ明治十二年頃ヨリ逐々開舗名ハ買茶に托シ其実売淫候者」というふうに説明され、その起源が明治十二年、つまり一八七九年とされている(54)。

さて、東洋茶館というそれまでなかった新商売がいかに考案されたか。これについて、池田桃川『上海百話』のなかに次の逸話が紹介されている。

明治十五六年頃に全盛を極めた東洋茶館の起源に就ては面白い話がある。明治十三年頃、元領事館でコックを勤めてゐた竹中文作といふ男が北蘇州路今の東和洋行の処へ料理店を出したが商売が一向思わしく行かぬので閉店しようか什麽しようかと言ってゐた。恰度そこに下宿してゐた佐藤傳吉は種々相談を持ち掛けられた。氏の意見では、「此処は支那の土地であるから、少数の日本人を相手にして商売しても旨く行かぬのは当たり前だ、今市中の様子を見ると、支那人は好んで茶館に出入する習慣がある、之を利用して日本の茶菓を売ってみたら吃度繁昌する見込みだ、併しそれをするのには、営業時間も極め、女給仕の年齢も十五歳以上は使わぬ位の規定を作らなければいかぬ。」などといふ提案をしたが、此竹中先生、一向氣乗がせず、客があってもなくても燈火をカンカン點し、月琴でも弾いて遊んでゐるといふ風な人間であったので、毎日々々相談ばかりして一向新しい仕事に着手しなかった。

其中或る晩珍しく支那人が四五人が這入って来た。孰れも可成立派な服装で、出来る料理は何でも持って来いといふ譯である。こりゃ好いお客が掛ったと、同家では大旱に雲霓を見るの思ひで早速お茶よ酒よと進めて出し下にも置かず取扱ふと、支那人等も大いに満足し、日本の踊を是非見たいといふ所望、そこで娘と子婢二人をして、平常着のまゝ好加減の踊をやって見せた処、之が大受に受け、それから毎夜多くの支那人が来るやうになった。

（中略）……（竹中は）愈々東洋茶館に創めた。最初日本から菓子を取寄せてゐたが、毎日午後三時頃には賣切といふ盛況であったので早速職人を二人程招聘したがそれでも中々間に合はぬ、斯んな調子で以前は寝臺が僅か一臺しかなかったが、間もなく百人ほど容れる部屋も出来、立派なホテルになった。(55)

この逸話は、かつて少数の日本人だけを相手に商売して行き詰まった一料理店がいかに経営方針を転換することによって成功を収めたかという、在上海日本人の成功談である。登場者の一人、佐藤傳吉は明治八年（一八七五）に上海に渡航した人物で、彼は後に写真屋を経営することによって大成功し、日清戦争中に「護衛つきの写真師」として知られた。『上海百話』の他のところに「佐藤氏談」と記して、傳吉の伝奇的な上海体験を紹介する部分もある。また右の逸話のなかに、傳吉の自画自賛の話が延々と書かれているので、それもおそらく作者の桃川が同人から聞いた話であろう。『上海百話』には竹中文作が明治十三年（一八八〇）に開いた料理店が東洋茶館の元祖とされているが、正確にいうと、この料理店は中国人から人気を集めた最初の東洋茶館である。事実、この料理店についての記録は、同時代に出版された中国語の上海案内にも見られる。当時の文人たちは、この新しい商売に対してかなり興味津々であった。たとえば、前述『海上群芳譜』には次のように書かれている。

自庚辰秋鉄路大橋之三盛楼創為茶寮、兼備中西大菜、雇用東洋小女子三人以供奔走、兼為茶客瀹茗装煙。人皆以其風雅絶俗、盡欲一拡眼界、趨之若鶩。効尤者遂以婦人従事、且都習中国言語、開筵侑席皆従同焉。(56)

庚辰年の秋に鉄路大橋の三盛楼は初めての茶館として開業した。そこに中国と西洋の料理を兼備し、当番に三人の日本の若い女を雇っていた。女は兼ねて客のためお茶を煎じたり、煙草を入れたりする。その気質が風雅で世俗を超越していたので、人々は眼界を広くするため店へ殺到した。その例に倣い、模倣者はみな女を雇い、そして女に中国語を学ばせ、中国風に宴席に侍らせる。

「庚辰」はすなわち一八八〇年の干支であり、また三人の「東洋小女子」についての叙述や店の場所と繁昌ぶりについての描写も『上海百話』の記述と一致する。竹中文作が経営した料理店がすなわち

「三盛楼」であることは、右の文章から推定できる。

二　東洋茶館の盛況

虹口で開店した「三盛楼」の成功は、東洋茶館の繁昌のきっかけとなった。その後の展開について、『上海百話』はさらにつぎのように述べている。明治十四年（一八八一）に「三盛楼」が火災に遇って全焼し、その後紆余曲折を経て店の経営も佐藤傳吉とある洋妾の手に渡された。ふたりは資本総額八百元を半分ずつ出資し、ついに租界繁華街の中心である四馬路で西洋料理兼菓子店を開くことになった。毎日三十元の売り上げがあったが、洋妾がそれに満足せず「こんな細利では支那くんだりまで来た甲斐がない。モット好い商業をしやうぢゃないか」といって娼婦を置くことを主張した。その後彼女が店を西洋人の名義に書き替え、五、六人の日本娘を置いて盛んに「醜業」を始めたのである。ちょうど同じ頃、長崎の博徒青木権次郎が上海に渡来し、数十名の女を大輸入して、西華徳路に「十数軒の長屋を借り、それぞれ乾児を配置して宛ら吉原遊郭の如きものを出現させ、同時に四馬路には十数軒の東洋茶館を開いて一軒七八人づゝの女を置いた」。これをきっかけに、明治十五年から十六年にかけて東洋茶館が上海で全盛を極めたという[57]。

『上海百話』に紹介されているこの逸話について、その真否を細かく検証することは困難である。しかし、「三盛楼」の成功をきっかけに、たくさんの東洋茶館があっという間に租界のあちこちに現れたことは、たしかな事実である。というのは、そのことについての記録が、当時の中国文人の作品にも見られるからである。たとえば文人ジャーナリストである黄式権（一八五二〜一九二四）が著した『淞南夢影録』（一八八三年出版）巻一に、次の文章が見える。

東洋茶社者、彼中之行楽地也。昔年唯三盛楼一家、遠在白大橋北、裙屐少年之喜評花事者、只偶一至焉。近則英、法二租界、幾於無地不有。(58)

東洋茶社は行楽の地である。昔はただ三盛楼の一軒で、遠く白大橋の北にあって、そこへたまに訪れたのは風流を愛する少年たちであった。近頃は英、仏の両租界には、東洋茶社が見えない場所はない。

東洋茶館が急増した様子は、また光緒十一年（一八八五）五月上旬の『点石斎画報』の、「和尚尋歓」と題する一枚の絵の説明文にも紹介されている（図29）。この絵の内容は、東洋茶館に入って女を揚げようとする坊主が、いちばん肝心な時に警察に逮捕されるというやや滑稽な場面である。この珍事件が発生した背景について、画家が次のように説明している。

一二年前本埠之東洋茶館止有三五家、雖人物舗陳倶極陋劣、而物希見貴、鈔費無多、故人無論上下中、意在消閑遣興、亦間一問津。今則望衡対宇且百十家矣。(59)

図29　和尚尋歓
東洋茶館のなかで欲情にかられている坊主が租界の巡捕に連れ去られる場面。

一、二年前まで当地の東洋茶館はわずか三、五軒のみで、人物も店の装飾もお粗末だったが、物珍しく、値段も安かったので、上流、中流、下流を問わず人々は気晴らしをするため偶に訪れていた。今はすでに街にずらりと立ち並んで百十数軒もある。

このほか、上海のジャーナリストで、自伝小説『海上塵天影』の著者として知られた鄒弢（一八四八〜一九三〇）も、一八八四年に出版された『春江燈市録』という租界繁盛記のなかで、自分の体験を述べながら、東洋茶館について言及し、店名も列挙している。その巻二に、

東洋妓館在虹口白渡橋一帯、而四馬路亦有数家、即東洋茶室也。惟虹口坐客地方稍遜、人亦欠佳、余従未一往。在洋場南偏者、有開東楼、美満寿、玉川楼、艶麗閣、歩雲

閣、開和来、東美閣、品香社、登瀛閣諸名目、凡二十余家皆標設招牌。虹口則並無招牌、須熟遊之人方能辨識。(60)

東洋妓館は虹口白渡橋のあたりにあり、四馬路にも数軒あるが、すなわち東洋茶室である。ただ虹口は辺鄙な場所で、女もよくないので、私は行ったことはない。租界の南のほうには開東楼、美満寿、玉川楼、艶麗閣、歩雲閣、開和来、東美閣、品香社、登瀛閣などおよそ二十数軒があって、みな看板をかけている。一方、虹口の東洋妓館は看板がなく、馴染みの人でなければ弁識できない。

とある。鄒弢の観察によると、東洋茶館の分布は租界の北から南へ、三つのエリア——虹口、四馬路、「洋場南偏」（フランス租界のことか）——に集中している。その分布は、ただ無秩序に散在するのではなく、高級で、看板のある妓楼が華界に近い南のほうに集まり、そうでないのが北の虹口に集まるという、それぞれの等級によって活動の場を空間的に分け合っているのである。

鄒弢が虹口の東洋茶館に足を運ぶことを潔しとしない本当の理由は、そこの東洋茶館が中国人向けではなく、西洋人向けの店だからであろう。というのは租界の警察は鄒弢と正反対で、虹口にある東洋茶館に対してただならぬ関心をもっていたのであった。一八八二年十一月二十七日捕房督察長が工部局董事会に提出した詳しい調査報告書も、虹口にある十五軒の「日本妓楼」（Japanese brothels）を対象としている。報告は、これらの売春宿がいずれも西洋人住民がよく通る道に位置し、女たちがいつも玄関の前に立っているので、住民にとって迷惑だ、と指摘している。会議のなかで督察長はさらに、これらの

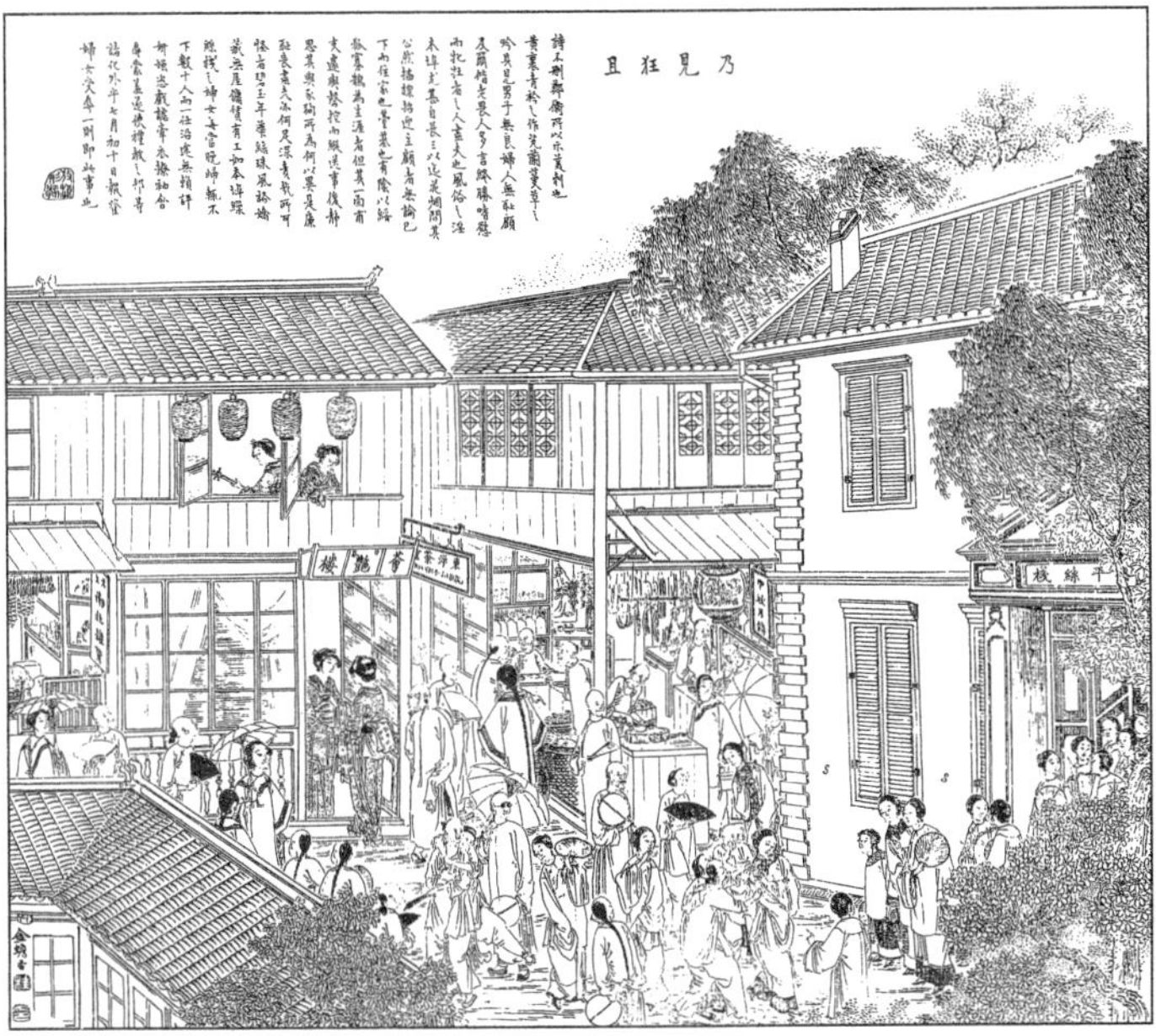

図30　乃見狂且
一八八〇年代中期上海の繁華街。画面のなかに、東洋茶館と東洋妓女が顕著な位置を占めている。

妓楼を取り締まる上に女たちを強制的に性病病院に入院させる、という提案を董事たちに出した。(61)

このように繁昌を極めた東洋茶館は、やがて租界の日常的光景の一部になる。光緒十年（一八八四）五月の『点石斎画報』に掲載された一枚の絵はまさにその様子を表わしているのである（図30）。上海における歓楽街の全体的な様子をテーマとするこの作品のなかで、東洋茶館がもっとも突出した存在として描かれている。画面の中心にある二階建ての建物に、「薈艶楼」という大きな看板が掲げられて、その横の看板には、「東洋茶館」という文字がみえる。建物の玄関を出入りしている女、そして楼上で三味線らしき楽器を持っている女はいずれも着物姿である。東洋茶館の外に、中国人の街娼たちと無頼の徒が群がっている。上海の「風俗之淫」を説明しようとする画家は、画中の文章でさらに次のように心痛して語っている——様々な妓女が蝟集することによって、上海がすでに本来の「礼教之国」から「化外」の地（王化の及ばない遠方の地）へと堕落してしまった、と。

三　日本領事館の記録

東洋茶館の出現から全盛期に至るまで、店の数や女性の人数の増減に関するもっとも詳しい統計記録が、当時の日本外務省と駐上海日本領事館の往復文書に見られる。日本政府の駐在機関は、明治三年（一八七〇）六月に民部省が対清貿易を促進するため、外務省の許可を得て上海で設立した「開店社」が嚆矢であるが、その後外務省が「開店社」のなかに「日本公館」を設け、そして明治六年（一八七三）に総領事館へと昇格させた。(62)領事館から外務省に宛てた報告のうち、東洋茶館に関する内容は、現在外務省記録『外務省警察史　支那ノ部　在上海総領事館』および『本邦人不正業取締関係法規雑纂』に収められている。これらの報告は、一八七〇年代の洋妾問題に関してはほとんど触れていなかったが、明治十五年（一八八二）以後、東洋茶館の繁栄と共に、在上海の日本女性の問題が急浮上している。当時日本領事館は前後数回にわたって調査をし、その調査結果を外務省に宛てた文書のなかで大いにとり上げたのである。

在上海の日本女性に対する領事館側の関心は、次の二つの理由による。一つは旅券の問題である。領事館に登録しない、あるいは旅券を持たないまま渡航した女性が多くいたことは、領事館側の記録にしばしば見られる。初期の記録として、たとえば明治十五年六月七日附上海品川総領事発信上野外務大輔宛公信には、次のように書かれている。

我国婦人ノ当港ニ在留薄藉ニ登録セシ者二百余名其ノ他マダ届出ス各所ニ散在ノ者モ数十名然ル処名ヲ外国人雇ニ藉リ密ニ売淫ヲ相働キ候者有之哉ノ処近来其ノ醜風一層甚敷他港ヘモ波及ノ勢相見ヘ……(63)

それから明治十七年七月十八日上海駐在領事よりの報告にも、

本邦婦女ニシテ旅券ヲ携帯セスシテ渡航スル者日ニ加ハリ上海在留本邦婦女総数四百六十一名ノ内百四十九名ハ旅券免状ヲ有セズ(64)

とある。日本領事館の「在留薄藉」に登録しない、ないし旅券なしの海外渡航は、日本政府の管理から逃れようとしていることを意味するので、近代国民国家の建設をめざし、「文明国」の道を歩みはじめた日本政府にとって、もちろん看過ごすことのできない問題であった。

国民管理の問題と関連して、もう一つ主要かつ深刻にとり上げられた理由は、上の報告のなかにも出ている「密ニ売淫」、「醜風」などの言葉に表現されるように、売春問題に対する外交官たちの認識である。海外における女たちの売春は彼女たちの個人的問題ではなく、日本の国家的名誉と結びつく問題として外交官たちに重く受け止められていた。その見方を端的に示す資料として、たとえば明治十六年一月十六日の『東京日日新聞』に掲載されている次の記事がある。

〈日本婦人が上海で売春〉

近頃上海在留の日本婦人にして、ひそかに淫売を業とする者あるのみならず、往々公然娼妓となりて外人に淫らを鬻ぐ者あり。これらは我が国の体面を瀆し、汚辱となる事少なからねば、吏人を放ちて厳密に探偵を尽し、逮捕の上はそれぞれ帰国せしむべき旨を、このほど同港の我が領事より その筋へ上申せられたる由に聞けり。これらの者の情実はともかくも、その行為に至りては実に困った者と言わざるを得ず。(65)

女たちが「困った者」とされている背景は、明治初期以来日本国内に起きた一連の変化と無関係ではない。周知のように、マリア・ルーズ号事件（一八七二年ペルー国船の中国人クーリーの解放をめぐり仲裁裁判に発展した事件）以降、もともと日本の国内問題である遊女の問題は一躍して国際的に注目されるようになり、外圧を受けた明治政府が、ついに遊女廃止を約束し、そして「遊女解放令」を発布するに至った。旧来の遊郭制度を廃止し、後にはさらに近代的公娼制度の導入などの改革が行なわれ、それと相まって「醜業」、「醜行」などの売春否定用語も日本社会で一般的に定着しはじめたのである[66]。このように日本国内の売春問題がすでに国際社会から多く注目されているなかで、海外での売春の猖獗はなお一層官僚たちの癇に障ったに違いない。

これら駐上海の日本領事発信外務省宛の公信あるいは具申は、おもに明治十五年から明治十八年に至る間に書かれたものであり、女たちの人数についてよく報告されている。それによると、明治十五年には、女性の人数はまだ「二百余名其ノ他マダ届出ス各所ニ散在ノ者モ数十名」だが（前引品川領事公信）、明治十六年になると、すでに「本邦婦女上海ニ寓スル者五六百名」に増加している（明治十六年八月十日上海駐在総領事具申）。それから明治十七年に確認された「本邦婦女」の人数はそれぞれ「四百六十一名」（七月十八日上海駐在領事より報告）、「四百八十八名」（九月二十六日上海駐在領事より具申、「五分ノ四半売淫婦女ナリ」との補足説明もされている）である。さらに明治十八年六月十日附在上海安藤総領事発信吉田外務大輔宛の公信には、「四百有余名」の「売淫者流」だけでなく、彼女たちが「二百余軒」の東洋茶館に分布していることも報告された[67]。

ところで、このように領事館側が女たちに対するただならぬ関心を示していたとはいえ、これらの数字は女たちの人数を果たして正確に反映しているのだろうか。事実、当時日本人の旅行記や日本の新聞記事には、日本領事館の調査と異なる数字がはっきりと出ているのである。たとえば、明治二十七年（一八九四）に出版された高橋謙『支那時事』に、作者が一八八四年に上海を旅行した時の日本人居留民の様子が次のように述べられている。

我日本人ノ当地ニ在留セル者ハ其数無慮七百人ニ餘ントモ其内領事署ノ官吏留学ノ諸生及ヒ純正ナル商人等ヲ除ケハ残ル男女五百餘人ハ総テ社会ニ歯サンサル賎業者ニシテ大抵長崎、神戸、横浜等ヨリ渡来セシ破廉恥ナル惰民ナリ是等賎民ハ資財ナク亦才学技芸ニ乏シク唯淫売若クハ賭博ニ従事シ国躰ハ固ヨリ各自ノ面目ヲモ顧ミサル徒ニシテ夙ニ外人及ヒ支那人等ヲヨリ擯斥ヲ蒙レリ(68)

高橋は「淫売」と「賭博」に従事する「賎業者」を同一視し、その数を領事館の統計を上回った（男女合わせて）五百余人としている。また、明治十八年（一八八五）四月五日の『朝野新聞』に、次の記事がある。

〈海外に出る日本の売春婦〉
近来清国各地に日本婦人の渡航し、売淫の醜体を顕わすは深く慨嘆する所なりしが、去年上海の淫売者七、八百名の多きに至りたるを、安藤領事の尽力によりて退去せしめられ、今日は二百名ばかりに減ぜしという……(69)

『朝野新聞』は「去年」（一八八四）の上海に「七、八百名」の「淫売者」がいたと断言している。この数字と比べて、上海領事館のどの統計もその半分ぐらいにしか当らない。もし全盛期における東洋茶館の軒数が領事館の数えた「二百余軒」であったとすれば、四百余人という人数はたしかに過小評価だと言わざるを得ない。前述『上海百話』は、一軒の東洋茶館に「七八人づゝ」の女が置かれたとし、また時期と場所がやや異なるが、在香港日本領事館の記録によると、明治十九年（一八八六）の香港では、日本人が経営する貸座敷は一軒につき四〜七人の女を抱えていた。(70)私の推測では、一八八四年前後東洋茶館の全盛期に、上海には少なくとも日本領事館の統計数字の倍に当る千人前後の日本人女性がいたはずである。(71)

在上海日本領事館の統計に誤差があった理由については、調査の難しさのほかに、調査を実行する人たちの着目点も関係があるように思われる。報告では売春する日本女性の人数だけでなく、彼女たちの様子もしばしば描写されており、そこには日本の外交官たちの関心があらわになっている。たとえば明治十七年七月十五日附在上海安藤総領事発信吉田外務大輔宛公信第七七号のなかに、

此輩ハ十中ノ八九長崎ヨリ渡来候へ共同市籍中ノ者ハ僅々ニシテ多分ハ其近村落ノ賎民旦夕ノ糊口ニ究迫スル者ノ婦女ニ御座候へハ衣服等外装ノ見苦敷事ハ申迄モ無之而シテ夜間ハ戸外ニ立チ或ハ三、四群ヲ為シ路傍ニ徘徊行人ヲ誘引売淫候者其数三、四百名モ有之ヤノ趣……(72)

とある。同様の描写は、明治十八年六月十日附在上海安藤総領事発信吉田外務大輔宛公信にも見える。

去歳六月中拙官就任ノ砌港内我婦女ニシテ売淫者流ト確認候員数取調候処其概略三百五六十名以内東洋茶館（明治十二年頃ヨリ次々開舗名ハ売茶ニ托シ其実売淫候者）ニ於テ居住候者凡六十余其他英、米、仏三租界中ニ散在其甚キ至リテハ本邦ニテ俗称スル切見世長屋ノ如キ陋巷ニ群居昼間ハ異形ノ風体ヲ為シテ市街ヲ徘徊或ハ公園ニモ立入リ夜ハ戸外ニ立チ路頭ニ彷徨シテ売淫候等其醜状ノ極メテ甚シキ……(73)

とある。これらの報告のなかで安藤領事が特に強調しているのは、街や公園を徘徊する街娼が多いこと、また「東洋茶館」が日本の「切見世長屋」(74)のような見苦しさであること、それから女性たちの「異形ノ風体」などである。「異形ノ風体」というのは、女たちが人の目を引くためにわざと奇異な服装をしているということではなく、女たちの日本式の服装を見た西洋人の感想をそのまま引用していると思われる。これについて、坂田敏雄は「上海邦人医界明治年史」のなかで、「日本婦人が船より下船の際一陣の風が裾を飜し脛が顕れたことがノース・チャイナ・デイリー・ニュース紙に出て物議を醸したぐらひで、当局はこの取締に忙殺された」というふうに揶揄している。とにかく、西洋人の反応に対して、当時の日本領事館は過敏であった(75)。安藤領事報告のなかの描写は、虹口あたりで西洋人向けに売春している「からゆきさん」たちの様子に過ぎないことも、上の報告から読みとれるのである。

四　東洋箭館

一八八〇年代初頭東洋茶館が租界を風靡する最中、日本人が経営する娯楽施設として、実はもう一種類あった。『春江燈市録』で「青楼のなかに新生面を開いた者」と評されている「東洋箭館」である。[76]その様子について、たとえば光緒二十年（一八九四）に出版された『新輯上海彝場景緻』のなかに次のように紹介されている。

懸革鼓為的、画以彩色障以軟簾。距鼓一歩外横放長卓、一卓上置尺許小弓箭及手巾、洋糖等物。客至、輪番面銭一小枚、給箭二十枝、使之対鼓而射之、中紅心者例得贈物。其中応使之人類皆扶桑妙妓、苟往来既稔、雖捉肚捺胸亦所弗禁。彼中人名曰勧進。元向見四馬路、洪園亦有此戯。滬北子弟倶以箭館目之、継為日本領事館禁止、因其有傷風化耳[77]。

皮の鼓を吊るして的とし、上に色を塗り、のれんで隔てる。鼓から一歩外に長いテーブルを横に置き、テーブルの上に小さい弓と矢、手ぬぐい、飴などを置いている。客が来ると、小額面の硬貨一枚を払えば、二十本の矢をもらえる。鼓に向かって矢を放ち、真ん中に的中すれば景品を得る。店の当番はみな日本の若い妓女であり、馴染みになると、体を触ったりしてもお構いなく、店の人はこれを「勧進」という。店はもともとは四馬路にあり、洪園にもこの遊びがあった。租界の若者たちはそれを「箭館」と見なしていた。後に日本領事館に禁止されてしまったのは、それが風俗を壊乱したものだからだ。

「尺許小弓」はすなわち楊弓のことで、東洋箭館とはすなわち日本楊弓店のことである。楊弓とは玩具の弓で、その始まりが中国の楊貴妃とされたところから、「楊弓」と名付けられた。笹間良彦『性の日本史』によれば、楊弓は徳川中期から日本で流行した遊びで、明治時代に至るまで、都市の盛り場に多くの楊弓店が流行し、店番の矢拾い女が脂粉を凝らして媚を売るので、若い男が女を射落さんものと通っていた。(78)『新輯上海彝場景緻』や『春江燈市録』の紹介を見ると、弓の遊びより、「扶桑妙妓」からの「勧進」を売りものとしている東洋箭館は、日本の楊弓店がそのまま上海に移植された遊楽施設といえる。しかし、日本領事館の取締が特に厳しかったゆえ、東洋箭館の姿はあっというまに消えてしまった。上海繁昌記類の書物に紹介されたものの、その出現のいきさつや、店の軒数、分布などはすべて不明である。

第十章　都市繁昌記のなかの東洋茶館

一　上海をテーマとする繁昌記

東洋茶館や東洋箭館の出現は、日本人の上海進出に新たなきっかけをもたらしたと同時に、清末上海の中国社会に大きな波瀾を起こした出来事でもあった。自らの日常生活にたくさん入ってきた日本の女性たちを、当時上海の人々はどのように見ていただろうか。このことについて、清末上海で出版された繁昌記のなかに、さまざまな言説が残されている。そしてそのなかから、我々は東洋茶館の「成功」の秘密をうかがうこともできる。

都市繁昌記は、一つの都市を舞台として、その地理・政治・経済・学芸・民俗・逸聞などの面々を大パノラマのように精細かつ壮大に記録するものである。三世紀頃の西晋時代に成立した『洛陽記』がおそらく最初の作品であると言われているが、それ以降繁昌記が一つのジャンルとして確立し、南北朝時代の『洛陽伽藍記』や宋代の『東京夢華録』、清代の『揚州画舫録』など人口に膾炙する数々の名作が生まれた。中国では繁昌記文学が発達した理由として、一つには「風土記」など地誌編纂の伝統からの影響と考えられるが、もう一つ、古代中国知識人たちがもっていた文明の伝達者としてのある種の責任感も繁昌記を撰述する重要な動機となったであろう。特に戦乱の多い時代、どんなに隆盛を極めた都市であっても、無残な廃墟と化したことがしばしばあったので、「これでは在りし日の都市の繁栄が後の世に伝わらずじまいになる」と文人たちは思い、記録をものしたという(79)。

上海をテーマとする繁昌記も、このような伝統のもとでたくさん書かれた。米沢秀夫が著した「上海史文献解題」を見ると、開港以前においてすでに『閲世編』『滬城歳事衢歌』『淞南楽府』などの作品があり、そして開港以降になると租界の繁栄を称える作品は、一八六六年に出版された黄楙材の『滬遊脞記』をはじめ、葛元煦『滬遊雑記』、黄式権『淞南夢影録』、呉県藜牀旧主『新輯上海彝場景緻』など実に数十種類に達した。しかも数の多さだけでなく、繁昌記のスタイルも筆記、図説、竹枝詞などさまざまである。さらに「世界遊戯場」の名にふさわしく、花柳の世界だけをテーマとする『海陬冶遊録』や『海上煙花瑣記』、『海上遊戯備覧』などのような艶書も多く現れた(80)。

そして一八八〇年代以降に出版された上海繁昌記の多くは、東洋茶館についての項目がもうけられている。ちょうど東洋茶館が大発展を遂げ、最盛期を迎えたのと同じ時期である。なかでも卓抜な記録を残してくれたのは、『申江勝景図』『申江名勝図説』『春江燈市録』の三作品である。以下、この三作品の記述に基づき、中国文人たちが描いた東洋茶館のイメージを見てみよう。

二　『申江勝景図』と『申江名勝図説』

『申江勝景図』と『申江名勝図説』はそのタイトルも示しているように、いずれも挿絵に重点を置く上海の名勝記である。本文よりむしろ絵を主体として見て楽しむという点に特色を出し、さらに詩歌の類を多く付載して興味深いものとしている名勝記は、日本ではふつう「名所図会」という。十八世紀後期から十九世紀末期にかけておよそ六十種を越えた名所図会類の作品が日本で出版されたことはよく知られた事実だが、一方の中国でも明末清初以降、『太平山水詩画』をはじめ、『平山堂図志』や『鴻雪因縁図記』などの名勝図譜が数多く現れた。[81]『申江勝景図』と『申江名勝図説』もその系譜のなかの作品であり、清末上海の様子を図像でリアルに再現した意味においていずれも貴重な資料である。

『申江勝景図』は光緒十年（一八八四）申報館申昌画室によって発行された精美な詩画集である。作品の冒頭には黄逢甲なる人物が寄せた序文があり、詩画の創作者は呉嘉猷（一八四〇頃～一八九四）である。『海上墨林』によれば、呉嘉猷、あざなは友如、元和の人である。工筆（細密画）が得意で、その絵は真に迫っていて、人々は彼を「聖手」と呼んだ。[82]呉は「海派」画家として、また『点石斎画報』と『飛影閣画報』の主筆として知られた人物で、『申江勝景図』は彼の初期の作にあたる。この作品は上下二巻、計六十二枚の絵および絵の主題を詠じる漢詩によって構成されており、「東洋茶楼」と題する一枚の絵（図31）がその巻下に収められている。[83]

この作品は「美満寿茶楼」という租界に実在した店の様子を再現したものである。絵を見ると、店は

図31　東洋茶楼
「勝景」になった東洋茶館の内部。
美満寿茶楼は租界の南のあたりに
実在した店。

東洋茶館らしいさまざまな小道具によって装飾されている。窓に飾られている提灯、室内の盆栽と花瓶はいずれも和風、入り口両側の柱に貼られている「東洋茶点、毎位両角」（日本のお菓子、一人に二角）の宣伝広告も日本のおみやげをもって客にアピールするものである。一方、吊り下げ式の電灯、掛け時計など西洋舶来品も同時に使われており、テーブルと椅子も中国式か洋式のものである。この和洋折衷の空間とある種のモダンな雰囲気のなかで、着物姿の東洋妓女、ちょんまげ姿の店主、中国人の給仕、それから顧客たちなど合わせて二十数人が賑わっている。煙管やたばこを吸いながら三味線の演奏を鑑賞し、あるいは女に何かこそこそささやいたりしている顧客たちは、店の雰囲気に沈酔しているような表情をしている。

絵の裏のページには、東洋茶館の魅力をさらに明確に説明するために、同じ「東洋茶楼」という題目で三首の竹枝詞風の詩を載せている。

その一、
綺裳撩乱不禁風、　　綺裳撩乱し　風に禁へず、
万種温存一喚中。　　万種の温存　一喚の中にあり。
客欲銷魂真個便、　　客銷魂せんと欲すれば　真個に便なり、
不分南北与西東。　　分けず　南北と西東と。
その二、
入店慇懃勧客嘗、　　店に入るとき　慇懃に客に勧めて嘗ましむ、

時新茶点出東洋。
屐声散入西風里、
疑是呉宮響屧廊。
その三、
強作華言道姓名、
不関情処最多情。
等閑也得周郎顧、
一曲琵琶学未成。

時新な茶点　東洋に出づ。
屐声散じて　西風の裏に入る、
疑ふらくは是れ　呉宮の響屧の廊たるかと。

強いて華言を作して　姓名を道ふ、
情に関らざる処は　最も多情なり。
等閑にも也周郎の顧を得、
一曲の琵琶を　学びて未だ成らず。

一番目の詩は、なよやかな着物姿と優しいいたわりの声など東洋妓女の風情を描写し、またどこの客でもそこで「銷魂」できると説明している。「銷魂」とはほんらい魂がつかないさまの意味だが、ここで性的享楽を暗示している。そして次の二首の詩も東洋茶館の特色と東洋妓女の魅力を詠じるものだが、そのなかで詩人はさらに日本からもたらされたお菓子のめずらしさ、東洋妓女の態度の懇ろさ、彼女たちの下駄が発した音、彼女たちが無理して中国語を使って客と話す嬌態などを挙げている。ちなみに、二番目の詩に出ている「響屧廊」とは、春秋時代呉の国王が造った伝説の廊である。その廊には下にわざわざ隙間が設けられたので、国王はそこで絶世の美人である西施の歩く音を聞き、歩く姿を観賞したという。(84) 東洋妓女を西施になぞらえ、彼女たちの下駄が発する音までを賛美の対象としているのは、詩人がよっぽど東洋妓女に傾倒していたからであろう。

一方、呉友如の『申江勝景図』と対照的に、『申江名勝図説』は文人的な雅趣とは無縁な作品である。この書物は管可寿斎が一八八四年に版行したものだが、本のつくりは粗末で、作者も不明である。作品の構成は上下二巻、冒頭には香国頭陀なる人物の序文が載せてある。絵は全部で四十二枚、いずれも簡略に描かれたもので、またそれぞれの絵の後ろに附してある説明文はかなり低俗に流れるものである。その上巻の第八図、「東洋妙妓手撥三弦」と題して、二人の東洋妓女が三味線を弾いている場面があり（図32）、またその絵について次のような説明がある。

図32　東洋妙妓手撥三弦（東洋の妙妓、三弦をひく）

東瀛妓女分為二等。芸妓専事歌舞、窄袖纏頭、登筵一曲、艶如桃李、冷若氷霜、見之者不知其為青楼麗質也。色妓則障袖倚門、慣薦宓妃之枕、尋常絲竹肉、不肯軽易一調。滬上多芸妓、見客寒喧之外、惟手撥三弦、歌『小秦王』一闋。然以予所見如花仙、大玉、姗姗、蘭仙之類、雖以手口見称、而和軟香温亦別饒妍麗、往来既稔、則行雲神女、不難夢入巫山。計茗楼小聚、僅需青蚨翼双百　即洞入迷香、徴歌買笑、亦不過番仏一尊、誠花国中廉之又廉者也。(85)

東瀛の妓女には二種類ある。芸妓は専ら歌と踊りをする人で、いでたちをして宴会で演じる。芸妓はみななまめかしくて冷たくて、見た人は彼女が水商売渡世の女だととても思えない。色妓はただ夜の伽をするだけで、歌と踊りはしない。上海には芸妓が多く、客が来るとあいさつする外に、三味線を弾き、歌を歌うのみである。しかし、私が見た花仙、大玉、姗姗、蘭仙などはみな技芸が優れ、風情もある。馴染みになると、関係を結ぶのも難しくない。茶館でお茶だけを飲む場合は、値段はわずか二百文である。それに最上の客として招待を受け、女に唄をうたわせ、笑を買う場合もただ「番仏」（一ドルのメキシコ銀貨）一枚で済ませられるので、確かに花柳界のなかでもっとも廉価なものである。

この文章がまず日本の「芸妓」と「色妓」についての紹介から始まるところを見れば、作者はあるいは日本の社会事情を多少知っている人物であろう。次に作者は自らの体験談をまじえながら数人の東洋妓女の名前を挙げてその美貌や音楽の技芸をも紹介しているが、話題の中心は花代である。しかも花代の金額だけでなく、その安さが特に強調されている。つまりこの文章は、おそらく嫖客向けに書かれた宣伝兼案内だと思われる。

『申江勝景図』と『申江名勝図説』は同じ上海繁昌記でありながら、性質ないし内容がかなり異なった作品である。前者は「供好奇者臥遊之具」(86)（好奇者の臥遊の具と供する）と標榜し、いたる所に文人趣味が溢れているのに対し、後者は一般庶民向けの、実用書的な色合いが強い書物である。にもかかわらず、両書はともに東洋茶館をとり上げている。当時男たちが階層を問わず東洋茶館に引きつけられた事実は、この一事からもうかがえるであろう。

三　『春江燈市録』

東洋茶館についてもっとも多く語ったのは、前述した『春江燈市録』である。鄒弢が「瀟湘館侍者」という筆名で書いたこの作品は、彼のもう一つの作品である『春江花史』と合本して『海上花天酒地傳』とも称されている。また、一八八八年に鄒はさらに『遊滬筆記』という書物も出版したが、それは『春江燈市録』と略々同じ内容のものである。

米沢秀夫の「上海史文献解題」によれば、『遊滬筆記』（すなわち『春江燈市録』）は「名勝、古蹟、商業、風俗を記し、案内書として完備している」作品である[87]。そのなかには鄒自身のさまざまな見聞が記されており、日本貨幣の流通や日本人軽業師の活動、ないし東洋箭館など日本関連の内容も多く含まれている。東洋茶館も一つの項目としてとり上げられ、鄒はそこで文人の本領を発揮し、最盛期頃の東洋茶館の様子を見事に描き出したのである。

同書の巻二に、作者は開東楼、美満寿など店の名前を列挙した後、東洋茶館の客に対するもてなし方およびそれぞれの値段について、以下のように説明している。

東瀛茶寮中座標有衆妓之名目、任客自選。選後若欲入房、則須費番奴一尊、其外小帳約青銭百支。妓家重煮佳茗、並東洋糖菓。餉客臨行、可将糖菓携帰、亦有以紙紮花鳥贈客者。若不到房中、祗為品茗計、則在楼上盤桓。毎客佳茗一壺、費日本四開洋一枚、小帳二十支、亦有糖菓玩物相贈。若妓之下者、毎茶一壺但須日本八開洋一枚、夜合之資費銀一両而已。日本妓館遊客毎入房中一回、須費洋蚨一圓、若熟客於一日之間往両三回者、亦僅英洋一大元余。須次日去時再費一元矣。惟品茗則毎回両角、断不容省。(88)

東瀛茶寮に妓女たちの名札があり、任意に選ぶことができる。客が選んだ後にもし部屋のなかに入ろうとするならば、すなわち鷹洋一枚、それにチップ代として銅銭百文がかかる。妓家はあらためて上質の茶を煎じ、同時に日本のお菓子も出す。客が帰る時にお菓子を持ち帰ってもよいし、花鳥の折り紙を贈られることもある。もし部屋のなかへ入らず、ただお茶を飲む場合、すなわち二階で逗留する。上質の茶の料金は一壷で日本四開洋一枚とチップ代二十文で、お菓子やおもちゃなどの贈り物もついている。低クラスの妓は、茶代は一壷で日本八開洋であり、花代は銀一両のみである。

客が部屋のなかへ入る場合、一回で鷹洋一元がかかる。もし馴染みであれば、一日に二、三回行っても、鷹洋一元あまりで済む。次の日に行くならまた一元かかる。ただお茶を飲む時に毎回の二角のお茶代は絶対払わなければならない。

作者はまず、東洋茶館が単なる客が妓女と「夜合」する場所だけではない、ということを強調した。上質のお茶もあれば、また中国の客にとって新鮮で、異国情緒を掻き立てる小間物はプレゼントとしてもらえる。東洋茶館はこの独特の接客術によってかなり多くの客の心を籠絡したようであった。それからもう一つ注目すべきことは支払いの方法である。上に記述されている貨幣の種類は、メキシコ銀貨、日本の銀貨、それから中国の銀両と銅銭など数種類にものぼり、またそれらの貨幣はサービスによって使い分けているのである。日本の貨幣について、同書の他所によると、当時日本の硬貨（全部で五種類）が上海で大量に流通し、それぞれ「足対開」「虚対開」「四開」「八開」「十六開」と呼ばれていた。他の貨幣との為替レートについて、メキシコ銀貨（鷹洋）一元は「足対開」二枚あるいは「虚対開」の二枚プラス銭百文に当たり、「四開」は銭一九〇余文で、「八開」は銭九十五、六文と相当する。(89)東洋茶館では、性的交易は外国銭である「番奴」や、「洋蚨」、あるいは直接に銀両で換算されているが、一方、茶やお菓子の代金などは小額面の日本の銀貨で計算され、チップ代が銅銭で支払われる。

もちろん嫖客が東洋茶館にはまっていった理由は、ただ接客術の巧さだけではない。『春江燈市録』巻二には、引き続き東洋妓女たちの出身地、美貌、いでたちを紹介し、さらに東洋妓女が住んでいる部屋の様子も子細に述べている。

東妓大都来自長崎、大坂、神戸。雪膚花貌、軟玉温香、満身滑膩異常。冬夏皆不穿褌、惟長衣一襲、自上至下。冬則加以絨衫、足下布襪木屐、蓮船十丈、行則橐橐然。房中皆舗絨墊、上加彩席一重或二重、潔浄無塵。室内置大銅炉一具、方円不一、高約二尺、中熾獣炭、籍代薫籠以禦寒気。毎歳在四月間始撤去、至九月復設。蓋其下体不著褻衣、非此不能生暖也。毎一房有西洋鉄床一、高約八尺、無頂帳、以色紗為之、加於其上。褥厚尺約、衾甚軽暖也。枕以二寸許短木、両端各貫小木、一平一凹。凹処包軟皮、可以承首。室内亦有几椅、位置楚々、客人入其中必脱履於門首、蓋彼国風

習皆席地而坐、故房舗設香絨、随意坐臥。其用床椅等、情猶従中西風尚也。(90)

東妓はほとんど長崎、大阪、神戸から来たものである。柔らかな雪肌で花のかんばせ、満身がぬらぬらしているのである。冬も夏もズボンをはかず、上から下までただ長い着物一着である。冬には毛織の上着を加え、足に布の靴下で下駄を履く。女は纏足をしていないので足がたいへん長く、歩くとからころと音がする。部屋中に絨毯を敷き、その上にさらに一つあるいは二つのカラフルなむしろが加えられて、部屋はきれいでさっぱりしている。室内に大きな銅炉が置かれ、四角いのもあれば、丸いのもある。炉の高さは二尺ぐらいで、石炭を燃やして寒気を防ぐ。銅炉は毎年四月に入ってからやっと片付け始めるが、九月になるとまた部屋に置く。女は下着をはいていないので、こうでなければ暖をとれない。一つの部屋に西洋式の鉄製ベッドがあり、高さは約八尺で、彩色の薄絹を用いて帳とする。敷き布団は一尺の厚さがあり、掛け布団は甚だ軽くて暖かい。二寸ぐらいの短木を枕とし、両端にそれぞれ小さい木の棒がついている。一つはまっすぐで一つは凹んでいる。凹んでいるところが柔らかい毛皮で包まれ、頭を置くところである。部屋には机も椅子もあり、客は入る時に必ず靴をぬいでドアの前に置く。日本の風習ではみな地面に座るので、部屋に絨毯を敷き、随意に座ったり、横になったりすることができる。妓館でベッドと椅子を使うのは、中国と西洋のスタイルに追随するためである。

作者の観察によれば、東洋妓女の多くは美人で、都市出身者である。しかもその出身地は長崎のみならず、大阪や神戸など九州地域以外の都市も含まれている。この記述は「此輩ハ十中ノ八九長崎ヨリ渡来候」という同じ時期の日本領事館の報告と食い違っているが、高橋謙『支那時事』の、「賎業者」たちが「大抵長崎、神戸、横浜等ヨリ渡来セシ」との観察とほぼ一致している（第九章参照）。女が住んでいる部屋の豪華さと合わせて考えれば、おそらく鄒弢がここでいう「東妓」は主として高級芸者だけを指しているのであろう。そして女たちの足の長さにこだわるのは、いうまでもなく纏足の風習がまだ強く残っている当時ならではの評価基準に由来しているのである。

東洋茶館に対する説明はさらに続く。最後に鄒弢が注目したのは、東洋茶館の遊戯ルールおよび女たちの技芸である。彼は次のように述べている。

日本妓上品者毎宿夜合資英蚨両枚、出局亦然、無上局、転局諸例。遊客無論識与未識、初入其中便可止宿。且今夕宿某妓処、明日可復易一妓、彼固不以為跳槽也。惟須作現交易、雖熟識之客、亦不容情。有某豪者招数妓共集一房、大被長枕之歓、直欲令人楽死。

（中略）日本妓無論何処勾欄倶可承応、不似中国校書之但在一家者。院中人亦能歌中国曲。所弾楽琴形似弦瑟、而円処較大、障以牛皮、作六角式、亦三弦、以牛角弾之。杜甫詩云、銀甲弾箏、用彼蓋有古風焉。(91)

日本の高級妓女は一晩の花代が鷹洋二元に相当する。「出局」も同じ値段であるが、「上局」、「転局」のルールはない。妓女と面識があるかないかを問わずに、初めての客でも妓館に泊まることができる。しかも客は今夜この妓女のところで泊まり、明日は別の妓女と換えても、相手の妓女はそれが「跳槽」（鞍替え）だと思わない。ただ交易は必ず現金でなければならないし、馴染みであっても、掛けで買うことは許されない。ある富豪が数人の妓女を一つの部屋へ招いた。大きな掛け布団で長い枕、それはまさに死ぬほどの楽しみだった。

（中略）客の招きに対して、日本妓女はどこの妓楼でも構わず応じてくれる。中国校書のようにただ一カ所にこだわるなどはしない。女はまた中国の歌を歌うこともできる。使っている楽琴は中国の「瑟」と似ているが、丸い部分が大きく、牛の皮を被せている。形は六角であり、弦は三つあり、牛の角で弾くのである。杜甫には「銀甲弾箏」という詩句があるように、日本の妓女はまだ古風を残しているのである。

文中の「出局」、「上局」と「転局」などの言葉はいずれも当時中国妓館の専門用語である。客が宴会を開き、あるいは演劇を鑑賞する時に妓女を指名して侍らせることは「出局」といい、客が妓館へ入った後、妓女が瓜実と果物それぞれ一皿を持ち出すことは「上局」という[92]（「転局」の意味は不詳）。張春帆「海上青楼沿革考」によれば、この「出局」や「上局」は、上海の中国人妓女にとって、花代と並んで大きな収入源であり、実際「長三」、「二三」、「幺二」といった妓女等級の名称もそこから由来したのである。[93]一方、東洋妓女の場合、花代は「幺二」妓女並みであるが、お茶代やチップ代などそれ以外の費用がたいへん安く設定されている。この値段の差が、前述『申江名勝図説』に東洋妓女を廉価なものだと評価する所以であるに違いない。しかも「幺二」妓女と比べて、東洋妓女は芸の持ち主であり、その芸は中国文人の懐古趣味に合うものであった。

以上見てきたように、鄒弢は『春江燈市録』のなかで東洋茶館のさまざまな側面をとり上げてその魅力を紹介し、そして賛美の辞を送った。鄒自身の体験に基づいて書かれたこれらの文章を通して、当時の日本人や西洋人がまったく意識していなかった東洋茶館のもう一つの側面が浮き彫りになってくる。日本の外交官たちを悩ましつづけた東洋茶館は、鄒弢や呉友如などの上海文人の目には、廉価で手軽に入れる場所でありながら、和洋折衷の異国情緒ないし中国の「古風」を混合させた不思議な「名勝」であり、また「五方雑居」の租界に活力と繁栄をもたらしただけでなく、繁栄そのものの象徴として映った。

四　「作レ滬北之綺伝、為レ江南之艶記」

東洋茶館についての中国文人の言説は、他の上海繁昌記書の類、たとえば『淞南夢影録』（一八八三年）や、『新輯上海彝場景緻』（一八九四年）、『新鮮遊滬雑記図説』（一八九四年）、『上海雑誌』（一九〇六年）、『老上海』（一九一九年）などにも見られる。それらの言説の多くは、あるいは簡略な紹介に留まり、あるいは他書にある「東洋茶館」の項目をそのまま踏襲するものだが、とにかく東洋茶館に対して、上海の文人たちが関心を寄せつづけていたことは明白な事実である。

さて、東洋茶館と東洋妓女に対して文人たちがこれほどに情熱的に語ったのは、いったいなぜだろうか。思えば、この現象自体はべつに新鮮なことではない。かつて乾隆年間に書かれたかの「袖海編」にも、すでに遊女礼賛の文章が見られる。「情欲覚醒」の時代風潮のなかで生まれた「袖海編」は、すでに述べたように、作者の汪鵬が「人欲」の正当性を説こうとしている作品でもある。しかし、このような思想的主張は、むろん清末上海の繁昌記には見られない。きわめて開放的な租界の資本主義社会のなかで、さらに「人欲」の解放を叫ぶ必要性はそもそもなかったからである。文人たちの思惑は別のところにあったようだ。

東洋茶館と東洋妓女を積極的に記録しなければならない、と多くの上海文人が考えていたのは確かなことである。この理念をはっきり示している文章は、『春江燈市録』や『申江勝景図』と同じ年に出版された『海上群芳譜』に見える。同書の巻四に、

滬上繁華之風、與夫青楼翠館之盛、亘古以来於今為熾歴。数九洲之人無所不有、甚至外洋異島亦来献此禁臠。余筆乏生花、未能描写其萬一。尚望後之風流学士、徴艶才人嚼蕊写翠傳紅、聚大羅之天、紀無名之録、作滬北之綺伝、為江南之艶記。是余所深望也。(94)

上海繁華の風気と青楼妓館の盛んさは、いにしえ以来今が最高である。中国各地の人がここにあつまり、外洋異島からの「禁臠」（上質なものの喩え）も献上された。わたしは文才がないので、その様子をすこしも伝えることはできない。後来の風流文人たちにしてほしいのは、妓女たちをよく味得し、よく記録し、それから滬北の綺伝、江南の艶記をつくることである。これはわたしが深く望んでいるところだ。

とある。この文章は一人の東洋妓女である「蘭田仙」なる名妓の小伝の一部であるので、「禁臠」云々が東洋妓女だけを指しているのはいうまでもない。「滬北」はすなわち西洋人支配下の租界のことだが、その未曾有の繁栄を、作者はここで伝統復興のきっかけとして捉えている。そして彼にとっての伝統とは、まさに「綺伝」、「艶記」といった表現が示しているように、文人たちの憧れでありながら、しかし清朝の禁娼政策のもとですでに衰退してしまった風流の文化にほかならない。近代社会のなかでいかに自分のアイデンティティを見いだし保持するか、これは清末の条約港知識人たちが直面せざるを得ない大きな課題であった。彼らが出した一つの答えは、意地を張って風流洒脱という文人らしさを復活させることであった。清末上海の文人から見れば、東洋茶館こそが彼らが文人らしさを最大限に演出できる舞台であり、その舞台において才色兼備の東洋妓女たちは風流を創造することに欠かせない相手であった。文人たちのこの思惑は、次章に挙げる「花榜」のなかにも同様に見いだすことができる。

第十一章　花榜のなかの東洋妓女

一　花榜――中国の遊女評判記

東洋茶館の概説的な紹介が上海繁盛記に見られるのに対して、個々人の東洋妓女についての伝記的な記録は、いわゆる「花榜」のなかに残されている。そこには妓女の名前が掲げられており、それぞれの小伝には、当人の風韻や技芸のみならず、文人との交際に関する逸話、さらにその交際の産物である詩文の披露などの内容も含まれている。いうまでもなく、花榜を抜きにして中国文人と東洋妓女との交流を語ることはできない。

ちょうど江戸時代の日本に遊女評判記や遊女番付があったように、中国では宋代の頃から、文人たちが妓女を集め、その容姿や歌舞の技能を評定し、またランクをつける催しを行っていた。それがすなわち花榜である。言葉の由来については、この催しで入選した妓女が花になぞえられて（たとえば一八七七年上海の「書仙花榜」に、第一名を芍薬、第二名を海棠、第三名を杏花と称するように）、入選者の名前が

「榜」（掲示板）に記されて社会に公表されるところからきたとされる。むろん、清朝に入ってからこの催しは当局に禁じられていた。だが、熱中する者は後を絶たず、蘇州などの都市では、官府の命令を無視して花榜を開いた事例もあるし、また官府に発覚し、死刑に処された花榜の主催者もいた(95)。

清末上海の最初の花榜は同治七年（一八六八）に行われた。清朝官府の管理が及ばないせいか、以来この催しは租界のなかで頻繁に行われるようになり、規模も次第に大きくなった。当時の花榜の開催回数や、どのような方法で行ったのかなどについては不明なところが多くあるが、いくつかの評定記録が残されているので、そこから花榜の特徴をうかがうことができる(96)。

まず、花榜を評定する者はいずれも当時の有名文人である。花榜を開く際に、入選の妓女だけでなく、評定者の名も大きく打ち出された。たとえば一八六八年の花榜は剛斎主人という人が評定したのであり、あるいは「申江十美」を選んだのは上海の名士二愛仙人であった。またやや後のことだが、一八九〇年代に四人の妓女――林黛玉、張書玉、金小宝、陸蘭芬を「四大金剛」と呼び、上海花柳界の頂点に立たせたのはかの有名な文人ジャーナリストの李伯元である。つまり花榜の評定は文人の個人的な活動であり、その結果も評定者の主観的な色彩を強く反映しているといえる。にもかかわらず、妓女の地位はこれらの文人が書いた評語によって大いに左右された。「一経品題、則身価十倍」という表現があるように、妓女がいったん入選すると、たちまちスターとして花柳界に君臨することができた。男が争って彼女を揚げるために大金を投じ、良家の婦女が彼女の服飾や化粧を模倣する。むろん彼女の一挙一動すべてが人々の目線を集め、話題となる。上海の文人にとって、花榜という催しはまさに自分の文才をひけらかし、自らの文壇上の影響力をそのまま社会へ輻射する絶好の場所といっても過言ではない。

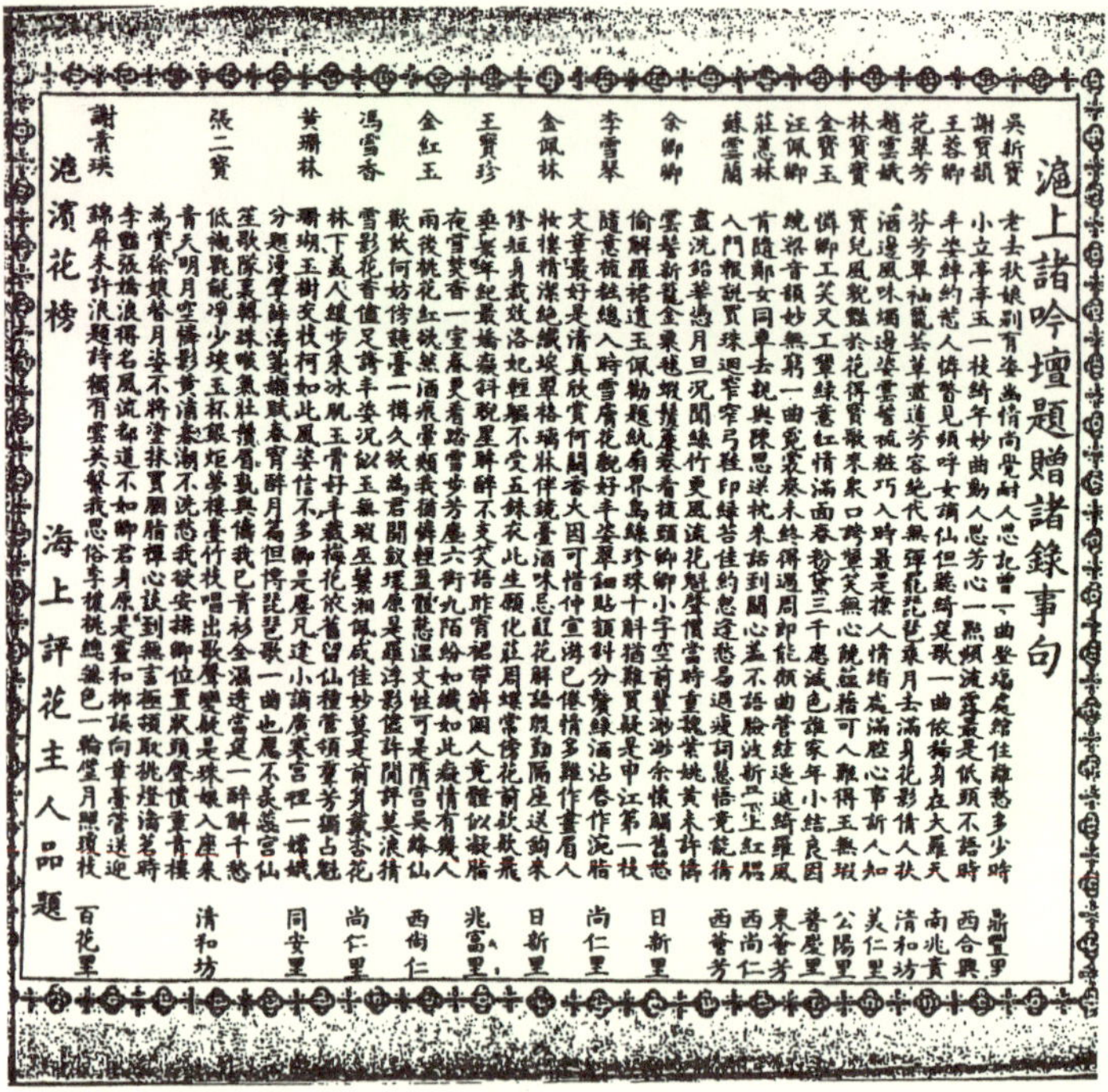

滬上諸吟壇題贈諸録事句

吳新寶	鼎豐里
謝寶蓺	西合興
王蓉卿	南兆貴
花翠芳	清和坊
趙雲娥	美仁里
林寶寶	公陽里
金寶玉	善慶里
汪佩卿	東薈芳
莊蕙林	西尚仁
蘇雲蘭	西薈芳
余卿卿	日新里
李雪琴	尚仁里
金佩林	日新里
王寶珍	兆富里
金紅玉	西尚仁
馮雪香	尚仁里
黃珊林	同安里
張二寶	清和坊
謝素瑛	百花里

滬濱花榜　海上評花主人品題

▲図33　花榜の一例
右の半分は滬上詩壇の人々が書いた贈妓詩、左の半分は名妓と妓楼のリスト。

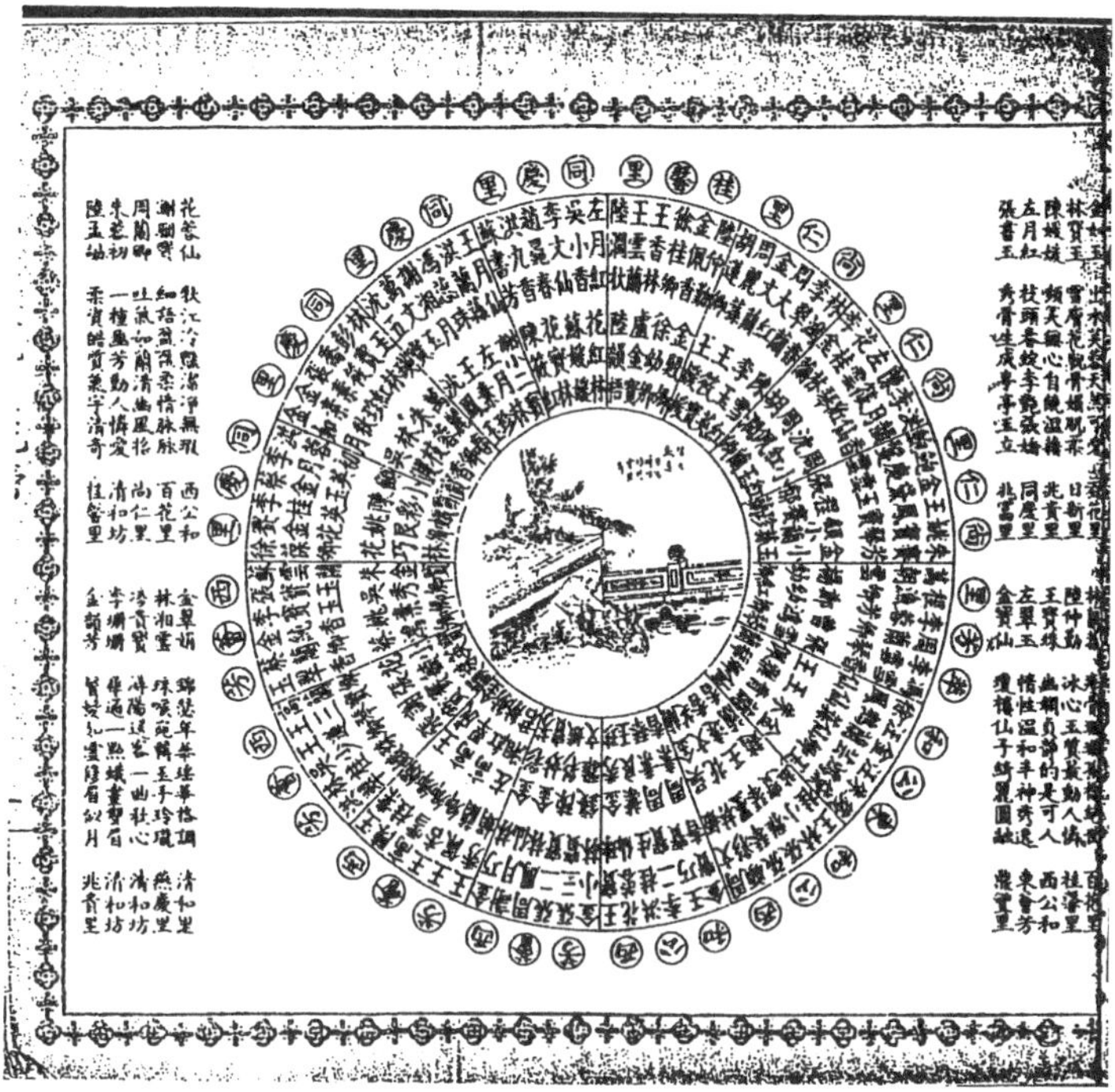

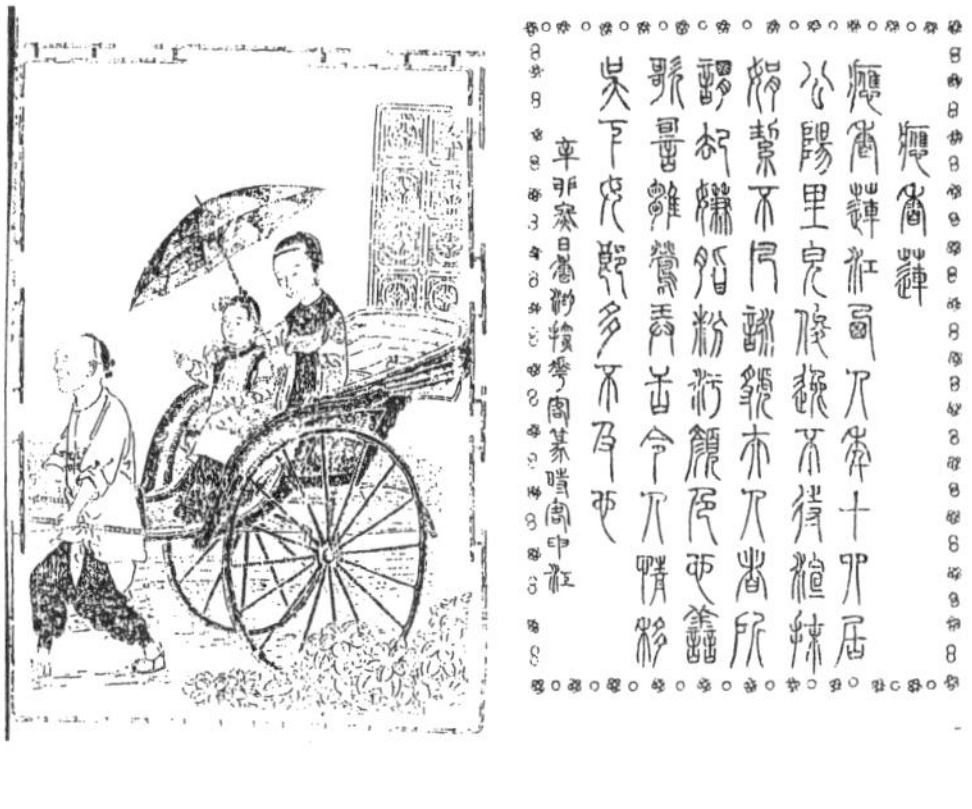

◀図34　名妓の肖像および彼女を賛美する詩文

花榜の内容を見ると、そこで特に大いにとり上げているのは、妓女の容姿や技能に対する文学的描写である。また妓女本人の小伝や、有名文人との文通、文人からの贈詩も時には一緒に書き入れられており、場合によっては妓女の肖像画も付されている。このような花榜記録は、一種の妓女案内として、たいてい非常に凝った意匠で出版されている（図33、図34）。純粋な花榜記録として出版されたものには、たとえば『海上尋芳譜』、『海上群芳譜』、『海上名花四季大観』、『海上青楼図記』などがある。また上海文人の随筆には、妓女たちにランクをつけていないものの、彼女たち一人ひとりに対して評語を与えることを主な内容とするものも少なくない。『海陬冶遊録』や『春江花史』などはいずれもこの類の書物である。

清末上海の花榜のもう一つの大きな特徴は、評定基準が時代によって大きく変化することである。薛理勇が『上海娼妓史』において、一八六八年から一八八八年までの花榜を比較し、次のように指摘している。すなわち初期の花榜では、文人たちが名妓を選ぶ基準は、中国の伝統芸能の一つである「弾詞」の技能であり、妓女の容姿はあくまでも副次的なものであった。それに対し、一八八〇年代以後の花榜は、明らかに容姿が第一の基準になる。このような変化が生じた理由については、欧米や日本の美人コンテスト事情がこの時期に上海で紹介された影響ではないかと推定される。それから一八八〇年代以後、評定基準の多様化に伴い、さらに刺激的な選考になったケースもある。たとえば一八八八年夏の花榜には、「韻珠楼主張善貞」という妓女は床上手によって第七名として入選したのである。(97)

そして評定基準の多様化は、花榜に国際的な色合いをもたらすきっかけでもあった。このような背景のなかで、中国妓女に限らず、日本ないし西洋出身の女性の名前も花榜に掲げられるようになったことは、むしろ自然のなりゆきといえよう。一八八〇年代の前半頃には、東洋妓女にいわゆる名妓なるものがついに生まれたのであった。

二　東洋妓女の源氏名

日本婦人が上海の花榜に入選した事例は、一八八一〜一八八七年の間に開かれた花榜に見られる。私が調べたところ、東洋妓女の名を挙げ、それから評語や小伝を掲載している書物は次のとおりである。『海上尋芳譜』には三菊生、『淞南夢影録』には三三生、『海上群芳譜』には蘭田仙、『春江花史』には宝玉生と三玉生、そして『海上中外青楼春影図説』には十一人、すなわち三三生、宝玉生、花渓生、渓田松秀、土田碧城、大玉生、艶梅生、麗玉生、杏春生、紅梅生、小玉生である。以上重複する場合もあるが、合わせて十四人の東洋妓女が名妓と評されている。そのなかで三菊生の名および彼女の評語に当たる漢詩三首が光緒七年（一八八二）の「滬濱花朝艶榜」に載っており、おそらく東洋妓女にして上海文人たちの間に艶名を届けた最初の人物と思われる(98)。

また、『海上群芳譜』には新光生と阿諾生の二名、辰橋「申江百咏」（一八八七年）には美玉生と金玉生の二名も挙げられている。しかし、この四名はただ名前だけが紹介され、評語は見当たらない。一方、十一人の「日本妓女」の名を掲げている『海上中外青楼春影図説』は光緒丁亥年（一八八七）に大同書局から出版された著者不明の書物で、同書には他に十三人の「中華妓女」、十二名の「外国妓女」、十一名の「広東妓女」が同時に紹介されている。とにかく、一八八三年から一八八七年までの上海花柳界は、東洋妓女のなかから名妓が輩出した時代といえる(99)。

さらに、同じ時期に東洋妓女を主人公とする文学作品も現れた。一八八四〜一八八七年に『点石斎画報』に連載されていた『淞隠漫録』（作者は王韜）のなかに、「東瀛才女」と題する小説風の作品があり、主人公は小華生、阿中、阿玉、阿超、小菊など五人の東洋妓女である。『淞隠漫録』は王韜が『聊斎志異』を倣い、自らの「三十年来所見所聞、可驚可愕之事」を追憶して書いた伝奇小説集であり、「東瀛才女」のなかに王韜自身も「天南遁叟」という実際使っていた別号で登場しており、五人の東洋妓女の事跡は実在の人物と事件に拠って敷衍されたものと考えられる。一例として、「東瀛才女」には小華生と「倚雯楼主」なる男との恋愛物語があるが、これと似た話は『海上中外青楼春影図説』の宝玉生の評語でも紹介されている(100)。

現在のところ身の上をたどることができるのは、この十数名の東洋妓女である。因みに、東洋妓女の名前に「玉」の字が特に好んで使われたのは、『紅楼夢』の主人公である賈宝玉と林黛玉に因んで源氏名を作るという当時の上海花柳界の流行による。またほとんどの名前の後に「生」の字がついているが、それは日本語の「さん」の音訳である(101)。

三　名妓の来歴

さて、これら名妓とされた東洋妓女は、いったいどんな人物だったのであろうか。以下、文人たちが書いた評語を手がかりに、花柳界のスターの地位に上った東洋妓女たちの来歴を見よう。

まず女たちの出身地である。すでに述べたように、上海における妓女のヒエラルキーは、一つは妓女の出身地によって決められるのであり、したがって妓女の評語にその出身地を明示するのが一般的である。花榜に選ばれた東洋妓女のなかで出身地が記されたのは十二人おり、そのうち東京が四人（艶梅生、渓田松秀、花渓生、阿玉）、神戸が四人（三三生、大玉生、小華生、阿超）、大阪が二人（杏春生、小玉生）、また西京（京都）が一人（阿中）、市川が一人（紅梅生）である。十二人のうち関東が五人で、関西が七人であり、いずれも都市出身者である。

『海上中外青楼春影図説』は、女たちの出身地のほかに、東洋妓女数人の家庭背景や、上海に渡航した経緯などをも紹介している。その詳細は次の如し。

渓田松秀、東京鉅商女、商以事獲罪、家破人亡、女遂流落。初在東京横浜両処、寓家応客、既為寓主人携至中華、入虹口某娼寮。（渓田松秀。東京の大商人の娘で、父が罪で入獄し、一家が没落四散した。当初松秀は東京と横浜で家を借りて客を招き、その後家の主人に上海まで連れられて、虹口の娼楼に入った。）

杏春生、本大阪旧家女。父母故後、無所依、為匪人誘匿、売入青楼。時杏春年祇十歳、学弾唱三年、始令応客。華商某君見而悶之、為之破瓜、一月間用八百余金。於是藉藉芳名、声価十倍。既至滬上、始居開仙楼、又遷至美満寿。（杏春生。もとは大阪の古い家柄の出自である。両親が亡くなり、依拠を失い、悪人に娼楼へ売られた。当時杏春はたった十歳で、三年間歌と楽器を学んだ後、はじめて客と接した。某中国商人は彼女が気に入って、水揚げをするために一月に八百余金を費やしたのであった。それをきっかけに杏春は名妓になり、身代金も大幅に増えた。上海に来てから、始めは開仙楼に居たが、まもなく美満寿へ移った。）

大玉生、父本粤商貿。遷東瀛神戸、悦客家女、私通之、遂生大玉。未生之前、客家主人知其事、強索

二百金以女嫁商。商恐累名、遁帰粤東。既而生大玉、母弗忍棄、撫育之。稍長、携女至粤尋商、不得。遷徙至香港、一貧如洗、遂流落為娼、大玉依之。母死、大玉自樹一幟、転輾至申江。（大玉生。父は広東商人であり、神戸へ渡り、下宿の娘と密通して大玉をもうけた。大玉が生まれる前に、下宿の主人がこの事を知り、二百金を強引に求め娘を商人に嫁がせようとした。商人は名声に累を及ぼすことを恐れ、広東へ逃げ帰った。そして大玉が生まれ、母は彼女を捨て難く、扶育した。やや大きくなると、商人を捜すために娘を連れて広東へ渡ったが、ついに見つけられなかった。それから母子二人は香港へ移り、赤貧のため母はついに娼婦に落ちぶれて、大玉も母に依拠した。母が死んだ後、大玉は単独で開業し、転々と上海に入った。）

小玉生、日本大阪人、以貧鬻於客桟、遂流入娼寮、転輾遷徙由香港広東転至滬上……故英商恵爾司尼与之最暱。（小玉生。大阪出身で、家が貧しく宿屋に売られてついに娼寮に落ちぶれた。彼女もはじめは香港へ渡航し、そして転々として上海へ渡り、「恵爾司尼」なるイギリス商人が彼女ともっとも親密な関係を持っている。）

艶梅生、東京土橋人。七歳来華……迎新送舊、座客常盈。潮州方某客海上、以二百娶之。方家道中落、旅嚢又罄、無可如何、遂令艶梅重操故業、於是緑頭巾一頂甘戴終身。初居四馬路、継遷桂馨里、今則人面春風、不知何往。（艶梅生。東京土橋の生れである。七歳の頃に中国に来て、妓女になった後、常に人気があった。時に方という潮州の男は上海で寓し、彼は二百金を使って、艶梅を娶った。ところで、方家が没落し、また旅費も尽きたので、方は仕方なく艶梅を元の商売に戻らせて、自分は一生甘んじて緑頭巾をつけることにした〔緑頭巾をつけるとは、人に妻を寝とられることの喩え〕。初めは四馬路に住み、次に桂馨里へ移り、今はその行方は不明である。）

また、王韜は「東瀛才女」のなかで、登場人物である五人の東洋妓女のうち、阿中、阿超、阿玉三人の来歴を書いている。それによると、阿中はもと西京の芸者で、隣家の娘が上海で大金を儲けて帰ったのを見て、それを羨み、大阪の女友達と上海にきた。阿超は神戸の女学生で、学校で除名されて堕落した。彼女もはじめ香港へ行ったが、気候に慣れないため上海に渡った。そして阿玉はもと東京の芸者で、浙江省の商人陳鳳巣が五百金を使って阿玉をその母親から買い、そして彼女をつれて中国の故郷へ帰った。ところが陳がまもなく亡くなり、依拠を失った阿玉はやむを得ず上海で旧業に戻った。

以上の記述から見れば、個々人の名妓の家庭背景、また上海へ渡航した経緯は実に様々である。彼女たちの共通点の一つは、上海に入る前にすでに玄人の娼婦であり、またほとんどの人がたいへん曲折かつ悲惨な境遇を体験したということである。このような悲惨な話を文人たちがわざわざと評語の一部として書き入れたのは、もちろん人々の「憐香惜玉」（女子を愛護するまた色を好むの意）の情を引き起こすためであろう。苦難に遭遇した妓女のもとを訪れ、さらに妾として娶ることは、当時の人々の立場からすれば、風流韻事のみならず、その妓女を救う大きな善挙でもあった。

名妓たちのもう一つの共通点は、強い流動性である。妓楼の間で転々とする人もあれば、地域間で頻繁に移る人もいた。たとえば小玉生、大玉生、阿超の三人はいずれもまず日本から香港へ、そして上海に辿りついたのである。周知のように、香港は上海と同じように、近代以降急速に成長した都市であり、両都市の密接な関係は、かつてコーエン（Paul A. Cohn）が「香港—上海回廊」（HongKong-Shanghai corridor）と呼んだほどであった。清末中国の沿海地域出身の代表的な知識人、たとえば王韜、鄭観応、唐景星、容閎などはいずれも両都市の間を移動しつつ、人生の大半を送ったのである。[102] 小玉生らの経歴から見ると、都市間で顛沛の苦しみを経験した東洋妓女もかなりいたようである。名妓と文人のこの共通の人生体験は、あるいは両者の関係を親密にさせた一つの理由かもしれない。

四　東洋妓女礼賛

花榜の評語としてもっとも欠かせない内容は、妓女たちの容姿に対する紹介である。美貌は妓女が花榜に選ばれる必須条件であり、それに対して文人たちは惜しまず多くの筆墨を費やした。たとえば『海上中外青楼春影図説』には、東洋妓女たちの容姿について次のように描写されている。

三三生。円姿規月貌、潔白若蓮花而蘊藉風流、一洗娼家之習。（豊満な姿で月のかんばせ、肌が蓮の花のように潔白で、それとともに風流も含蓄する。まったく娼家の臭いはしない。）

宝玉生。円貌豊膚、肌滑不能留手……粉肌玉貌、月満雲舒。（円い顔と豊満な体、滑らかな肌に手を留めることはできない。ピンクの肌白い顔、あたかも満月と広がっている雲のようである。）

花渓生。香軟可愛、貌潔白、在環肥燕痩之間。（香わしく、柔らかく、可愛い。純白な顔で、体格は楊貴妃と趙飛燕の間。）

紅梅生。貌豊腴、碩而且長、玉立亭亭、有碩人之目。（容姿は豊満、長身であり、ほっそりして立ち、美人の目がある。）

渓田松秀。年十九、喜修飾、珊瑚釵股羅挿満盈頭。玉立亭亭、臨風展笑、見者疑為天上神仙、不知為人間麗質也。（年は十九歳、おめかしをするのを好み、珊瑚のかんざしなどを髪にたくさんつけている。ほっそりと立って微笑む彼女の姿を見た人は、彼女が天の神仙だと疑い、俗世間の美人とは思えない。）

麗玉生。秀涵秋水、艶抱春華、白玉無瑕、其媚在骨。（上品、艶麗、清らか、その色っぽさは骨にある。）

土田碧城。秀外恵中、丰韻欲絶。（上品な外貌と聡く賢い内面、風韻が人を絶倒させる。）

作者はここで想像を馳騁しながら、様々な形容詞、比喩、古代中国の典故を駆使して、時に長い美文を使って女たちの行状をきわめて文学的な表現を用いて語っているのである。美貌の他に、もう一つの名妓たる条件として、文人たちと会話を交わす能力である。『海上中外青楼春影図説』で作者の感嘆はさらに次のように続く。

宝玉生。能操上海方言。雖土人聞之亦莫能弁。（上海方言を操り、現地の人が聞いても弁別できない。）

紅梅生。京師官語、海上方言皆能洞暁、中国歌唱一経入耳即能作声。（北京の官話も、上海の方言もみな通暁して、中国の歌もいったん聞くとすぐ歌える。）

小玉生。英国語言尤能熟悉。（英語がもっとも上手だ。）

艶梅生。寧波、上海、蘇州、広東、天津各処方言皆能洞暁。（寧波、上海、蘇州、広東、天津の各地の方言にみな通暁する。）

名妓のなかには、北京の「官語」を始め、上海と各地の方言ないし英語まで話せる人がいた。言葉が通じることは、妓女たちにとって「華洋雑居」の上海においてできるだけ多くの客を招来するための不可欠な条件だが、日本の女性たちがもっている驚異的な適応能力に対して、作者はやはり驚嘆を禁じえなかった。そして前述の呉友如の詩「強いて華言を作して姓名を道ふ、情に関らざる処は最も多情なり」の一句も示しているように、言葉の交流を通じて文人たちは東洋妓女に対してある種の親近感を抱

くようになり、また言葉そのものから愛嬌さえ感じたのであった。

　花榜評語のもう一つ重要な内容は、名妓たちがそれぞれもっている技芸に対する紹介と評価であった。たとえば『淞南夢影録』のなかで上海「十万名花」の筆頭と称される三三生は、妓女というよりむしろ漢詩を学ぶ文学少女として紹介されている。それによると、三三生は城北公という文士に従い毎日詩を学び、一年も立たないうちからその詩文はすでに鮮やかで見る値打ちがあったという。また『海上中外青楼春影図説』には、宝玉生が中国の歌曲、特に揚州や北京の歌を良くするものとされ、麗玉生が三味線とピアノの名人とされている。『淞隠漫録』には、「東瀛才女」のタイトルも示しているように、ヒロインの東洋妓女たちはいずれも優れた才能の持ち主として

▶図35　日妓歌舞

◀図36〜39　日本名妓の艶姿

図40　「東瀛才女」挿絵

設定されている。詩文ともに巧みな小華生、絵を長じる阿玉、草書を書くこと、唐詩を読むこともでき、さらに料理も上手な阿超。この作品の物語も、東洋妓女たちの「才女」ぶりの前で文人たちは如何に魅せられたか、といった内容である。また遊里案内ではないが、『点石斎画報』のなかにも東洋妓女の歌や踊りをテーマとする絵が見られる。「日妓歌舞」と題するこの作品は、天長節の時に「日妓」たちが街へ出て、管弦楽器を演奏しながら扇子の踊りをする場面である。そして画中の文章には彼女たちのパフォーマンスが「視聴之娯」を極めたものとして賛嘆されている（図35）。

極端に誇張して東洋妓女たちの美しさと教養の高さを称える文章とともに、これら花榜類の出版物にはたいてい関連する挿絵も多く配されている。たとえば羽子板遊び、三味線の稽古、傘を持ち佇んでいる東洋妓女の姿、東洋妓女と客が文筆を玩んでいる場面など、彼女たちの日常生活のなかの様々な側面が絵の題材として描かれている（図36〜40）。これらの絵は、昔から伝えられてきたいわゆる「百美図」の類であるが、名妓たちが才色兼備の女性として和服姿で登場している。おそらく画家の心のなかでは、上海花柳界のスターになった彼女たちがもはや中国歴史上の美人や才媛たちに比肩できるほどの存在とすらなっていたのであろう。

五　東洋名妓の影響

花榜の評語と挿絵から、東洋妓女の「色」と「芸」に対する上海の男たちの傾倒ぶりがうかがえる。実際、東洋妓女びいきに多くの中国人の男がいたことは紛れもない事実である。東洋妓女たちが「異域花」として歓迎され、一人の妓女をめぐって、男たちがあたかも魂を奪われたかのように、我れ先に金銭を投じていた。あるいは女の芳心を得ようとする男たちの間で、互いに焼き餅をやいたり悶着が起きたりしたこともしばしばあった。たとえば名妓土田碧城の場合、二人の名士が彼女をめぐって争いをする話は、彼女の名妓たる所以を説明するための材料にもなっている(103)。

「異域花」を好む男たちのなかには、少なからず文人がいた。その一つの証拠は、東洋妓女が数多くの竹枝詞や、楹聯《えいれん》を贈られたことである。『海上中外青楼春影図説』によると、某文士が名妓三三生に「後三三詞」四首を贈った後、その原韻に合わせ他の好事家たちが作ったいわゆる「和詩」は後を絶たなかったという。あるいは宝玉生の場合、彼女に惚れた倚雯楼主は一気に寄懐詩十二章を書いたのである。このような文字遊戯は、文人と名妓の交流手段であると同時に、時に名詩名句を生むきっかけでもあった。累日主人なる人はかつて宝玉生に楹聯を贈ったが、その内容は「我為黄浦江頭客、卿是紅楼夢里人」という一句である。漂泊する男と紅顔薄幸の女を対比するこの楹聯は、文人たちにとって特に感慨深いものであるのか、『春江花史』にも『海上中外青楼春影図説』にも引用され、賛嘆された(104)。

ひたすら日本の「才女」たちを求めてやまない上海の風流文人たちが多かったのはなぜか。このことについて王韜は『淞隠漫録』のなかで他にも理由があることを暗示している。「東瀛才女」には、碧霏なる貧しい風流文人と東洋妓女阿玉の物語がある。それによると、碧霏は阿玉の才色に惚れただけでなく、彼なりの打算もあった。ちょうどそのころ中国人の書画が日本で非常に人気が高く、日本で成功した中国文人についての伝聞は上海に広く伝わってきた。それを知った碧霏は、貧困脱出のためにも、阿玉を内助として一緒に日本へ渡ろうと考えていたのである。物語の最後で、二人は王韜の助けを借りて、ついに夫婦の契りを結び、盛大な宴会を開いた後、日本行きの船に乗り上海を去っている。明治初期に日本へ行って成功を収めた中国人の詩人や画家は、衛鋳生、王寅、葉慶頤など確かに多かった。しかもこれら成功者がほとんど上海出身の文人であったことも、すでに王宝平の研究によって明らかにされている[105]。ちょうど東洋妓女が出稼ぎのために上海へ渡ったのと同様、科挙試験の狭き門を通れなかった上海文人のなかに、日本人の書画愛好を狙い、日本で一攫千金を得ようとする者があらわれた。また、こういう相互需要があったからこそ、東洋妓女と上海文人がいっそう緊密になり、また碧霏と阿玉のロマンスが生まれたのであろう。

さて、花榜による東洋妓女の宣伝は、当時の上海社会に様々な影響を与えていた。その一つは、中国妓女のファッションに現れている。東洋妓女の真似をして和服を着る中国妓女の姿は、花榜や絵入り新聞に時々見られた。このような装束は当時「東洋妝」と呼ばれていた（図41、図42）。清末上海の中国妓女は「旗袍」（チャイナドレス）の発明者として知られているが、彼女たちは実は本来の漢民族の服装以外に、「古式妝」、「西洋妝」、「広東妝」など古今中外様々な服装にもチャレンジしていた。そのなかで「東洋妝」も一つのファッションスタイルとしてある時期にかなり流行っていた[106]。図41は「東洋妝」姿の中国名妓、図42「花様一新」は、ある嫖客が様々な装束の妓女を集め、それぞれのファッションを競わせているにぎやかな場面である。画中の文章によると、この嫖客の意中の妓女は和服を好む人物であるという。

また、中国人が直接接触できる日本女性と言えば、東洋妓女にほぼ限られていたので、彼女たちは時に日本女性を代表する存在として見なされることさえあった。上海文人が礼賛する対象も、東洋妓女に

図41　顰効東施
呉友如「海上百艶図」のなかの一枚、「顰効東施」とは日本女性の装いを真似する意味であろう。同じ構図の作品は『海上名花四季大観』にも見られ、画中名妓の名はそれぞれ華月琹と龔麗卿とされている。

図42　花様一新
「日本装」をはじめ、「旗装」、「男装」、「道姑装」、「泰西装」、「燕趙装」、「粤装」を着ている妓女たちの大集合。

止まらず、一般の日本女性全体へと拡大する。たとえば『淞南夢影録』で、黄式権は日本女性に対する全体的印象を次のように語っている。

日本女子皆膚如凝脂、髪如髹漆。幼時双髻垂肩、憨痴可愛、大有「妾髪初覆額、折花門前劇」之意。長則雲髻高梳、飾以珊瑚或犀角簪、腰囲長帯、闊尺許、長至丈外、倒巻而垂其余、若襁負然、唇塗泥金以為美観(107)。

日本の若い女はみな肌が白くてつやつやで、髪がうるしのように黒い。子供の頃に束ねた髪が肩に垂れ、無邪気で可愛くて、「妾髪初めて額を覆い、花を折りて門前いそがわしい」の意が大いにある。成長すればもとどりを高くくしけずり、珊瑚あるいは犀角のかんざしを飾る。腰に長い帯をし、ひろさは尺ばかり、長さは一丈以上である。帯を逆に巻いてその余る部分を垂らし、赤ちゃんを背負うようである。唇に泥金を塗って美観とする。

黄が最初に日本を訪れ、一般の日本女性を目にしたのは、上の文章を書いてから約七年後の一八九一年のことである。彼がいう「日本女子」は、どこか吉原遊郭の太夫の姿を連想させるが、盛装する東洋妓女の姿によって作られたイメージであろう。三三生などの東洋妓女との交際を通じて、すべての日本婦人が美しいというような幻想さえこの文人の心の中に生まれたのである。

文人たちの日本女性幻想は、彼らの「東洋趣味」の一部である。これについてのくわしい紹介は第三部に譲るが、このような幻想が日本に対するある種の親近感から由来したということだけをここでは指摘しておこう。日本女性幻想と対照的になっているのは、欧米から来た女性に対する文人たちの悪辣な評価である。同じ『淞南夢影録』のなかで、黄は「日本女子」の美しさを称えながらも、スペインの女を除いた欧米人の妓女を全員「歴歯蓬頭、無異夜叉変相」（鋭い歯と乱れた髪、夜叉の変相と変わらない）のような怪物とし、人はそれを見るだけで心が寒くなったという[108]。

花榜の評定はその後も続いた。一八九〇年代以降、『遊戯報』を創刊した李伯元が旧来の花榜を改革し、個人による評定の変わりに、公衆投票によって妓女のランクを決め、さらにその結果を新聞に公表するという新しい方法を採り入れた。これをきっかけに、花榜の人気がさらに高まっていき、名妓たちもますます輝く存在となった。しかし、その時点ですでに東洋妓女は花榜から消えてしまっており、東洋茶館の繁栄ももはや往事になっていた。東洋茶館が急に廃れた理由は、在上海の日本領事館の厳しい取締のためであった。

第十二章　東洋妓女に対する法律統制（一）

一　租界の日本娼妓問題

清末上海の日本居留民は十里洋場の寄生者として、複数の勢力――西洋人の利益を代表する租界当局、中国皇帝によって任命された地方官府、それから明治政府の在外機構である上海領事館――が織りなす権力の網のなかに置かれていた。どの権力機構も日本居留民の主体である東洋妓女を問題視していたが、それぞれの対応は異なるものであった。

大清律例では、娼妓そのものが禁じるべき存在とされている。したがってなんとかして対策を講じて租界の妓女を一掃することは、清朝官僚が果たさなければならない一つの役目であった。一八六九年十月、上海道台が各国領事に照会の文書を送り、公共租界の会審公廨（mixed court）を通じて租界内の堂名、花煙間（妓館とアヘン館）は一カ月以内にすべて廃業するよう命令した。実際の措置として、会審公廨は妓館の建物を没収したり、妓女を帰郷させたり、あるいは妓女を強制的に結婚させたりした。

ところで、無謀ともいえる清朝官府のこの行動は、工部局側から協力もなく、マスコミからも支持されなかった。結局、取締政策は功を奏するどころか、早々に流産してしまうという結末になった。[109]このような取締は、もちろん治外法権をもっている日本人にはなんの法的な効力もない。しかしながら、この禁娼政策がそれなりの影響力をもっていたことは事実であった。後述するように、清朝官憲の公式観点を反映する二つの新聞社説が間接的影響を及ぼし、東洋妓女たちの運命を大きく変えたのであった。

清朝官府のはっきりとした態度と比べて、租界の行政管理機構である工部局が日本娼妓に対して講じた対策は、曖昧なものであった。工部局の基本政策について簡単にいうと、租界内の娼婦を出身地によって中国娼妓と外国娼妓に二分して、別々に管理措置を採った。中国娼妓に対して、工部局はその合法性を認めながら、西欧的公娼制度を取り入れて一部の中国妓女（つまり広東出身の「鹹水妹」たち）に対して強制的に性病検診を行うことにした。一方、外国娼婦（主として欧米から来た者）に対して、『工部局董事会会議録』には、ただ午後三時から六時までの間に彼女たちを公衆の前に出没させないよう、董事会が警察側に命令を伝達した、という記録が残されているだけである。[110]また『海上中外青楼春影図説』によると、イギリス領事は中国人と西洋人娼妓との性交渉を禁止するといった内容の禁令を発布したらしい。これは西洋人の健康を守るための措置か、あるいは単に中国妓館が西洋人を拒むことに対する報復かは不明であるが、その禁令が中国人にもたらした誤解はまったく喜劇的であった。当時巷間で飛ばされていた噂によれば、西洋の女性が中国人とセックスしたら、西洋の男と交わるより妊娠しやすいので、この禁令が作られたというのだ。そして中国人とよく接していたイタリア娼婦の亜弗沙が、何回も妊娠したという理由で花榜に名を掲げることもできた。[111]

日本の娼妓に対して租界当局が採ろうとする管理措置の主旨は、鹹水妹に対するものと同じであった。一八七七年三月十九日の工部局董事会で、日本娼妓は性病検診を受けるべきとの議案が決められ、また同月二十六日の会議では、日本領事がこの決議に賛成するという意見を董事会に伝えた[112]。しかし、実際のところこの議案はほとんど実行されなかったようだ。一八七九年の租界納税者会議で、ジェミースン医師（Dr. Jamieson）のスピーチのなかに、日本妓館（Japanese houses）がまだ性病検診を免除されていることが言及されている。また一八八三年五月の租界警察報告によると、江西路一八九号の妓楼に五人の日本婦人がいるが、病院へ行って医者の検診を受ける人は誰もいないという[113]。租界当局がこのように消極的に対応した理由は、治外法権と領事裁判権によって租界警察が直接的に日本娼妓を処罰することはできないことや、東洋茶館の興起によって、日本の女たちがもっぱら中国人の客を引いたことなどにあると考えられる。西洋人と直接の利害関係が顕著ではなかったせいか、一八八三年から一八八六年に至る間、東洋茶館は最盛期を迎えたにもかかわらず、その話題は工部局董事会の会議記録にはほとんどなかったのであった。

東洋妓女の取締は、結局、駐上海日本領事館によって行われた。租界当局の曖昧な姿勢とは対照的に、洋妾問題に無関心な日本領事館は、東洋茶館に対する態度が積極的になった。外交官たちの態度の裏に、旅券管理の問題及び日本の「体面」の問題が抱えられていることはすでに述べたが（第九章を参照）、さらに日本人のメンツの問題と関連して、東洋茶館や東洋妓女に対する苦情がかなり多かったことも、一つの理由であろう。たとえば一八八四年上海総領事発信外務省宛の公信七七号のなかに「今日ニ至リテハ洋人ハ無論支那人ト雖モ少数身分有之候徒ハ嫌悪誹謗無所不至遂ニハ港内我官商ノ妻女偶々其夫ト他行候際矢張売淫者流ト誤タレ嘲弄侮辱ヲ蒙リ候迄ニ立致申候」[114]とあるように、日本人居留民や旅行者にとって、女たちの存在がまさに「我邦ノ面目ニ関係ス」云々といった抽象的な問題ではなく、自分の日常生活が擾乱され、また自分の名誉も傷つけられた身近な問題であった。かれらの声は領事報告を通して外務省へ伝わり、ついに上海領事館の取締行動を促したのであった。

二　日本領事館の取締措置

上海領事館が対策を講じはじめたのは、東洋茶館が繁昌して間もない頃のことであった。最初の取締措置を公布するに至るまでの経緯について、日本外務省の記録に次のように書かれている。

明治十五年六月上海領事館ヨリ渡清婦人約束条案ヲ添へ密売淫ヲ防クノ方法ヲ上申シ其主眼ハ旅券ヲ不帯者ハ渡航スルヲ不得ノ法ヲ設ケ又無旅券者ニハ乗船切符ヲ売与セサル等ニ在リ猶十二月売淫罰則並売淫処分定則ヲ添へ伺出タルニ付之ヲ修正ヲ加ヘテ指令セリ指令ハ翌年五月也……[115]

明治十五年（一八八二）六月に上海領事館が早くも「渡清婦人約束条案」と「売淫罰則並売淫処分定則」の草案を作り、それを外務省に提出した。半年後、外務省は両者を合併・修正し、さらに正式の名称を「売淫罰則並売淫処分内規」と変えて領事館に返送して、それを実行するよう通達を出した。この内規の詳しい内容について、『外務省警察史』に次のように掲載してある。

明治十六年十一月三十日附吉田外務卿発信在清国上海品川総領事宛通達（原文写）
書面伺出ノ売淫罰則竝ニ売淫懲罰処分定則ハ別紙ノ通更定施行スヘシ
但売淫懲罰処分定則ハ内規ト相改ムヘシ本件ハ司法省ニ於テ関係無之ニ付当省限リ指令ス

（別紙）

売淫罰則

第一条　凡ソ売淫者及ヒ媒合容止及指令者初犯ハ銀貨十五円以内再犯以上ハ銀貨三十円以内窩主初犯ハ銀貨二十円以内再犯以上ハ銀貨三十円以内ノ過料ニ処ス

第二条　過料金ハ言渡ノ日ヨリ十日以内ニ納完セシム若シ期限内ニ納完セサル者ハ一円ヲ一日ニ折算シ入獄ニ換フ其一円ニ満タサルモノモ一日ニ算入ス

第三条　入獄ノ後タリトモ本犯又ハ親族其他ノ者ヨリ納金スルトキハ其経過日数ヲ控除シテ出獄セシム

売淫処分内規

一、売淫罰則ヲ以テ処分スルトキハ成ル可ク現行ヲ認メ又ハ確証ヲ得テ処分シ嫌疑若クハ風聞ノミヲ以テ処分セサル様注意スヘシ

一、罰則ヲ犯ス者ト雖モ悔悟シテ自首スル者及ヒ人ノ指令ヲ受ケ其情状ノ憫諒スヘキ者ハ初犯ニ限リ其以後ヲ戒メ罰ヲ宥恕スルコトアルヘシ

一、罰金ヲ科スルニハ資力ノ有無ヲ分別シ其所定金額内ニテ適宜量定スヘシ(116)

内規の日付はここで明治十六年となっているが、明治十五年の間違いかと思われる。内規の内容は、主として売春行為に対する罰金と監禁などの処罰を明記しているものだが、外務省側が目論んでいるのは、このような罰則を通じて日本女性による売春組織を壊滅しようということであった。

「売淫罰則並売淫処分内規」が施行されて間もなく、日本人居留民の行動を戒めるべく、領事館はさらに別の新しい規則を打ち出した。それはすなわち明治十六年九月二十五日に公布された「清国上海居留日本人取締規則」である。規則は九条からなっており、その詳細は次のとおりである。

一、飲食店、旅籠屋の営業を為すものは、領事館の成規に従ひて願出許可を受くべし
一、上海に来る内国人は到着より四十八時間内に其趣を届出すべし、但、已むを得ざる事故ありて、届出延引したる時は其事故詳細に申出べし
一、転居旅行帰国等は其前日迄に届出べし但、届出の時日なきものは、其事情を申出べし
一、護照を受けずして猥りに清国内地を旅行すべからず
一、商店を開くものは少なくとも三日前に届出べし
一、結髪者断髪者に拘らず帽子を冠らずして外出すべからず
一、婦人にして謂れなく断髪し又は男装を為すべからず
一、男女外出する時は、必ず相当の衣服を着用すべし
一、室内と雖も往来より見透かす場所に永く裸呈袒裼或は股を露はす等の都而見苦しき所行をなす

べからず
以上の諸件に違背するものは、一日以上十日以下の拘留に処し、又は五銭以上一元九十五銭以下の科料を処す。但し、他の法律規則に明文あるものは其本条に従而処分すべし[117]

因みに、この新しい規則は旧来の「在留邦人心得假規則」を改正して作られたものである。かつての假規則は明治六年五月十四日に上海領事館が「開化人民の風儀」を養成するために通達したもので、全十六条からなっている。その内容は、特に「開化の人たるに背」く事項、たとえば「場所に非ずして道端へ大小便いたす」や、また「雨中に非さるに雨下駄にて往来する者」、「花園又は路傍の草木を折取る者」などが細かく列挙され、居留民たちの注意を促している[118]。それに比べて、新しい「清国上海居留日本人取締規則」は、居留民に対して日常生活レベルの「文明開化」を要求している他に、特に居留民の義務についていくつかの条目が付け加えられたのである。領事館による管理の強化こそがこの新規則の主旨であった。

三　取締の表と裏

ところで、淫売消滅のための「売淫罰則並売淫処分内規」と管理強化のための「清国上海居留日本人取締規則」はなぜ相次いで打ち出されたのであろうか。両者の間に矛盾はないものの、政策の方向性が異なるのははっきりしている。明治十六年にこの二つの規則が同時に実行されるようになったことは、日本政府が上海居留民の売淫問題の他、生活上の風紀問題や管理強化の問題を一挙に解決しようと決心したというより、上海領事館が現地の状況に基づいて、居留民の管理を実現可能な方向へ転換したといったほうが実情に近い。というのは、そもそも「売淫罰則並売淫処分内規」というものの本質は――後年榎本（武揚）外務大臣の表現を借りれば――「法律ノ結果ニ出タルニアラスシテ単ニ政府徳義上ノ一措置ニ過キ」ないものであった[119]。言い換えれば、内規に書かれた条項は当初、実行の可能性を考慮した上に作られたものではなかったのである。それに上海領事館のほうも、外務省との往復文書に積極的な態度を示したものの、この規則をじっさい真面目に実行する気がはじめからなかったようだ。

内規が発足してから二年余り後、明治十八年六月十日上海領事館の安藤太郎領事は外務省に報告書を出し、明治十五年の末から明治十七年九月に至る間における領事館の売淫取締の経過について次のように回顧している。

一体右取締タル従前ハ当館唯附属書記生ノミニシテ殊ニ明治十六年売淫処分内規中ニ其現行又ハ確証ヲ認メテ処分云々ノ条有之候ヨリ館務多忙ノ際ハ巡視モ不行届随テ懲戒ノ方法不相立候ニ付到底右淫風矯正取締整ヘ候ニハ此一事ニノミ専任仕候者無之テハ処分内規等実行難相成ト存シ……[120]

つまり上海領事館が売淫取締を実行してから、それを担当する専任スタッフは一人も置かず、ただ一人の書記生が兼任しただけであった。明治五年当時日本領事館の仕事は、「支那上海港出張同所我国人民取締申付候事」、「支那日本貿易筋に付監督申付候事」、「支那官員交際并上海在留欧羅巴同盟各国官吏親和の事」の三つがメインだったが、日本は領事裁判権を有するので、総領事はまた判事の職務も担当し、さらに「上海郵便局総轄兼勤」も命じられていたので、「館務多忙」は確かである。[121]書記生が一人で現行や確証を得てから女たちを処分することは事実上実行困難であることもいうまでもない。要するに、明治十六年以後の長い期間、上海領事館が売淫取締にほとんど手を加えなかったというのが実情に近いのであろう。

上海領事館が取締に力を入れなかった理由について、安藤領事のこの報告には主にスタッフ配置の問題や規定内容の非現実性に帰結しているが、実際はもう一つ理由があった。それは娼妓に対する当時の日本人の一般的な観念に関わっていたのである。同じ時期に日本国内でも遊女解放運動や、廃娼運動が盛んに行われたが、それは元々外部世界からの圧力によって始まった動きであり、あるいは日本を西洋的な意味で「文明国」に近づけるための手段に過ぎなかった。現実の日常生活のレベルにおいては、むしろ伝統的な風習や考え方が依然として残っており、西洋の舶来思想と並存していた。ことに娼妓問題において、一人の日本人が時に伝統と近代の二つの価値観を同時にもち、それぞれ本音と建前として使い分けるケースはしばしば見られた。たとえば、同じ時期に日本廃娼運動の先頭に立った植木枝盛について、三宅雪嶺『同時代史』巻三のなかで次のように紹介している。

植木は特殊の人物にして、自由民権運動に力ありたるも、多少の疑を招けり、廃娼を叫びつつ娼楼に登り、人の之を詰るや、答へて曰ふ、廃娼主義なれど、娼妓の存在する間、之を使用す。[122]

植木のような人物は、上海にもあった。「渡清婦人約束条案」と「売淫罰則並売淫処分定則」を立案したかの品川忠道総領事も、廃娼を論じながらも、私生活ではけして東洋妓女を拒まない人物であった。一八八四年に上海を旅行した儒学者岡千仞が、明治十七年六月十七日の旅行日記にこの事実を暴露している。

是夜。在レ埠邦人張二宴咸和館一。餞二品川領事一。往会。東妓弄レ絃。歌呼酣醺。頓為二在レ郷之念一。[123]

品川忠道、幼名は英輔、天保十一年（一八四〇）長崎に生まれた。品川姓は由緒あるオランダ通詞の家柄で、吉雄姓や楢林姓と比べて格下に当たる。出島に出入りする「阿蘭陀行」の丸山遊女を見慣れていたはずの彼にとって、「東妓」を呼び歌や酒などの遊興を楽しむことは、当たり前のことかもしれない。因みに、品川領事の下で売淫取締を担当していた書記生は大倉雨村（一八四五～一八九九）なる人物である。雨村は新潟生まれの文人画家で、最初は長崎で遊学していたが、明治五年（一八七二）上海に渡航して張子祥、胡公寿の諸家に六法を質し、ついに留まって職を領事館に奉ずることになった。上に文人気質と旧家出身の官僚がいて、下には女たちに依存してはじめて商売が成り立つ多くの日本商店がある。このような状況では、売春反対の声がいくら高くても、取締が結局机上の論で終わってしまったのはむしろ必然の結末であった。

一八八四年後半に入ると事態が少し変わった。同年六月に品川忠道の代りに安藤太郎（一八四六～一九二四）が新しい総領事として就任したのである。鳥羽藩生まれの彼はキリスト教の熱心な信者であり、晩年にはさらに禁酒運動に専念する精神家として知られた人物である。東洋茶館を一掃しようと本気で考えた彼は赴任の直後に、最初の挙動として「長崎ヨリ事慣タル巡吏二三名派出」するよう外務省に要求した。そして同年九月に入って日本人巡査が上海に到着し、大倉書記生と協力して努力した結果、ついに醜業婦「幾名カ発見処分致」こともできるようになった。[124]『上海百話』によると、四人の日本人警察官が来滬した後、東洋茶館に踏み込み、さらに長崎の博徒青木権次郎を日本に追い払った。そしてこの時期から「安藤領事の醜業婦恐慌時代」に入ったという。[125]

しかし、安藤本人はこの段階の努力を成功したものとはまったく思っていなかった。その理由は、逮捕された「売淫者流」を処置するにあたって、思いも寄らない問題が起きたからである。前述明治十八年六月十日の安藤領事の報告には、「（醜業婦は）巨大ノ科料ハ上納難致ヲ以テ其都度入獄ヲ以テ換用候処館内獄裏余地ナキニ至レハ無余定期内之ヲ解放スルカ又ハ他ニ犯者アルモ不問ニ措キ候」と述べ、当初現状無視で作られた政策を実行することがいかに無理かを強調している。そしてこの惨澹たる結果に面して、彼はついに「罰則ノ主意更ニ不相立百事徒労ニ相帰シ」の感嘆さえ発したのである。[126]

第十三章　東洋妓女に対する法律統制（二）

一　上海社会の反応――論説「論滬北東洋茶館宜商禁止之法」

一八八二年以降日本領事館による娼妓取締は、上海の中国人社会のなかで様々な反響を呼んだ。風流文人たちにはもちろん不満が多く、黄式権は『淞南夢影録』に、品川領事の禁令を「煮鶴焚琴」（美そのものをだめにしてしまう殺風景な行動の喩え）の挙とさえ風刺している。[127]一方、禁娼賛成の意見も少なくなかった。しかし賛成者であっても、日本当局の対応はその不徹底性がゆえに、けっして満足できるものとは思っていなかった。禁娼賛成の意見は当時の中国語の新聞にしばしば載せられ、なかでも二つの論説が大きな波瀾を起こし、最終的に日本外務省の姿勢を変え、さらに女たちの運命をも変えてしまったのである。

一つの社説は一八八五年五月十九日付『字林滬報』の「論滬北東洋茶館宜商禁止之法」である。長いタイトルだが、租界の東洋茶館を禁止する方法について検討すべきだ、という意味である。この論説が発表されて十日後、その内容が日本語に摘訳され、「上海にある日本売淫女の評」と題して同月二十九日付の『郵便報知新聞』に掲載された。摘訳とはいえ、かなり長い文章である。以下まず引用してみよう（傍点は原文）。

妓館ノ設ケ春秋ノ時斉ノ管仲女閭三百用ヒテ以テ商売ヲ招キ富強ヲ致スニ始マル是ヨリソノ後通都大邑ト夫ノ水陸輻輳ノ地妓館アリテ以テ羈旅ニ便セサルハ莫シ甚シキハ粉白黛緑屋ヲ列シテ居ルニ至リ昔人之ヲ称シテ客妻ト曰ヒ行室ト曰フ、官吏聚市ノタメニ計ルヤ但タ其レヲシテ姦ヲ作シ科ヲ犯スノ藪、財ヲ傷リ俗ヲ敗フルノ尤ヲサラシム亦タ姑ラク耳ヲ掩ヒ鈴ヲ盗ミテ禁ヲナサス夫ノ上海ノ若キ濱海ノ一県治ヲ以テ通都大邑ニアラスト雖モ固ト水陸輻輳ノ地ト称スル所也況ヤ泰西ノ通商総滙シテヨリ以来租界漸ク闢ラケ中外雑処、商売咸集、之ニヨリテ洋場妓館ノ盛ナル他処ニ数倍ス情勢ノ必至スル所深ク怪ムニ足ラサルニ似タリ其最怪ムヘキ所ノモノハ向来ニアリテ花煙間タリ近来ニアリテ更ラニ一ノ東洋茶館ヲ増ス独リ此二項ヲ穢鄙ナリトシテ乃チ之ヲ妓館ノ外ニ別タントスルニハアラサル也妓館数等ヲ分チ書寓タリ長三タリ幺二タリ住家タリ品類参差亦タ高下清濁ノ別アリト雖モ然カモ一席ニ十余元ヲ需ムレハ則チ店夥一月ノ俸也声価既ニ高ク要スルニ腰纏充足セルモノニアラスンハ入ルコト得ス即シ入ルトモ亀《ヒツパリ》若クハ鴇《ヤリテ》亦タ白眼ヲ以テ相加ヘン故ニ接客既ニ少ク其人ヲ害スルヤ亦少シ花煙間及ヒ東洋茶館ニ至リテハ則チ然ラス一ハ売煙ヲ借リテ名トナシ游人ヲ勾引シテ但タ一段ノ杖頭資ヲ費ヤサシム即シ銭ヲ得レハ横マニ押褻ヲ陳シ備サニ醜態ヲ極ハム略ホ自重ヲ知ルモノ鼻ヲ掩テ過キサルハナク殆ト逼視スルニ忍ヒス一ハ売茶ヲ借リテ名トシテ過客ヲ招来シ其門ニ進ムモノ祇タ銀蚨両角（我二十銭、報知記者）ヲ須ヒハ便ハチ高座ニ踞シテ恣マニ飲啖スヘシ而テ所謂ル日妓ナルモノ亦タ相與ニ接踵シテ前ニ至リ駢肩シテ酬応ス客或ハ一時興ニ乗シテ別ニ賞識スル所アリハ則チ慳嚢中ノ鷹餅一枚（墨西哥弗一枚、報知記者）ヲ消セハ便ハチ手ヲ携テ房ニ入リ白昼、大体雙ノ故事ヲ演スルヲ得可シ其式ハ花煙間ト異リト雖モ究ニ其実花煙間ト同シ査スルニ此項ノ銷金窩ハ本ト従前滬上ニ無キ所之レアルハ茲三四年ナルニ過キス其始メテ俑ヲ作ル時亦僅カニ一二家ノミ物罕レナレハ珍トスルニ足ル見ルコト少ケレハ怪多シ文人雅士亦タ或ハ偶々一過問スソノ後胡蘆様ニ依リ儼然皮肉生涯中ニ於テ一幟ヲ添樹ス是ニ於テ寛衣広袖磐髻高屐ノ輩渡海紛来或ハ日人自ラ雛姫ヲ購ヒ之ヲ挈ヘテ斯ニ至リ以テ纏頭ノ微利ヲ博スルニ由ルアリ或ハ華人利ヲ見テ艶羨シ特ニ海外ノ佳麗ヲ雇ヒ携帰リテ奇貨ヲ居クニ由ルアリ風気ノ開ク所群屯類聚近コロ且サニ英法両租界ニ遍満シ駸々乎トシテ花煙間ヲ駕シテ其利ヲ分奪セントス蓋シ花煙間ハ皆下流賤娼ノ帰スル所タルヲ知ルカ故偶々足ヲ渉レハ流輩ノ訕笑ヲ招ク此ニヨリ皆ナ顧忌之ヲ避ク独リ其東洋茶館ヲ視ルハ彼レ此レヨリ善シトナシ其値モ亦タ廉、妓館ノ舗ナク花煙間ノ齷齪ナク故ヲ以テ遊蜂浪蝶阮嚢羞渋セルモノモ各々魚ヲ取リテ熊掌ヲ舎ツルノ意ヲ挟サミ聊カ異味ヲ借リテ稍ヤ饕餮ヲ解ク蟻ノ羶ヲ慕ヒ蠅ノ臭ヲ逐フカ如シ実ニ今日洋場地面第一不雅観ノ挙タリ其此ヲ業トシ此ヲ嗜ムモノニアリテハ固ヨリ責ムルニ足ラス吾レ独リ解サセルハ夫ノ日本領事ト夫ノ日本各巨商トノ近ク滬地咫尺ノ間、耳聞目見ノ下ニアリテ之ヲ驅リ之ヲ禁シ亟ヤカニ一ノ処置良法ヲ籌カルコトヲ思ハサルノコトナリ是レ誠ニ何ノ心ソヤ将タ日俗本ト婦女ヲ重モンセスト謂フ耶然レトモ其重洋ヲ渡リ賤業ヲ営ムニ任カスハ其国体ニ於ル豈ニ妨クル所ナシトセン将タ此亦タ経済中ノ一道ナリト謂フ耶然レトモ泰西ノ通商ヤ均シク貨ヲ恃ミ東瀛ノ通商ヤ兼テ人ヲ用ユ能ク欧美各国ノ笑ヲ貽スコトナカラン吾レ故ニ謂フ東洋茶館ノ一項ハ応サニ日本官商ト商同シ之ヲシテ自カラ計ラシメンコソ其勢最モ順ナラメ若シ但タ華官ノ令ヲ下スヲ以テ禁止セントセハ猶水ヲ防クニ其流ヲ塞テ其源ヲ清メサルカコトシ仍ホ有名無実ノ事ニ属スル耳云々(128)

馬光仁『上海新聞史』によれば、『字林滬報』は英字新聞『字林西報』（*North China Daily News*　一八六四年創刊）の中国語版として一八八二年五月に創刊されたもので、主筆は蔡爾康（一八五二〜一九二?）、論説の書き手は李平書（一八五四〜一九二七）である(129)。蔡爾康は別号「縷馨仙史」、どちらかと言うと風流文人の類の人物で、「論滬北東洋茶館宜商禁止之法」はおそらく李平書の作であろうと思われる。この文章のなかで、作者は次のように論法を展開している。冒頭のところに彼はまず一般論として娼妓の弊害を説き、つまり妓女はたとえ旅商人を慰め、また市場繁栄に役立つのであっても、やはり「姦ヲ作シ科ヲ犯ス」「財ヲ傷リ俗ヲ敗フル」一面があるので、禁じるべき存在であると。次に作者は東洋茶館と中国妓楼を比較しながら、東洋茶館を特に禁止すべき理由を説明する。彼によると、中国妓館には二種類あって、ひたすら暴利を貪る高級妓楼と「齷齪（不潔）」極まる低級の売春宿。両者は悪質な経営がゆえにかえって「接客既ニ少ク其人ヲ害スルヤ亦少シ」。これと比べて、東洋茶館が「雛姫」「佳麗」を抱えながらもあらゆる客を受け入れ、しかも「微利」を得ることだけで満足する。当然の結果として東洋茶館が極度に繁昌してしまい、「洋場地面第一不雅観」の場所となる。最後に、作者は東洋茶館の存在そのものがすでに「欧美各国ノ笑」になってしまったことを強調し、また国の名声のためにも責任をもって東洋茶館を排除することが必要だ、と日本の「官商」に助言する。
　この論説は「欧美各国」云々を言及しながらも、いうまでもなく同じ時代イギリスの廃娼論者が強く主張する女性の権利や女性解放などの観点とはまったく無縁であり、作者があくまで旧来の儒学礼教的な立場から娼妓反対の意見を述べているに過ぎない。文章の内容や論法についての分析はさておき、ここで注目すべきなのは、むしろこの論説がもたらした日本側の反響である。一つの反響は、『郵便報知新聞』のこの文章の前に加えられたまえがきからうかがえる。

　我邦の婦女の海外行を検束すへしとの意は前年以来本社に於て屡々痛論せる所なるか本月十九日の字林滬報は「滬北東洋茶館宜ク禁止ノ法ヲ商カルベキヲ論ス」との題にて一篇の社説を掲けしの其論穏当にして我邦人たるものは赤面して同意を表するより外はなかるへし平素穢鄙の事を何とも思わぬ支那人をして斯る言をなさしむるに至りてハ自余各国の人将に我れを何とか謂ハん……(130)

「平素穢鄙の事を何とも思わぬ支那人」からの意見に対して、日本のマスコミがここでその論を「穏当」と評し、屈辱を感じながらも頷いたのである。一方、マスコミの見方に影響されて、日本外務省側は責任者としてさらに激しい反応を示した。『郵便報知新聞』が論説を掲載してから二日後、まず素早く動き出したのは当時の外務省長官の井上馨であった。明治十八年六月一日付の井上外務卿発信安藤領事宛の通達では、次のように述べている。

本月十九日発兌字林滬報九百八十一号「論滬北東洋茶館宜商禁止ノ法」ト題スル一項ハ厭迄我居留人ノ売淫ヲ罵言シ延テ貴官ノ不注意ヲ誹謗スルモノニ有之滬報ノ所信ヲ置ニ足ラスト雖モ又幾分其實ナシトモ難保候右ニ付テハ我報知新聞モ去ル二十九日ヲ以テ之ヲ公ニシ亦外国新聞上訳出ノ義モ有之不体裁至極ニ候其他売淫ノ義ニ付テハ豫テ屡々申進候次第モ有之且ツ夫レカ為巡査モ被派遣候程ノ義ニ付取締不相立候テハ不相立義ニ有之処右等ノ不体裁外国人ノ歯牙ニ相懸リ候様ニテハ御国体ニモ相関シ不容易義ニ候間尚一層御注意有之充分取締相立候様致度右ハ該滬報既ニ御閲覧ニテ夫々取締方御計画有之候事トハ存候へ共此段為念申進候也[131]

この通達のなかで井上外務卿は安藤領事の「不注意」に対する「誹謗」の言論を半信半疑しながら、「御国体」に関わる問題として新たな取締計画を要求している。これに対して、悔しさを隠せない安藤領事は、半ば自己弁護の目的で長い報告書を書いた。これはすなわちすでに前にしばしば引用された六月十日付の安藤領事報告である。同報告では、安藤領事はこれまでの領事館の対応の経緯を回顧した後、さらに自己防衛のための反論を出している。日本国内において日本人の「渡来ノ抑制方法」などが採られていないにもかかわらず、ひたすら上海領事館だけを責めることは、「恰モ上流ヲ濁ヲシテ下流ノ清潔ヲ求ムルニ斉シキ」と[132]。

二　上海社会の反応――論説「上海の日本人」

『字林滬報』論説の一件がまだ落着せぬうちに、日本女性の問題に関するもう一つの論説が上海の『申報』に掲載された。論説の題は「請日員約束日人説」（日本の官吏よ、日本人を戒めろ）で、内容は「論滬北東洋茶館宜商禁止之法」と大同小異である。当時、『申報』は『字林滬報』とライバル関係であり、同様の論説を掲載することはある種競争の現れとも言えよう。

この論説に対して最初に反応を示したのは、安藤領事であった。この文章が英語に訳され、同年七月二十一日に「上海の日本人」（JAPANESE IN SHANGHAI）と題して上海英文紙の重鎮『上海メルキュリ』（*The Shanghai Mercury*）に転載されたからである。安藤領事は、日本女性の売春問題が西洋人のメディアに注目されたことで、事態の重大さを感じたのである。事実、この論説には直接的に日本領事を責める文句が目立ち、これがさらに領事の神経を刺激したに違いない。たとえば次のような表現が文中に見られる。

We heard sometime ago that the Japanese Minister had instructed the Japanese Consul to drive all the Japanese women back to their native country if they were found to be prostitutes here, but nothing since has actually been carried out... We hope Japanese Consul will obey his Minister's last instructions and to detect vicious Japanese and to send them back to Japan, so as to avoid being regarded as impolite.(133)

話によると、日本の総理大臣が日本領事に対して、いかなる日本女性も、もしここで娼妓として見つけた場合は本国へ駆逐するよう命令を下したが、しかし実際には何事も行われていない……我々は、日本人が無作法と見なされるのを避けるために、日本領事が総理大臣の先の命令を守り、不道徳な日本女性を見つけだし、そして日本へ追い払うことを希望する。

七月三十一日に安藤領事は吉田清成外務大輔宛に公信を送り、そのなかで彼は次のように述べている。日本人「売淫婦女」一件につき、西洋人の新聞には「連日其弊害ヲ痛言シ延テ、御国体ニ迄論及」した。なかでも最も大きな反響を及ぼしたのは、『申報』から転載した論説であり、すでに「一片之申報大ニ世間之注意ヲ擾起シ既ニ反訳迄登録ニ相成候次第ニ付右様各紙上ニ続々掲載相成」とまで発展してしまった。そして安藤領事の個人的見解として、「実ニ一日モ難捨置候」という事態の重大性に鑑み、直ちに「巡査増員之一項ハ是非共至急御裁可被下候様偏ニ奉懇願候成」と取締強化を要求する。さらに説得力を増すために、彼は前述の記事を『上海メルキュリ』紙から切り抜き、手紙に添付して外務省へ送ったのであった。(134)

三　日本外務省の新措置

明治十八年七月、ちょうど国内外の世論攻撃のさなか、日本外務省がついに本格的に取締の行動を発動した。三年前と違い、今度の取締は日本国内と上海の両方から、いくつかの方面にわたって同時に開始したものである。外務省の企てとして、徹底した管理の強化を通じて一挙に問題を解決しようとしていたのであった。

日本国内で打ち出された新対策は、まず女性の出入国を厳しく管理することである。七月に外務省から大阪府並びに五つの県の知事（長崎、福岡、山口、兵庫、神奈川、翌年に東京府知事にも同断の通達を出した）に内訓を通達したが、その主な内容は次のとおりである。

今後婦女ニシテ清韓両国及其他ノ国へ渡航スル者ハ人ノ妻若クハ幼女ノ其夫又ハ父母ト同行スル者ヲ除キ身分営業及渡航ノ目的等ヲ問糺シ若シ正当ノ渡航ト認ム可カラサル者ハ旅券下付セス懇々説諭ヲ加ヘ其ノ渡航ヲ差止メ候様可被致(135)

当局は単に女性の単身海外渡航にメスを入れただけではなく、同時に三菱会社や共同運輸会社など船会社に対して、それぞれの船が清国、朝鮮へ発航する際、密航者の取締に力を入れるように要求した。

一方、安藤領事が率いる上海日本領事館側も「尋常手段ヲ以テ此醜体ヲ掃除スルノ難」しさにかんがみ、八月にまず「清国上海居留日本人取締規則」の改正に着手した。具体的に言うと、その第一条の規定を、従来の「淫売者」および「媒合容止及指令者」を単に過料の処罰を与えるという内容から、「風俗ヲ壊乱スルニ至ルヘキ者ト認定スルトキハ一年以上三年以下在留ヲ禁止スル」と変え、より重い処罰を設けるようになった。それから、安藤領事がかねて強く要請した日本人巡査の増員も同月に決められた。さらに、逮捕された二犯、三犯に対して、「精々説諭ヲ加ヘ自費ヲ以テ帰朝」させるという新しい対策も採りいれた。そのなかで、「一銭ノ貯蓄無之」貧しい人に対しての領事館の対処法はまず「其所有品取纏メ同人等得心之上売却」をし、同時に三菱会社に「難民之廉ヲ以テ船賃割引」をしてもらい、最後に長崎警察所に通報した上、同人を上海から追放することである[136]。

日本国内と上海領事館が全力を挙げてこれらの取締措置をいっせいに実施した結果、八月には領事館がまず十九名の日本人を送還することに成功した。十二月になると、領事館は上海に「取締向モ行届左程醜体ヲ露ハス者無之」との報告を外務省に送った。ところが取締の成果はここまでであり、それ以降、事態は外務省が思いもよらぬ方向へ進みはじめた。上海での取締によって、女たちが「追々逃亡スル者モアリ又ハ茶館営業者中新嘉坡其他ノ地方ニ移転スル者モアレハ上海ハ其数ヲ減少スレ共厦門新嘉坡等ハ却テ増加」したという問題が新たに発生し、他の都市と連繫しない限り、外国における日本女性の売春問題がとうてい解決不可能であることが明らかになった。もう一つ、若い女性の単身出国を制限するための国内での旅券管理強化措置も、予想された効果を挙げることはなく、却って「旅行券ノ下附ヲ願出テスシテ密ニ海外ニ渡航スルモノ漸ク増加スルニ至レリ」の結末を招いたのであった[137]。

四　一八九〇年頃の日本茶屋

しかし、上海に限って見れば、この取締は一時的に功を奏したと言えよう。その証拠として、この時期、日本人居留民人口の大幅減少という注目すべき現象があった。沖田一の推定によると、一八八五年に千人ぐらいいた日本人は、一八八八年になるとわずか二五〇人しか残っていなかった[138]。

再び日本婦人の姿が上海で多く見られはじめたのは、日本当局の取締がピークを過ぎた後のことである。一八九〇年以後、上海の日本人居留民は、依然として「醜業婦」問題に直面しなければならなかった。明治二十三年（一八九〇）六月五日に創刊された上海最初の日本語週刊誌『上海新報』には、これに関する話題がしばしば掲載されており、たとえばすでに陳腐の論となった醜業婦取締の論調も相変わらず健在し（「鶴原新任領事に望む」、『上海新報』第一二号、一八九〇年八月二十二日）、あるいは「日本婦女六名呉淞口に跡を没すと」（『上海新報』第三三号、一八九一年一月十六日）のような、新たに連れられてきた日本女性についての報道もあった。そのようななかで、女たちの変化を端的に示しているのは、『上海新報』第二十一号（一八九〇年十月二十五日）に筆名「孤憤子」という読者が送った次の投書である。

在留邦人男女併せて無慮六、七〇〇名（研究所生徒を除く）の内女子は殆ど全数の二分の一を占む。其の女子は二三を除くの外、皆身を洋人又は清人に託するものなり。醜業婦なれども彼等は無教育にして醜業の醜たるを知らず、揚々乎たる之を他に誇示するの勢あり。[139]男子も彼等を遇するに同等の礼を以てし、儕輩として酒宴を開きなどするものありとの評あり……

上の投書によれば、東洋茶館の全盛期と比べて、この時期には変化がすでに生じている。まず、日本人居留民の人口構成から見れば女たちが相変わらず大きな比重を占めているものの、人口の全体数自体が減少してしまっている。もう一つ、投書のなかで女たちが「無教育」のものとされ、またそのほとんどが「身を洋人又は清人に託するもの」、つまり洋妾であることが指摘されている。これはいうまでもなく、かつて多数いた芸者たちがこの時点でもはや存在しないことを物語っているのである。

事実、一八九〇年以降、かつて「三盛楼」や「美満寿」のように、店の看板を堂々と出す東洋茶館についての記録はまったく見当たらない。これと関連して、この時期に出版された上海案内や「花榜」には東洋妓女の姿も消えてしまっているので、風流文人がもはや彼女たちを愛顧していないことは明らかだ。

東洋茶館の変化は同じ頃に上海にいた西洋人の観察からも裏付けることができる。およそ一八九〇年代の始めころ、前述の英文紙『上海メルキュリ』は「上海内外素描」（Sketches in and around Shanghai）というエッセーを連載していた。このエッセーは上海の各方面を紹介しており、そのなかに上海最大の歓楽街福州路（Foochow Road）周辺の詳しい描写があった。それによると、福州路界隈にはたくさんの日本茶屋（Japanese tea-house）が集まっており、その様子について次のように記されている。

Hence the numerous Japanese shops in Foochow Road. Yet what a difference there is between a tea-house in Japan and those in Shanghai! The "sign" denotes that the places are "conducted on the Japanese system," but over this "system" we must throw the veil of silence. Suffice it to say that these shops are run by the very outcasts of humanity. Situated in some back-alley, the places are musty hovels, hardly ever penetrated by rays of sun. We would not advise any one who through sheer curiosity visit one of these "tea-houses" to be persuaded by the fair (?) maids in waiting to partake of the stuff they offer one as tea. Though they charge only twenty cents for a cup (a few cakes â la Japonaise included), it is quite possible that one will have to spend a mexican or two at one's druggist's for medicine to remove the pernicious effects of the so-called "pure Japanese tea" —in all probability a mixture of last season's hay and weeds gathered near the Race Course. We wonder why the Japanese authorities, who only a short time ago adopted strict measures to root out the increasing evil at Shanghai, have not yet attempted to break up these haunts of profligacy, and dispatch the "unfortunates" to their native country. Difficult as it may be, it is certainly within the reach of possibility to bring these abandoned shop-keeper within the clutches of Japanese law.(140)

福州路には数多くの日本の店がある。しかし日本における茶屋と上海における茶屋はなんて違うのだろう。店の看板には「日本式で経営されています」と掲げてあるが、この看板を、我々はベールで覆い隠す必要がある。ただこう言うにとどめておこう。これらの店はまさに追放すべき人間に経営されているのである。店は裏の路地に位置し、かび臭いあばら屋で、日差しがほとんど通らない。まったくの好奇心でこれら茶屋を訪れる人が、給仕の美しい（？）少女にお茶として出される物を飲まないように忠告する。一杯のお茶にわずか二十セントしかとられないが（日本式ケーキも少々ついている）、このいわゆる「純粋な日本茶」がもたらした致命的な結果を取り除くための薬に、薬屋で一あるいは二メキシコドルかかる可能性は大きくある――お茶は前シーズンに競馬場の近くで拾った乾草と雑草の混合物である可能性が大きいのだ。不思議なのは、つい最近上海で増加する罪悪を一掃するために厳格な手段を採用した日本当局が、なぜこれら放蕩のたまり場を徹底的に取り除き、「不運な人々」を本国へすぐ帰らせることを試みないのだろうか。難しいことであるかもしれないが、日本の法律でこれら不法な店の経営者を送り返すのは十分可能である。

エッセーの執筆者であるJ・D・クラーク（John. D. Clark　一八四〇～一九二二）は『上海メルキュリ』紙の創設者かつ著名な評論家として有名な人物であり、また日本を熟知する西洋人の一人でもあった。胡道静の研究によると、英国生まれの彼は一八六一年に海軍の軍人として極東に来て、薩英戦争や下関の砲撃事件に参加した。さらに彼は一八六七年に海軍を辞めた後も、商人として日本に滞在することもあった。[141]上のエッセーで、上海の日本茶屋が刺々しい描写をされたのは、部分的な理由として彼自身の日本体験と関わっているのである。というのは、この文章の前に、日本国内の茶屋についての詳しい紹介がある。それによると、日本の茶屋はみな田園牧歌的（pastoral）であり、そのこじんまりした庭（diminutive garden）や選び抜かれた花（choice flowers）、それに小型の噴水（miniature jet d'eau）

からムスメ（musume）たちの黒い瞳に至るまで、すべて美しいものである。(142) 同じ日本茶屋といっても、異国情緒が溢れる日本の日本茶屋、人を落胆させる上海の日本茶屋、両者のコントラストはあまりにも大きかった。クラークがここで例の取締要請を再度提出するのは、彼の親日的な感情にもよるところがあっただろう。

五　外務省の方針転換

「上海内外素描」の記事はその後さらに一冊の本として纏められ、同じタイトルを用いて一八九四年に上海メルキュリ社より上梓されたのである。ところで、クラークが上海西洋人社会の大物とはいえ、彼の意見に対して日本側が反応を示すことはまったくなかった。なぜなら、日本外務省がすでに従来の方針を変えていたからであった。「上海内外素描」が出版される二年前の明治二十五年（一八九二）三月に、榎本外務大臣が清国、朝鮮、香港、シンガポール、桑港（サンフランシスコ）、バンクーバー各領事宛に内訓を送り、従来の取締政策について反省し、また次のように述べている。

（取締は）到底其姑息タルヲ免レスシテ之ヲ数年間実験ノ成績ニ徴ストモ其日的ヲ達シ得ヘカラサルハ明瞭ニ有之即チ向後ハ寧ロ之ヲ寛ニスルモ之ヲ厳ニスルノ方向ハ一転セサルヲ得サル場合ニ立至リタリト云ハサルヲ得ス尤モ自国人民カ海外ニ在リテ困難ニ陥ラス醜体ヲ顕ハササルヲ希望スルノ念ハ毫モ前日ニ異ルコトナシト雖モ益々我国民ノ勢力ヲ海外伸暢スルノ大方針ヲ執リ候以上ハ

些細ノ保護策ニ拘泥致シ居リ難キコトハ亦勢ノ然ラシムル所ナルニ因リ以来ハ我国ノ法律ニ牴觸セサル以上ハ我国婦女ノ海外渡航取締方法亦自カラ寛ナラサルヲ得サル義ニ有之候（下略）(143)

この内訓は、一八九二年の時点で、日本の外務省がそれまでの失敗を鑑み、政策の方向を変えたことをはっきり表明しているのである。外務省が自らの「大方針」をすでに「我国民ノ勢力ヲ海外伸暢スル」こととした一方、女の問題を「些細ノ保護策」と位置づけるようになった。したがって、今後の取締政策を従来の「厳」から「寛」へ「一転」させるのはやむを得ないことだと、榎本外務大臣は明言している。『上海メルキュリ』紙は日本女性の問題をめぐって、新聞記事、それから単行本でも言及したが、すでに取締に疲れきった日本の為政者は、その訴えをこの時点で馬耳東風にせざるを得なかった。

因みに、榎本がいう「我国民ノ勢力ヲ海外伸暢スルノ大方針」云々は、とくに女たちの海外進出を含んでいないが、同じ頃、女たちの活躍が日本に大きな経済的利益をもたらし、日本人の「海外伸暢」に貢献している、という認識は日本国内ではかなり一般的であったようだ。たとえば一八九一年三月十三日付の『上海新報』第四十一号に、「外国に於ける日本婦女保護法議案を読む」という文章が載せられ、なかに次のような意見が出ている。

或者曰く我国の婦女にして海外に出で洋妾となれる者亜細亜の沿海地を以て算するも大約殆ど二千人あるべし毎一名一ヶ月廿円平均とすれば一ヶ月の総収入高四万圓と為る又僅少の額に非らざるなり不知我海外貿易に従事するもの多くは金を持ち行きて遣い尽すの例なるが如しと雖も彼の洋妾

の如きは資本を投ぜずして巨金を得ざるはなし且つ支那沿海の日本人の多く住する所にある小店の如きは必ず洋妾の需要を以て立行くの姿あるをみる左さば此一ヶ月四萬弗の内半額を日本へ送る者とするも一ヶ年に積れば廿四萬弗となるにより我国今日の地位及貧富の程度に於ては之を黙許しては如何……(144)

洋妾たちの活動を「黙許」すべき理由として、ここで挙げられているのは、彼女たちが得た莫大な金銭収益、また女たちの成功とは対照的な日本商人の失敗、それから女たちの需要でしか維持することのできない「小店」の存在などである。この提案を出した「或者」はいったい誰なのかについては明言されていないが、執筆者は「嗚呼其れ何ということぞ」と憤った。「支那沿海地方の日本婦女の情況を実見」した彼は、たとえ「黙許」に値する理由があるとしても、「一層其の取締法を厳重ならしめんことを欲す」という立場であった。執筆者の道徳的立場を別として、女たちの活躍はすでに一大事業にまで伸びてしまい、さらに既得受益者の声も次第に強くなっていくなか、取締が重々困難であったことは事実だろう。明治政府からすれば、女たちの活動を無理して抑えるより、利用するほうがましだと打算したとしても、別に不思議なことではなかったのである。

実際、東洋茶館と東洋妓女が完全に姿を上海から消したのは、日清戦争が勃発した一八九四年以後のことである。上海は戦地ではなかったが、この年から日本人居留民の大多数は帰国を余儀なくされた。戦争という突然の出来事で、幕末から始まった日本婦人の上海進出、および彼女たちをめぐる葛藤と軋轢はすべて一時的に幕を下ろしたのである。

第十四章　日清戦争以後の日本娼妓

一　日本の女、再び上海へ行く

一八九四年〜一八九五年の日清戦争は、清朝政府が日本に対して、庫平銀二億両の賠償金を払い、四都市（沙市、重慶、蘇州、杭州）の開放、さらに「清國各開市場開港場ニ於テ自由ニ各種ノ製造業ニ従事スル」などの権利を与えることによって、やっと終結した[145]。両国が関係するあらゆる分野に多大な影響を及ぼしたこの戦争は、同時に東洋妓女たちの運命を変えた出来事でもあった。戦争中に一時に姿を消した彼女たちは、戦争が終わると、今度は戦勝国の一員として上海の街に再び現れた。しかし、戦争以前と比べて、女たちは大きな変化を見せた。簡単にいえば、彼女たちはもはやかつての東洋妓女ではなくなったのである。

上海における女たちの新しい動向について、一八九七年在上海日本総領事館の報告には、「今ヤ殆ド醜業ヲ以テ糊口スルカ如キ者ヲ認メサル」と楽観的に書いてあるが[146]、じっさいには戦争の終結と共に女たちの復活の兆しがすでに現れ始めていたのであった。大正七年（一九一八）に出版された『新上海』という日本語の上海案内書によると、明治二十七、八年戦役後、上海に住んでいる日本人居留民の数がようやく増加するなか、彼らの口腹を満足させることだけを目的としない「純料理店」が、日本人向けの「娯楽機関」と「慰籍機関」として、まず藤村家の女将なる人によって開業された。はじめの頃、彼女が仲居と芸妓を一身に兼ねて勤めたが、店は「海外生活の無聊に苦しみつつありし中流以上の」日本人たちの意に適い、たちまち繁昌した。そして一人ではもはや手が回らないこの女は、さらに仲居と芸妓を三、四人呼んできて、店の規模を拡大した。これをきっかけに、同様の店が次々と上海に現れ、なかには明治三十三年（一九〇〇）に開業した六三亭のような十八、九人の芸妓を抱えた大きな店もあり、それから大正六年（一九一七）頃に行われた領事館の調査では、「二百人位の芸妓と五十人位の娼妓」が数えられたのであった[147]。

二　中国人を相手とせず

『新上海』の記録が端的に表しているように、日清戦争以降上海に進出した日本女性は、大勢の中国人の男たちではなく、主に日本人居留民を相手として商売を行っていた。この事実は当時日本の「全国同盟料理新聞主幹」を務めていた三宅孤軒が著した『上海印象記』（一九二三年出版）からもうかがえる。同書には上海にある日本料理店の店名や住所、さらに一人ひとりの芸妓の名前が詳しく記録されている。それによると、二十四軒もある日本料理店のなかで、中国人にとって親しみのもてる店名はただ富貴楼の一軒しかなく、他は前述の藤村家や六三亭をはじめ、月廼家、濱吉、花松、あづまなどいずれも日本風である。また、芸者たちの源氏名も同様で、かの富貴楼でさえ、抱えている女の名はそれぞれ一奴、艶子、蝶之助、高丸、若子、ぼたんなど、中国人から見ればまったく趣のわからない名前であった[148]。

とにかく、上海で新しく開業した日本の貸座敷が中国の男に再び眼を向けなくなったことは事実である。このような変化が起きた一つの理由は、女たち自身が戦勝国の人間として、当時日本でしきりに「チャンコロ」と貶された戦敗国の男に、身を委ねるわけにはいかないという勝利者心理が働いた結果であるかもしれない。だが、それより重要なのは、なんと言っても上海の日本人居留民社会に構造的変化が起きたからであろう。かつて東洋妓女中心だった戦前の日本人居留民社会は、日本が中国から様々な特権を獲得したことによって、あっというまに男性中心の社会へと変わったのであった。当時の人口統計によると、日本人居留民の数が年ごとに大幅に増加する趨勢は非常に顕著であった。その人数は一八九九年に千人を超え、一九〇六年に五千人を超え、一九一四年に一万人に達した。桂川光正は、日本人渡航者のなかに男性単身者が多くあることに注目し、当時の日本人居留民社会が男性中心の「出稼型」の構成であることを指摘している[149]。大勢の日本人男性たちは、前述した料理店に抱えられていた数百人程度の日本人女性のターゲットとなり、そして彼らの歓心を買うために、店も女も日本風の名前を付けられたのであった。

客を変えた日本の女たちに、法律的地位においても根本的な変化があった。この変化の背景には、娼妓輸出論とも言うべき論調がこの頃日本国内のマスコミで台頭しはじめたことがある。鈴木裕子によれば、「フェミニスト」の評価があるかの福沢諭吉でさえ、「人民の移住と娼婦の出稼」という一文のなかで、公然と三つの理由を挙げて（一、これから「単身赴任」する男性に快楽を与えるため。二、海外各地で駐屯する兵士の気を和らげるため。三、娼婦自身にとっても、海外で金を稼げ、故郷にも送金でき、立派な家の一軒も建てられるようになること。）、娼婦の海外進出を支持しているのである。また、一八九六年に公布した「移民保護法」も、売春業者や娼妓に海外渡航を禁じていながらも、朝鮮と清国を除外していた。[150]

三　日本公娼制の導入

上海の日本人娼婦に対する日本政府の対応について、日清戦争前に日本外務省の取締はすでに「厳」から「寛」の方向へと変わったが、戦役後まもなく、上海の日本総領事はさらに一歩前進して一時的に日本人芸妓の人数を二十名と限定し、女たちの商売を事実上公認した。[151]そして、排除から管理へという領事館の姿勢転換は、その後相次いで公布された「芸妓営業取締規則」（一九〇五年）と「料理屋営業取締規則」（一九〇六年）によって明文化され、この二つの規則は日本式の公娼制度を上海に導入する法的根拠となった。[152]ただ、売春婦を公認することは他の外国人の手前、差し障りがあるという判断があったせいか、当時領事館あるいは上海居留民団の記録には、店と女たちに響きの良い名前を付けている。つまり、一般の料理店や芸妓を「普通」、「甲種」、「第一種」と呼び、それから日本国内の貸座敷や娼妓に相当するものを「特種」、「乙種」、「第二種」と呼ぶのが一般的であった。そして、「乙種芸妓」に対しては相当な税金が課せられ、日本人街の管理機関である居留民団の大きな収入源となった。たとえば居留民団の一九〇八年度の予算を見ると、それら女や店からの手数料収入は経常歳入の二二・三パーセントに当たる四七五〇ドルとなっている(153)。

因みに、戦前の上海における日本娼婦についてのもっとも詳しい調査は、昭和十年代に入ってから行われており、その記録は在上海日本総領事館警察署の報告「昭和十三年中ニ於ケル在留邦人ノ特種婦女ノ状況及其ノ取締並ニ租界当局ノ私娼取締状況」に見える。それによると、一九三五年の時点で、売春に関わる店の軒数およびそのなかの「特種婦女」の人数は次のとおりである。

一、芸妓。料理店置屋二七軒芸妓数二五七名、本年売り上げの金額は八五万九八〇〇圓になった。
二、酌婦（乙種芸妓）。貸席十一軒（内海軍慰安所七軒を含む）抱酌婦一九一名（内地人一七一名朝鮮人二〇名）、その他陸軍慰安所臨時酌婦三百名。
三、「ダンサー」。五軒の「ダンスホール」抱「ダンサー」三百名。
四、女給。「カフェー」及び飲食店一四七軒これに稼業する女給八二六名。
五、私娼。虹口及び楊樹浦の方面にて一五〇名内外（その大半は朝鮮人）(154)。

改めて強調するが、この二千人を超える日本人ないし朝鮮人の女性の多くは、主として日本人居留民や日本軍兵士を相手としていたのであり、中国社会との間に、むしろある程度の距離があったと認識すべきである。この距離感のせいか、郁慕侠『上海鱗爪』（一九三三年初版）によると、当時上海の中国人が日本人娼婦の集まっている北四川路を「神秘的北四川路」と称してさえいたのである。[155]

四　中国人のまなざしの変化

日本人の娼妓におけるこのような変化に伴い、中国の男たちも従来と異なるまなざしで彼女たちを眺めるようになった。男たちの態度の象徴的な変化の一つは、東洋妓女ということばが使われなくなったことである。たとえば光緒三十四年（一九〇八）に出版された『滬江色芸指南』という案内書には、上海における「幺二」クラスの妓女の名前および所属の妓楼を列挙する「幺二即堂名表」があり、なかには日本の女たちも登場しているが、彼女たちはそのまま「日本芸妓」と称されている。[156]また、時代がやや下るが、民国八年（一九一九）に出版された『老上海』という随筆に、著者の陳栄広がかつての「東洋茶室」の光景を回顧し、また日本領事が日本の「妖姫」たちを追い払ったことを述べた後、「前度劉郎」たち（一たび去ってまた重ねて来る者）が、「人面桃花」（以前佳人に遭った所にその人を見い出し得ない）の嘆きから免じ得ないと感想を述べている。[157]もう一例、『老上海』と同じ年に出た曽経滄海客著『中外冶遊指南』という中国全国ないし海外の歓楽街を紹介する書物でも、日本の女たちについて言及されている。それによると、上海の舶来品に「東洋妓」なるものがいるが、それを訪ねていく中国人はめったにいない。虹口あたりに住み、常に料理店を中心に集まっている「東洋妓」はいずれも「平常」（十人並み）の顔だ、などというふうに冷淡な口調で語っているのである。[158]

風流文人たちの感情を別として、もう一つ、上海社会の内部に大きな変化が起きたことも無視できない。民国初年頃は、経済の驚異的成長、都市規模のさらなる拡大と裏腹に、上海にいる妓女の総数は次第に減少の趨勢を呈していた。薛理勇の分析によると、都市娯楽の多様化、とくに遊戯場と映画館の大量出現が理由として考えられるが、もう一つ主な理由は、歌舞を生業とする一部の妓女が、近代的意味の芸人として妓女から分離したことであった[159]。かつて歌や戯曲を生業とする「書寓」や、「長三」などの伝統的な高級妓女は、この時代から次第に姿を消していった。それに伴い、もともと多義的な「妓」という言葉も単純なものになった。その変化を意識した一人の文人は、「妓」と題して中華民国八年（一九一九）八月九日付の『晶報』へ投書した。投書のなかで、彼は「妓」の意味の時代変遷について次のように説明している。

古時妓為女楽漢武帝置営妓以待軍士之無妻者是又兼薦枕席矣沿至今日妓之於楽已属末節所恃以為正当之営業者則売淫而已[160]

むかし妓は「女楽」であった。漢の武帝は営妓を置き、無妻の軍士たちを招待し、また女たちを彼らの枕席に侍らせる。今日に至ると、妓の世界に歌舞はすでに枝葉末節となり、それを以て自分が正当な営業をしていると自称する者も、じっさいは売淫するだけだ。

上海の妓女は単に売淫する存在として確実に「堕落」してしまった、と作者は嘆いている。それだけでなく、すこし前までスターとして上海の娯楽新聞紙におだてあげられた妓女たちは、今やもっぱら性病と関わりが深い、また反道徳的、女性の自由を侵害された象徴として見なされはじめた。とくに、第一次世界大戦中に軍隊の世界的規模での移動がもたらした性病の蔓延は、上海のマスコミで妓女に関する議論が盛んに行われたきっかけとなり、そこでも妓女はしばしば性病と結びつけて語られていた。一九一八年五月に、宗教と慈善事業に携わる十七の西洋人団体が「上海道徳促進委員会」(Shanghai Moral Welfare Committee)を組織し、公共租界における廃娼の問題をめぐって、工部局と激しい論戦を交わした。その結果、一九一九年の納税者会議で「調査淫業委員会」の発足が決められ、その後の一年間に、同委員会は二十二回の会議を開いた。他方、中国社会はちょうど「新文化運動」のさなかであり、中国人も次第に西洋人の議論に加わり、「上海淫業専号」など話題を呼んだ雑誌の特集号を出版するなど、廃娼賛成の意見が相次いでいた[161]。結局、日本当局が女たちをかつての「醜業婦」から「乙種芸妓」へと変身させた動きとはまったく反対に、同じ頃の上海の世論では、廃娼賛成の声が圧倒的に多かった。それによって、「調査淫業委員会」が提出した妓楼廃止の法案も一九二〇年五月ついに租界納税者大会で採択された(日本の娼婦は法案の対象外とされている)[162]。

この時代の風潮を背景にして、妓女との風流韻事を記述する文章は確実に減り、日本娼婦との関係についての言説はなおさら少なくなった。それどころか、かつて妓女を熱く語っていたかの上海の文人自身も、もはや時代遅れで、唾棄すべき存在とされてしまった。魯迅、周作人など留学帰りの新しい知識人たちが描いた「海派」文人のイメージは、ただ下品、無節操、権勢と利益に走る悪質な小人であった[163]。

もう一つ、日本の女たちへ向かう中国人のまなざしを変えた決定的な要因は、高揚しつつある中国人の反日感情である。当時中国と日本の間に頻繁に起きていた対立と衝突は、時に中国人の男たちの怒りを日本の娼婦に向かわせ、そして彼女たちを反日ボイコットの対象としたこともあった。一九一九年十二月十二日と十五日、『晶報』には「上海的東洋芸妓」という文章が連載され、執筆者の阿一は、「五四」風潮以来、学生諸君が調査した「日貨」（日本の商品）はいずれも「死貨」に留まり、「活貨」については未だに言及されていないと述べた後、上海の日本料理屋の店名、場所およびそれぞれの店が抱えている女の数を文章の後ろに羅列し、人々の注意を呼び起こしている。[164] 時代が下るにつれて、民族主義的情緒の蔓延がさらに上海案内書にも反映されるようになった。たとえば一九三〇年代前期に出版された『上海顧問』には、「東洋堂子」（日本妓館）を紹介する一節があり、冒頭の一句は「日本が吾国唯一の大敵」である。同じ文章にはまた、国際社会で跋扈している日本が「男女無恥」、「淫風熾長」の国であると述べ、そして日本人の娼婦に対する称呼は、かつての「東洋妓女」でも、またその後の「日本芸妓」でもなかった。著者の王定九は、女たちに「日本賤女」という名を冠したのであった。[165]

第二部小括

日本女性による「魔都」上海への進出は、一八六六年に「日本淑女」の渡航が報道されてから、一九四五年第二次世界大戦終結後に日本人居留民が上海から撤退するまで、約八十年間続いた。その間の歴史は壮大かつ複雑な様相を呈しているものだが、そのなかから近代日中関係の実像を浮き彫りにするための一つの試みとして、私は以上の叙述でこの八十年という時間を三つの段階に分けて分析してみた。つまり日本女性が主として西洋人を相手とする洋妾の時代（一八六六頃～一八七七年）、主として中国人を相手とする東洋妓女の時代（一八七八～一八九四年）、そして日清戦争後日本人を相手とする公娼制時代（一八九五～一九四五年）である。近代における日中交流の観点から見れば、そのなかでもっとも重要な事実は、東洋妓女と中国社会との間にかつて極めて緊密な関係があった、ということである。

しかしこの関係は、今までほとんど論じられることはなく無視されてきた。最近の研究において、たとえば倉橋正直は『北のからゆきさん』で、「からゆきさん」の海外進出の理由を中国労働者輸出とリンクして論じながらも、中国大陸なかんずく上海へ渡った「からゆきさん」を、中国人と関係をもたない「例外」的な存在として位置づけている。[166] また、上海娼妓の歴史を精緻に論じたゲイル・ヘルシャッター（Gail Hershatter）は *Dangerous Pleasures: Prostitution and Modernity in Twentieth-Century Shanghai*（『危険な快楽――二十世紀上海における娼妓とモダニティ』）のなかで、娼妓言説の語り手である中国文人が日本娼婦やロシア娼婦などに対してほとんど無関心であったとしている。[167] 上海の「からゆきさん」を分析するにあたって、十九世紀後期と二十世紀前期の状況がきわめて異なっていることを、ここであらためて強調したい。

そして第二部でもう一つ強調した点は、近代日中交流のなかで東洋妓女たちが大きな役割を果たした、ということである。東アジア伝統社会のなかで娼妓がけっして「売淫」だけを営む存在ではなかったことについてもはや贅言はいらない。現代社会に入っても、たとえば井上章一の研究で明らかになったように、玄人の女たちがポピュラー文化を発信し、リードしつづけている現象は現代日本で依然として見られるのである。[168] とすれば、当然のことながら上海に渡った「からゆきさん」も例外ではなかったはずである。上海繁盛記や花榜の記録が示しているように、歌手として、踊り子として、詩画をたしなむ「才女」として活躍していた彼女たちは、多様多彩な交流の担い手であり、文化の創造者であった。

最後に、東洋妓女物語のなかに、もう一人の主役が存在していたことを忘れてはならない。東洋妓女たちに傾倒し、礼賛の言葉を送り続けていた中国文人たち――近代的大都市に身を置きながらも、伝統的な意味での「風流」を求めてやまなかった彼らは、今日ではしばしば批判の対象にもなっている。しかし東洋妓女たちが上海の中国社会で脚光を浴びることを可能ならしめたのは、まさにこのような放縦で、退廃的で、奇異なライフスタイルがあったからこそのことといえよう。文人たちのライフスタイルは、快楽追求という露骨な欲望から生まれたものなのか、それとも伝統社会での挫折から生まれた玩世的精神に依るものなのか。第三部では私の考察は一人の上海文人に絞り、彼の波瀾に富んだ経歴および彼と日本との関係を主題とする。

第三部
上海文人の「日本」発見

王韜の日本旅行とその周辺

王韜像

はじめに

二十世紀前後における中日関係のもっとも劇的な展開は、いうまでもなく当時の中国社会のなかで「東遊」ブームが巻き起こったことである。すでに多くの研究者が報告したように、一八九六年から一九一四年までの十数年間、およそ数万人におよぶ青年が留学のために日本に殺到し、また、遊歴・視察の名目で日本へ旅立った中央と地方の官僚もおびただしくいた。マリウス・ジャンセン（Marius Jansen）に「世界史上はじめての近代化を目的とする知識人たちの大移動」、「それまでの歴史のなかの最大規模の留学運動」と評されたこの東洋留学・遊歴潮は、その後の中国の発展に絶大な影響を与えた出来事として知られている。(1) しかしながら、近代中日文化交流史研究の膨大な蓄積にもかかわらず、そもそも「東遊」ブームがいかなる歴史背景のなかで発生したかという基本問題に関して、ほとんど問題視されないままに今日に至っている。

この問題について、かつて実藤恵秀が実に単純明快な回答を提供してくれたことがある。「日清戦争に日本が勝ったからである」、と。(2) すこし説明を加えると、「蕞爾小国」日本との戦に敗れたことに、大きなショックを受けた当時の中国知識人たちは、日本が内憂外患の情勢のなかで成し遂げた西洋化の成果を吸収すべく、新知を求めてつぎつぎに海を渡った。他方、当時の明治政府もいろんな打算をもちながら積極的に中国人留学生を誘致し、彼らの来日をあたたかく歓迎していた。私見の限り、今まで「東遊」ブームの発生理由についての多くの議論は、おおむねこの文脈に沿って展開してきたのである(3)。

以上の説明は、留学生や遊歴官僚のなかのエリートや憂国の志士、つまり厳安生がいう「好学深思」組の人たちの渡日動機を解釈することにはたしかに有効であろう。しかし、彼らは「東遊」参加者の一部に過ぎず、それ以外に、いわゆる「厠身荘嶽」組(「第二夫人や第三夫人をもつ人間になりたい」という目的で勉学する連中。彼らは目的達成のために一高に入学し、日本人学生と雑居していた。厠身荘嶽は『孟子』語、霊山に身をそばだたせる意)ないし「漁色組」の人たちも少なからず存在していたことは、忘れてはならない(4)。言い換えれば、異なる社会背景をもち、さまざまな思惑をもつ参加者や便乗者が多くいたからこそ、「東遊」がはじめて一つの時代の風潮としての観を呈したのだ。この風潮の全体像や発生理由を探るには、当時の中国社会の内部に入り、より広い視野から考察を加えることが必要ではなかろうか。

この問題と関連して、今までの議論で歴史的連続性の問題がほとんど言及されなかったことも、遺憾な点であると言わざるを得ない。第二部で取り上げられた上海東洋妓女の事例が端的に示したように、日清戦争以前において両国間の民間レベルの交流がかなり盛んだったことは明らかである。両国間に東洋妓女以外に千絲萬縷のつながりがあったことも合わせて考えると、「東遊」ブームを日清戦争以降の東アジアの政治情勢がもたらした結果としてのみならず、それまで数十年間の民間交流が生んだ産物として捉えることも可能だと思われる。

第三部では直接「東遊」ブームそのものではなく、十九世紀末までの清日交流の背後にあった、今まで無視されてきた歴史のある側面を対象とする。以下、この時代を生きた一人の中国文人――王韜（二五七頁写真）をとりあげ、一八六〇年代以降の清日交流の時代背景、日本旅行を含む中国文人の対日交流の具体的な様相に焦点を当てる。この考察をとおして、後の「東遊」ブームを生み出す要因がその前の時代にすでに胚胎していたことは容易に推察できるが、それだけでなく、王韜を代表とする近代の中国文人にとっての対日交流の意味を私はさらに問いたい。以下の分析は、次の三つの課題に分けて展開する。

中国人が遊興の目的で長崎を旅行する現象が、江戸時代を通じて継続され、一八三〇年代前後に一つのピークに達したことはすでに述べた。ところで、アヘン戦争以後、旧来の唐人貿易体制が形骸化していき、荷物を満載した唐船の姿も東アジアの海からしだいに消えていった。中国と日本の間の海運を担う新しい主役として頭角を顕し始めたのは、欧米からやってきた蒸気船であった。第三部の第一の課題は、新たに誕生した海運システムのなかで、中国人の日本旅行がいかに展開されていたかということである。第十五章では十九世紀後半に上海から日本へ旅行した人々の記録を利用して、当時の中国人による日本旅行の様相を描き出し、また彼らの日本旅行を成立させた外部条件を見出す。

そして第二の課題は、王韜と日本との関係である。中国以外の世界に目を向けた最初の中国知識人の一人として、王韜が一八七九年に日本を訪れ、四カ月間にわたって日本に滞在したことは周知の事実。彼の日本旅行日記『扶桑遊記』は後に日中両国で上梓され、名作としての地位は今日においてもなお不動のものである。従来の研究では、王韜の日本旅行に対して、主に思想家としての彼の世界認識および近代化認識との関連から論じているが、『扶桑遊記』の至るところに記されている遊興記録に対してほとんど重要視してこなかったし、それら遊興記録に隠れている、一上海文人としての彼が成し遂げた「日本発見」の意味について認識されたとはなおさら言えないのである。『扶桑遊記』の意義を理解するためには、テキストの分析だけでなく、王韜という歴史的人物が置かれた歴史と社会の環境から、彼の生い立ちとライフスタイル、さらに彼と日本との関係を示す個々の事実を総合的に把握することが不可欠である。そこで私は王韜の人生経歴をたどりながら、「条約港知識人」としての彼の二面性を分析した上で（第十六章）、彼と日本との関わりを考察し（第十七章）、日本旅行がもたらした彼なりの「日本」発見の意味を明らかにする（第十八章）。

それから私はさらに、晩年の王韜が自らの日本体験に基づいて創作した文学作品について検討してみたい。ここでは王韜は思想家としてではなく、声色娯楽をテーマにして多くの作品を書き、清末上海のポピュラー文化を作り上げた代表的な文人として登場してくる。李斉芳の統計によると、王韜が書いた娯楽類の随筆や小説の数は、八つの書目の下に合わせて六十巻、五八四篇に達している[5]。これら膨大な作品を通じて、彼は娯楽文学の作家として、自らの政治や思想の世界と一線を画し、もう一つの独自の世界を築き上げたのである。彼の日本旅行に関連する作品として、「紀日本女子阿伝事」「橋北十七名花譜」「柳橋艶跡記」「花蹊女史小伝」「東瀛艶譜」の五つの短編があり、いずれも筆記小説集『淞隠漫録』と『淞濱瑣話』に収められているものである。後に述べるように、『淞隠漫録』と『淞濱瑣話』の両書は一八八〇年代半ばから二十世紀初頭にかけての十数年間に繰り返し出版され、当時多くの中国人に愛読されていたベストセラーであった。第十九章では、これら日本についての作品を紹介しながら、清末上海のポピュラー文化における日本の位置づけを指摘する。

これらの課題は、王韜の人間像をより深く理解するためだけでなく、彼が代表する近代中国の新しい知識人階層と明治日本との関係、ないし上海、香港などの東アジアの近代都市と日本との関係を究明するにも有意義であり、さらに中日両国の過去の生々しい姿を再構成するためにも不可欠であろう。

第十五章　日本旅行と上海ネットワーク

一　蒸気船時代の開幕

十九世紀半ば以降、清日関係には二つの画期的な変化が起きている。一つは交通分野の革命である。イギリス帝国主導の地球規模のコミュニケーション・システムの一環として、一八五九年P＆O（Peninsular & Oriental Steam Navigation Co.）が上海―長崎間航路を開通し、東アジアの海域において定期連絡船がはじめて現れた。連絡船として使われたのは、スピードに関しても定期性に関してもいうまでもなく帆船より優位に立つ蒸気船であった。そして蒸気船の登場によって、日中間の時間距離がさらに短縮し、数百年間も続いた中国ジャンク船中心の時代はついに過去のものとなった。P＆Oに続いて、フランスの帝国郵船会社、アメリカの太平洋郵船会社を始めとする多くの海運会社もその後次々と中国―日本航路の経営に参入し、近代的な海運時代が開幕した。[6]

この「時間と空間の抹殺」の時代のさなか、もう一つ大きな出来事が起きた。清日両国の間に修好条約が締結されたのである。一八七一年七月二十九日に『修好条規』が調印され、そのなかで両国の「商民」に対し「海岸ノ各港ニ於テ……往来貿易ヲ許スヘシ」と明白に規定している。この規定によって、両国の交流の場が従来の長崎一カ所から各開港港へと広げられ、また人々の移動も法律によって保証されるようになった(7)。

この二つの変化を背景にして、十九世紀後半の時点で中国人の日本への旅行者がいた事実は容易に想像できる。しかし、近世の徳川幕府が残した膨大な文書と比べて、蒸気船時代が開幕した頃における中国人の日本旅行の全体像を明確に示す史料は実際には意外に少ない。一つの原因は、当時の清朝政府も明治政府もこの問題に対してあまり関心がなく、公式の記録に中国人の日本旅行が言及されることはきわめて少なかったからである。現在いわゆる「東遊日記」(近代中国人の日本旅行記)は数百種も残されているものの、その大半は清朝官僚の手による日本遊歴と視察の記録であり、時代も日清戦争以後に集中している。十九世紀半ば以降の中国人の日本観光については、断片的な史料から垣間見ることしかできない。

二　アデン号の長崎ツアー

一八五九年十月一日にP&Oの上海―長崎間の連絡船が二週間に一回の頻度で運航しはじめて間もなく、それを利用して上海から長崎へ遊覧しに行った人がいたことがわかっている。これはかつて沖田一が『ノース・チャイナ・ヘラルド』の記事を調べたところ、明らかになった事実である。「上海史話」

によると、一八六〇年五月に香港、上海在住の西洋人二十七名（内女性六名）が集まり、アデン号に乗り込み、十九日から二十七日まで約八日間の長崎旅行をしていたのである。ツアー参加者の一人、ノース・チャイナ・ヘラルド紙の編集者であるコンプトン（C.S. Compton）は、一八六〇年六月二日付の同紙に紀行文を登載し、長崎に遊覧した一行の様子について次のように述べている。

長崎へ八日で往復し、その内四日は長崎で費やしたのであるから、此の蒸気郵船で世界の涯なる日本へ渡航した交通機関の発達には驚くべきものがある。故に最近私共が半島及東洋会社の汽船アデン号でなした愉快な旅行を記録せねばならぬ義務があると思ふ。僅かの日数の豫告で紳士淑女の一行が成立し、そして彼等は大抵親友同志であった。五月十九日土曜日の朝、旅行するため乗船した。十一時出発し、天気晴朗で、是は長崎への全航海中継続した。湾内に入る時の過ぎ行く島々や、港を繞る新緑の山々の麗しい風景は、既に文筆家に依り巧みに描写されて居る事であるから、此の愉快な旅行の短い記録で繰返す事は不必要に冗漫となる恐れがあるので略する事とする。到着後二日間は天気は快晴で、長崎の市内外や山々を散策する事が出来た。続く二日間は大雨であったが、市内の舗装宜しきを得てゐたので、大した不便なく歩く事が出来た。骨董趣味の人や好事家連は、日本の骨董、鳥、漆器、絹類を大量に蒐集しようとした。だが此の一行の目的が快遊と趣味である事が知れ亘るや否や、物価は二〇パーセント乃至五〇パーセント騰貴し、一分金はメキシコ弗に対し、三パーセント乃至二・四〇パーセント騰貴した。利口な乗客の中には旅費を増す代りに、旅費稼ぎをしようとする冒険家も出てきた。

紳士淑女の一行が全く快遊のために旅行して居るとの事実は、日本当局の信ずる処とはならなかった。彼等の見解は、此の訪問には何か秘密か邪悪な目的があるとし、婦人と云ふ平和的志望の証拠があったのだが、中々それ処か、私共の信ずる処では、其のため却て日本人の疑惑を増す結果となったのである。

二十五日午前六時、アデン号は濃綠色に取囲まれた山岳風景を離れ、二十六日の夜揚子江の濁流に到着した……(8)

右の文章は、蒸気船時代に入ってから「快遊と趣味」のための中国から日本への旅行に関する最初の記録ではないかと思われる。蒸気船によって、上海と長崎がわずか三日間の航海で結ばれるようになり、その早さはコンプトンをも驚かせたのであった。彼は文中でこのツアーを「愉快な旅行」と称しているが、この連絡船のけっして安いとはいえない船賃から見れば、アデン号の長崎ツアーがかなり豪華なものので、「全く快遊のため」に中国から日本を訪れることは当時においてまだ少数の人しか実現できなかったことが想像できる。(9)また、ツアーのメンバーには骨董趣味者が多く、彼らが所々に流露している優越感、自分たちの目的をまったく理解できない日本人に対する軽蔑的な態度は、彼らが当時東アジアにやってきた多くの冒険家や、亡命の輩と違い、裕福な階層の人たちであることを物語っている。ツアー参加者の名前を調べた沖田によれば、彼らは皆上海と香港在住の「知名の人士」であるという。蒸気船時代の開幕とほぼ同じ頃、中国から日本への旅行はこうしてまず西洋人の金持ちたちによって始められたが、「上海史話」のなかで沖田一は、西洋人たちの長崎ツアーはP＆Oが積極的に長崎遊覧旅行を計画発表した結果ではないかとさらに大胆に推測している。

三 「長崎島遊記」

一八六〇年といえば、ちょうど日本が正式に国際社会に参入した年であった。『ノース・チャイナ・ヘラルド』の記録によると、この年に日本から上海へ入港した船舶数は一三一艘であるのに対し、上海から日本へ出航した船舶数は一四五艘に達した。[10] アデン号の長崎ツアーは、まさに日中間の往来が頻繁を極めていった背景のなかで実現したものといえよう。

一方、中国人にとって一八六〇年という年は、ちょうど「華洋雑居」の上海租界が成立してから十五年目に入る年であり、西洋人たちがもたらした近代的な都市ライフスタイルが中国人社会に浸透しはじめた頃でもあった。[11] しかし、日本旅行が簡単に実現できるようになったことに対し、上海の中国人が一体どのように見ていたのかについては、これを直接に示す資料がないので詳らかではない。ただ、アデン号の長崎ツアーから二カ月後、太平天国の軍隊が上海周辺に対する攻撃を開始し、それ以降一八六四年に太平天国が鎮圧されるまでの大半の時間は、上海租界の周辺がいつも連綿の戦火に陥っていた状況であり、当時の中国人にとって、とても日本へ旅行するどころではなかった。[12]

ただ、戦火の真中にもかかわらず、日本旅行の意欲を示した中国人がないわけではなかった。高須藩士の日比野輝寛が残した「没鼻筆語」によると、一八六二年彼が「千歳丸」に乗って上海を訪れた時に、何人かの中国文人と出会い、そのなかの一人に、あざなで「鬼奴」と呼ばれ、輝寛と「気味相投」の人がいた。二人の筆談のなかで、「鬼奴」は「博聞広見」のためにもし日本へ「遨遊」することが実現できれば、自分にとって「人生之大福」であると述べている。それに対して日比野は「博学多才の人ならいい、そうでない人が行ったら首と足が場所を異にされる」と冷やかに答えている。[13]「鬼奴」がその後はたして日本へ「遨遊」に行ったかどうかは詳らかではない。

中国人が蒸気船に乗って日本へ旅行することに関する記録が初めて出たのは、私見の限り、一八七二年に入ってからのことであった。その証拠は同年十一月から発行された『瀛寰瑣記』の第二巻に掲載されている、「小吉羅庵主」なる人物が書いた「長崎島遊記」である。『瀛寰瑣記』はイギリス人メイジャー（E. Major）が創刊した雑誌で、近代中国における最初の中国語総合雑誌として知られている。一八七二年四月に『申報』を創刊したメイジャーは、それまで中国語新聞を発行していた西洋人宣教師と違い、新聞の編集を全部中国人に任せ、そして中国文士の投稿を歓迎すると標榜していた。その一番の具体策は、文人たちの書いた詩歌、論説が採用される際に、『申報』側が「概不取値」（作者から一切お金を取らない）という措置を採ることである。それまで文人たちは自分の作品を世に送るために、自費で出版するのが一般的だったので、この措置によって『申報』はたちまち中国人から多大な人気を博し、上海最大の新聞紙へと成長したのである。そして『申報』が誕生して半年後、詩文の投稿があまりにも多く殺到したので、ついにそれらの投稿作品を登載する専門雑誌『瀛寰瑣記』が誕生したのである。[14]したがって、「長崎島遊記」が掲載された一八七二年という年は、旅行記を含む中国文人の作品がはじめて無料で公表される場ができた年であり、中国人による日本旅行は、あるいはその前にすでに始まっていたかもしれない。

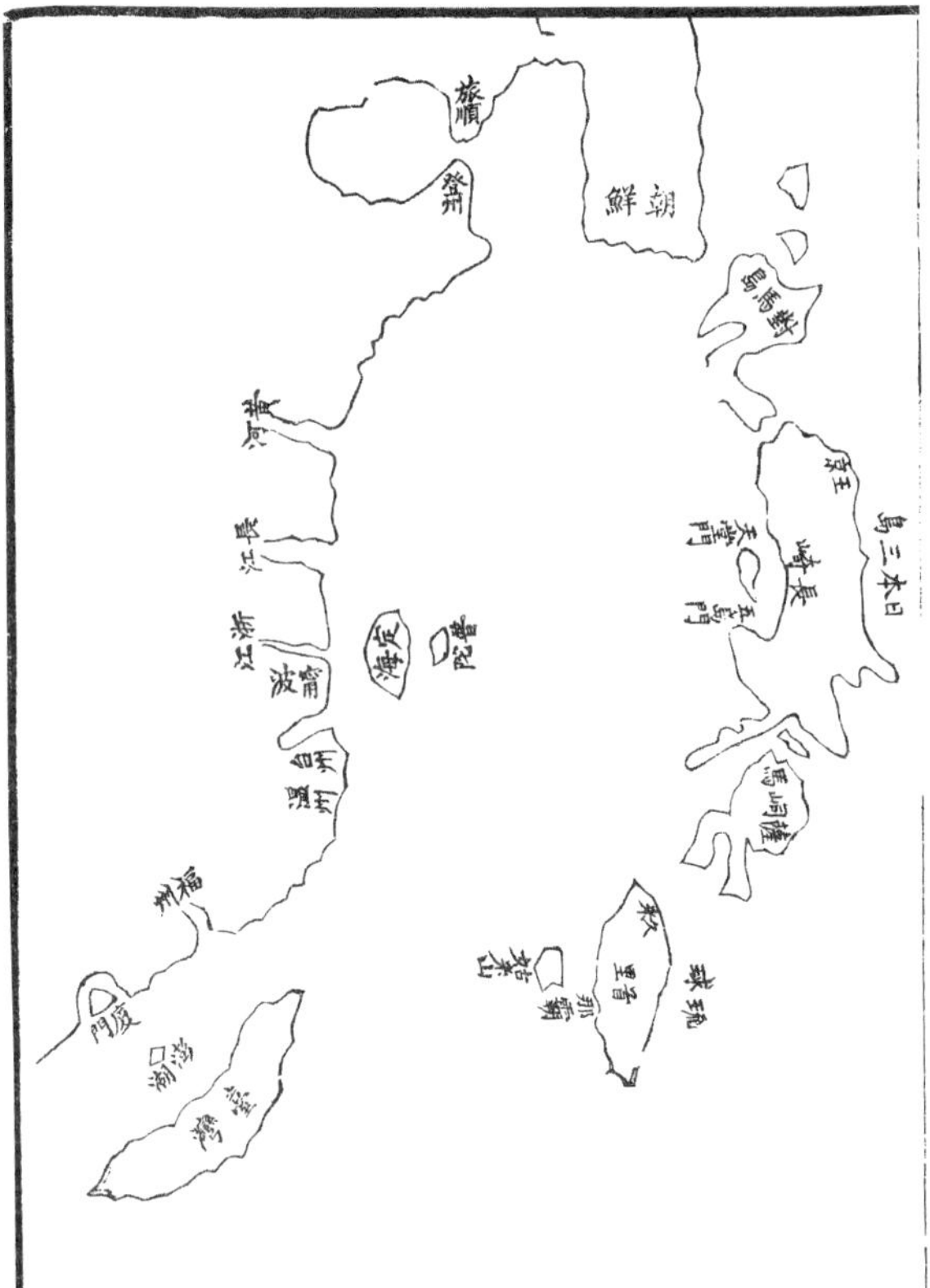

図43　日本三島
一八五〇年刊行の世界地理書『瀛寰志略』所載地図。

因みに、「長崎島」という言葉は今日から見ればややおかしな表現だが、それは日本の地理に対する当時の中国人の一般認識の反映といえよう。たとえば徐継畬が編纂した『瀛寰志略』（一八四八年出版）という有名な世界地理書のなかに、日本が三つの島（対馬、長崎、薩峒馬）からなっていると説明があるのもその例である[15]（図43）。もちろん、ここの「長崎島」はすなわち長崎港のことである。また、旅行記の作者である小吉羅庵主について、ハナン（Patrick Hanan）の考証によれば、本名が蒋其章（一八四二〜?）なる文人である。『申報』の編集者を務めた蒋は、イギリスの作家リトン（Edward Bulwer Lytton）の小説『夜と朝』（*Night and Morning*）を翻訳し、一八七三年から一八七五年にかけて二十六回にわたって『瀛寰瑣記』で連載した。これは中国における翻訳小説の嚆矢と言われている[16]。

さて、「長崎島遊記」にはいったいどのような日本旅行が記録されているのであろうか。文中の記述によると、小吉羅庵主は以前からすでに「東洋風景」についての話を聞いており、眼界を開くために「一遊」を決意した。彼は「萬昌公司」（アメリカのパシフィック・メール社）を訪れ、そこで旅行のスケジュールを決めたという。彼の長崎遊覧の日程は、十月十日から二十日までの約十日間のツアーであった。

この十日間のツアーは実に多彩なものであった。十日の朝九時に出航とともに旅が始まり、船内がきわめて「適意」で、食事も「精美絶倫」であった。十二日の午後二時に長崎に到着した後、小吉羅庵主はさっそく友人の家へ赴き、互いの「友朋之情素」を述べあって一日を終えた。翌日からの三日間は、「長崎街市」の見物、「島内山水」を遊覧、「書坊」（本屋）や「学館」（華人子弟の学校）や古い寺を回るのにそれぞれ一日を費やした。最後に十八日の夜に帰りの船に乗り、二十日の午後に上海へ上陸したのである。長崎滞在中に、小吉羅庵主は長崎の美しい自然と都市風景に陶酔しながら、今日の見知らぬ土地を訪れた観光客と同じように、生魚料理など異国の味、褌一丁の日本男性の姿や、男女混浴などこれまで接したことのない日本人の風習に仰天しながら、彼なりの解釈を加えた。たとえば日本人の男女混浴について、旅行記のなかに次のような微笑ましい出来事が記録されている。それは旅行の三日目のことで、小吉羅庵主は長崎郊外のある町を通過する時に、突然、室外に男女二人が湯桶のなかで入浴している場面に遇った。湯桶の外には数人の男女が立ち、ペアで入浴の順番を待っているようである。びっくりした彼が日本の友人に尋ねたところ、却って友人に揶揄されながら、日本人は「裸女」を見てもいささかの「邪淫」の念もなく、みな自然のままで生きているとの説明を受けた。この解釈を聞いた小吉羅庵主は納得し、そして旅行記の最後に、日本の風俗の純朴さと人情の厚さを賛嘆し、すべての日本人が楽しいと見えるゆえ、この国を遊覧した人も楽しくなったと感想を述べている(17)。

一八七〇年代の中国人は、日本の地理について正確な知識をまだ持っていなかったにせよ、「長崎島遊記」は、一個人が気軽に日本へ旅行することがすでに可能であったことをはっきり示している。そして、同じ上海から長崎への旅行であっても、「長崎島遊記」と先のコンプトンの文章を較べて、大きな違いがあることも注意すべきであろう。その一つは小吉羅庵主が「知名人士」ではなく、一介の平民であること。もう一つの違いはすなわち「長崎島遊記」には長崎に住んでいる著者の日本人の友人が登場していることである。小吉羅庵主の日本旅行を可能ならしめたのは、「萬昌公司」という船会社の存在だけでなく、案内役や世話役を務めた彼の友人も重要な役割を果たしたのであった。日本へ一度も行ったことのない小吉羅庵主がなぜ日本の友人をもっているかについては旅行記に明記されていないが、ここで一つ考えられることは、清末上海を東アジアの商業貿易の中心にならしめ、また上海と日本を緊密に繋いだいわゆる「上海ネットワーク」の存在の影響である。

四　「上海ネットワーク」の役割

「上海ネットワーク」とは本来、古田和子が近代東アジアの流通領域を考察する際に使う分析概念である。近代西洋からのインパクトによって清朝と日本が開国を余儀なくさせられた以後、東アジアの国際貿易に現れた新しい動向の一つは中国商人の台頭である。商品交易の多くの範疇で激しい通商競争を通じて欧米商人と日本商人を凌いだ結果、中国商人は十九世紀後期における日中貿易の実際の担い手となった。古田は十九世紀後半の東アジアにおける物流の状況を追跡し、明治日本へもたらしたアジアからの「衝撃」を「上海ネットワーク」の概念を使って説明したのである。それによると、清末の上海は中国の商業貿易の中心だけでなく、同時に東アジアの交易中心の役割も有し、そこを本拠地とする中国商人たちは、上海市場で貨物を調達し、それから中国各地の開港場、揚子江沿岸の港湾都市、さらに長崎、神戸、釜山など日本、朝鮮の開港場へ運び販売していた。これによって上海を中心に東アジアの各港口都市を放射線状に結ぶ一つの流通ネットワークが誕生したのである。また、このネットワークには、もちろん地縁、血縁による中国商人の間の強い連結といった伝統的要素も見られるが、同時に蒸気船や電報など近代西洋からもたらされた文明の利器をほしいままに利用していたことも重要な特徴であった。伝統的な要素と近代的な要素をうまく結合させたところが中国商人の強みであり、また彼らが近代日中貿易の主導権を握った所以であると古田は指摘している[18]。

「上海ネットワーク」が東アジアの流通領域で威力を発揮しはじめた時期はちょうど上海の一文人である小吉羅庵主の長崎旅行の時でもある。このような時代背景があるからこそ、彼が日本に友人をもち、そして長崎遊覧を実現したのであろう。つまり「上海ネットワーク」が単に物の運搬システムのみならず、同時に異なる国の人間同士のコミュニケーションを活発にさせた装置でもあり、また中国人の日本旅行もこのネットワークと深く関わっていることは「長崎島遊記」に暗示されているのである。

中国人が商人ネットワークを利用して日本旅行を遂げた事例は、やや後のことではあるが、李筱圃なる人物の日本旅行によりはっきり見える[19]。李は光緒六年（一八八〇）三月二十六日から四十数日間に日本各地を遊覧し、そして「日本紀遊」という旅行記を残してくれた。それによると、かつて江西省の官僚だった彼は、駐日の領事や大使などの政府関係要人とつながりがあるにもかかわらず、自分の目的は物見遊山なので、必要な挨拶を除いて、できるかぎり駐日本の清朝外交官たちとの交際を避けようとしていた[20]。日本滞在中に彼が実際頼りにしたのは、中国人が日本各地で経営していた「商号」（貿易商社）であった。旅行中、その行く先にある「商号」の人たちはそれぞれ現地の案内役と世話役を担当し、彼の旅行をほとんど何の問題もなくスムーズに進行させたのである。「日本紀遊」のなかにこれらの「商号」が詳しく記録されており、それによると、店名と世話人の名前は次の通りである。

長崎　　「泰記号」

神戸　　「鼎泰洋布号」「徳澄号」「鼎発号」

大阪　「徳興隆号」
京都　馮雲卿
横浜　「徳澄号」
東京　王惕斎　馮蓉塘（いずれも浙江商人）

京都を除いて、李は遊覧、食事および宿泊の手配をすべて現地にある中国系商店の店員、あるいは店の責任者に任せていた。京都が唯一の例外となったのは、当時京都に住んでいた中国人がたった三人のみであり、しかもいずれも書画で生計を立てている文人であったからである。

旅行記のほか、一八七〇年代以降中国人の日本旅行の様子を間接的に反映している記録もいくつか残されている。たとえば古田和子の調査によれば、この時期の日中間連絡船の乗客には、中国人が圧倒的に大多数を占めていたことは明らかであり、(21)それから当時日本の新聞にもたしかに中国文人の来遊を報道する記事が見られるのである。『読売新聞』の次の記事（明治十二年七月二十九日付）はその一例である。

銭澤字は子琴と云ふ支那人が一両日前横浜より東京へ着しましたが同氏は先年長崎表まで来り日本の名山勝水を遍く遊歴せんと志ざせしが故ありて果さずして帰国され此般再遊なるが昨日弊社の加藤九郎の寓居を訪へ来り詩などを賦し席上揮毫をされしを見ましたが中中詩書とも見事でありますす現今竹川町の越前屋に寄寓されるゆえ望む方は行ッて乞へ給へ先年副島公が支那に使ひされ上海

に滞留の節は同氏を招き愛顧されたりと云ふ(22)

また、この時期にただ物見遊山ではなく、特定の目的で日本を旅行する人も現われた。「日本紀遊」には、作者と同じ船に乗っている中国人のなかに、病気を治療するためにわざわざ上海から横浜南部の温泉へ行く人もいたと記されている(23)。そして一八七〇年代後半頃、まだ設立して間もない中国公使館の数少ない仕事のなかに、中国人が日本の内地へ旅行する問題をめぐって、何度も日本外務省と交渉があったことも、彼ら日本への旅行者の存在を物語っている(24)。それから上海においては、日本社会に対する興味を示す証拠も『瀛寰瑣記』などの雑誌からうかがえる。たとえば江戸時代の儒者寺門静軒が書いた『江戸繁昌記』が、『瀛寰瑣記』の第二十四、五巻（一八七四年出版）に部分的に連載されており、連載された部分は同書の初編にある「相撲」、「吉原」、「千人会」、「劇場」、「混堂」など五つの節で、いずれも読者の好奇心と興味をかき立てる内容である(25)。

明治二十年（一八八七）以後、日本政府が欧米先進国の観光政策に刺激され、産業と外交の二つの視点からはじめて外国人の日本旅行を重要視するようになり、それに伴い公式の記録も初めて出てきた(26)。もちろん、日本政府が想定した旅行客は欧米人だったが、この時期に行われていた日本政府の調査を見ると、中国人の旅行客も多くいたことが判明している。たとえば外務省記録「明治廿年以降遊覧又ハ避暑ノ為各国ヨリ本邦へ渡来ノ人員取調ノ件」に、明治二十一年一月から十二月に至る間に横浜の「グランドホテル」に泊まった客を止宿人出発地別で記録している報告がある。それによると、この一年で二十八カ国の合計一六一二人が「グランドホテル」に泊まっていた。百人以上の来客があった国と地域は四つあり、具体的には、北米合衆国四四三名、不列顛（イギリス）二四五名、清国三四一名、英領香港一七八名といった具合である。[27]いうまでもなくこの数字が直接に旅行者の全体数を反映するものではないが、白幡洋三郎は日本側の各種の史料を総合的に検討した結果、この時期に日本を訪れた外国人の総数を年間で一万人弱であると推測した。[28]それにしても、日清戦争までの二十数年の間に、かなり多くの中国人が日本へ旅行したことが想像できよう。

この数多くの旅行者のなかに、王韜もいた。生涯一介の書生に過ぎなかった彼は、日本への旅を通して、『扶桑遊記』という旅行記の名作を残し、また日中交流の歴史に異彩を放つ一頁を残したのであった。

第十六章　上海文人としての王韜

一　王韜の生い立ち

王韜に関する研究は、今や中国近代史のなかで一つの独立した研究領域となっている。いままでの王韜研究の焦点となっていたのは、彼の改革思想と学問、彼の出版事業、対外交流における功績（特に聖書および中国古典の翻訳など）、そして太平天国との関係などである。[29] 本章では、先行研究を参考にしながら、王韜の生涯をまず紹介し、それから彼の私生活に焦点を当て、その文人としての特質を探ってみたい。これはいうまでもなく、彼と日本との交流に深く関わっていることでもある。

王韜の生立ちと思想をテーマにした名著『伝統と近代の間――王韜と清末中国の改革』のなかで、作者のコーエンは王韜を近代中国の「新人」と位置づけ、彼および彼の友人たちを「条約港知識人」(treaty port intellectual) と称している。[30] 元々儒学の経典に浸り、それを崇めて模範とし、その多くは「秀才」などの功名をもっていた彼らは、本来なら科挙試験という「成功の階梯」を登りつづけていくはずだった。しかし、アヘン戦争以後、租界という未曾有の空間で新聞記者や宣教師助手など新しい職業の選択肢が出てきたなかで、伝統的な進路を離れ、文筆の才能を生かしながら近代的職業につく読書人が次々に現れた。王韜はまさにそのなかの先駆的存在である。

「弢園老民自伝」によると、読書人の家柄の彼は、一八二八年蘇州南部の「甫里」という小さな村で生れ、幼年から「群経」と「諸史」の伝統学問の世界に入り、そして十六歳の若さで科挙試験に合格し、秀才となった。しかし一八四六年に南京で行われた三年に一度の「郷試」では落第し、出世の希望が見えなくなったしばらくの後、不幸にして父と死別した。一八四九年、彼は上海の「墨海書館」（ロンドン会 London Missionary Society が上海に設けた支部、創設者はイギリス人宣教師メドハースト W.H.Medhurst）に身を置き、西洋人宣教師の助手になった[31]。王韜がこの新しい道を選んだ理由は、単に生活の糧のためであり、宣教師助手の仕事が私塾の先生と比べてより多くの収入がもらえるからであった。当時宣教師に雇われることは、すなわち士大夫として立身出世の夢を断念し、またいつも周囲からの懐疑と蔑視の眼差しに晒されることを意味する。一八五〇年代に入って、宣教師たちと長い間共同で仕事をした後も、王韜は依然として「中華」と「夷狄」を峻別する典型的な中国文化至上論者であり、彼の文章に描かれた西洋人のイメージもまだ「隆準深目」（高い鼻深い目）、「陰鷙桀黠」（陰険、狂暴、悪賢い）といった人間以下のものであった。

しかしその後の波瀾の人生は王韜の世界観を大きく変えた。「墨海書館」に勤めていた十三年の間、彼は宣教師たちの伝教事業に協力し、『新約』の主要部分と『旧約』の全部、また讃美歌を中国語に訳すことに大きく貢献した。その間聖書に対して興味を示したことがないにもかかわらず、重病で一時倒れたことをきっかけに、彼は一八五四年八月二十六日「王蘭卿」の名前で洗礼を受け、キリスト教信者となった。[32]だが一八六二年に太平天国への上書問題で清政府に指名手配された後、王韜はイギリス領事館へ避難し、それから香港へ逃亡することを余儀なくされた。香港で彼は英華書院（The Anglo-Chinese College）で宣教師ジェームズ・リッグ（James Legge）の助手となり、中国古典の英訳事業に携わるようになった。この時から王韜のなかには改革の思想が芽生え、さらに数年後の一八六七年十二月にチャンスを得てヨーロッパへ旅立ち、スコットランドの小さな町ドルラ（Dollar）で約二年間を過ごした。一八七〇年三月に香港へ戻った後、近代西洋文明を自らの目で見、肌で感じてきた彼は、ついに中国伝統秩序に対する精神的造反者として変身した。以降彼は世界の歴史や地理について多くの著書を書き、それから『循環日報』を創立し（一八七四年）、在野の一ジャーナリストとして中国の伝統秩序を批判しながら社会の全面的な改革を鼓吹した。これによって、彼は「洋務」をよく知っている知識人として有名になり、一八八四年に清朝当局の洋務派の指導者である李鴻章の同意を得て、再び上海に戻り、定住することになった。そして上海での最後の歳月に、彼は引き続き政治評論の活動をしながら、主に教育者、出版商、ベストセラー作家として余生を送った。[33]

二　放蕩不羈な私生活

さて、ここで注目したいのは王韜の私生活である。公の面においては、彼は士大夫の一員として出発し、以降宣教師の助手、ジャーナリスト、出版商人などさまざまな職業に従事した。そしてその身分が次々と変化したように、彼の思想や世界観も時代に従って大きく変わっていった。一方、この変化とはまったく対照的に、私生活のレベルにおいて彼は驚くほど一貫性をもっていたのである。

王韜の私生活の様子については、彼自身が著した日記や一連の書簡からうかがうことができる。そこに現れた彼の人間像は、宣教師たちと終日共に仕事をし、西洋の近代文明に深く影響され、さらに洗礼を受けたキリスト教信者とはまったく思えないほど放埓である。彼の日常生活には、遊興と乱酔が満ち、後になるとさらにアヘン中毒にもなった。一例として、咸豊五年（一八五五）二月一日付の日記に彼がつぎのように書いている。

是日礼拝。至五老峰聴英人講解聖書。午刻至城西……継又遇蒋剣人、因與往虹橋左側訪艶、勾欄二室校書揚州人客、不甚媚……(34)

この日は礼拝日である。五老峰の教会へ行き英人の聖書講釈を聞いた。午後の頃に城西へ行き……蒋剣人と会い、二人で虹橋の左側にある妓楼へ美人を探しに行った。なかには二人の校書がいて、共に揚州の生まれだが、それほど美貌ではなかった……

文章のなかの蒋剣人という人は、王韜の「墨海書館」の同僚で、イギリス議会制度とアメリカ初代大統領ワシントンを最初に中国に紹介したもう一人の「条約港知識人」である。「校書」というのは上海の高級娼妓に対する雅称である。ここで王韜は、キリスト教信者でありながら、同時に妓院酒楼で遊興に耽る彼の生活ぶりを、隠そうともせず赤裸々に語っている。事実、一八五八〜一八六四年の生活を記録している『王韜日記』を見ると、花柳の巷での遊興記録は数十カ所に及び、そして遊戯三昧の生活は彼が死ぬまで一貫して変わることはなかった。叶斌の調査によると、王韜がキリスト教に入り、信者らしい生活を送った期間は、実際一八五五年八月から十月に至る短い間であり、その時でさえ女遊びはやめたものの、酒をやめることはなかった。一八五七年に入ると王韜はすでにキリスト教徒の身分を棚上げにし、帰郷した際、仏教の法事を大袈裟に行っていた。[35] それから中年以後になると、彼がキリスト信徒になった過去の履歴さえ隠そうとしていたことは有名な事実である。また、ある逸話によると、晩年の王韜の過度な道楽を阻止するために、彼の妻が、常に年寄の下人を遣わして彼に同伴させ、夜の十時を過ぎると、王韜の耳元で早く帰宅するようにと催促させたという。[36] 王韜の日常生活の収入と支出を研究した王爾敏と張敏によると、彼は時には妓女にプレゼントを贈るために大金を借りたり、時にはスポンサーの出版援助資金を道楽に流用したりして、その人生の大半は、いつも収入が支出に追いつかない状態であった。多くの妓女たちと交際するために莫大な金銭を投じることは、まぎれもなく彼が生涯つねに経済的困窮に陥っていた最大の理由であったという。[37]

三　上海文人のライフスタイル

近代西洋文明に薫陶され近代精神の持ち主である王韜は、なぜ生涯を通じて性的放縦、乱酔、さらにアヘン中毒といった放蕩生活に耽っていたのだろうか。これについて、コーエンが注目したのは彼の経歴と思想が密接に関係するいくつかの感情的要素である。すなわち自分の才能を認めようともしない現存制度に対する憎しみ、息子がいない「不孝者」の苦しみ、さらに宗教に対する懐疑的態度などである。これらの感情が重なって大きな心理的負担となり、その結果、王韜がついに放蕩な私生活へ走ってしまった、とコーエンは分析する(38)。

たしかに、王韜の行動にはある種の反抗的な要素が見受けられる。王氏一族は明の頃に朝廷に仕える者が輩出した名門巨族だったが、十七世紀半ば頃清軍南侵の時にほとんど国難に殉じた。このことは、王韜の記憶のなかに深く刻まれており、「弢園老民自伝」の冒頭に悲痛な口調で述べられている。それに加えて、彼が幼少の頃から「才子」と自負するにもかかわらず、科挙試験で落第してしまったこと。清朝に対する彼の怨みが、太平天国上書事件には明白に現れているし、信陵君のように「醇酒婦人」に耽ることも、文人の彼にとって、権力者に対する古典的な反抗手段の一つであることはいうまでもない。また、息子のいない彼が、一族の延長継続のために、若い妓女との間に子供をもうけようと真剣に考えたことも事実である。彼のこの思惑は名妓王蓮舫との関係のなかにはっきり現れているのである(39)。他方において房中術の修練も理由として考えられる。王韜の未刊行の原稿には、様々な催淫薬の使用分量や使用法が記録されている『璇閣秘戯考』という作品がある。催淫薬については、房中術の書物に欠かせない内容なので、王韜が房中術に関してかなりの知識をもっていたのではないかと推測できる。これと関連して、彼は前代の「淫書」を集め、『艶史叢鈔』として上梓したこともある(40)。

しかし、もっと重要な理由がある。そもそも秦楼楚館に出入りする行為自体を、王韜が「放蕩な行為」や「堕落的な行為」といったマイナスの意味で捉えることは一度もなかった。むしろ逆に、そのなかから何か積極的でかつプラスの意味を見いだそうとすることこそが彼の基本的な態度だったのではないかと私は思う。一八四七年、友人楊醒逋宛の手紙のなかで、王韜は次のように述べている。

辱来書、教以懺除綺語、杜絶面朋、意良厚也。然僕則有説。……綺靡障碍、未能屏棄、亦是文人罪孽。然穠艶風華、乃其本色、児女之情、古賢不免。……子寧以他規我、勿徒屑屑於其末也。(41)

お手紙には、綺語をやめ、面朋（うわべだけの朋）との往来を絶ちきるよう私に忠告してくださり、真に親切である。だが私には自分の考えがある。……私が艶ごとをやめないのは、文人ならではの罪である。風流こそは（文人）本来の面目であり、男女の情に至っては、古来の聖賢さえ免れない。……あなたはほかの面で私をしつけるほうがよい、些細なことに拘らないでほしい。

この手紙は遊興に反対意見を述べた友人に対する返事である。王韜はここで自分の行為を些細な誤りとして認めている。しかし、彼は反省するどころか、むしろ「穠艶風華」のライフスタイルを価値あるものとして堅持すると明言したのである。彼にとって、これこそが文人らしさであった。このことを理解すれば、彼の文章のなかで嫖妓という行為がつねに「徴歌」、「訪艶」、「看花」といった優雅な言葉で表現され、美化されていることもうなずける。そしてこの考え方から出発して、後に王韜はさらに人間の欲望をすべて肯定する論者となり、晩年の彼は「好貨、好色、歆勢利、趨富貴」と自評することさえ憚らなかった(42)。

要するに、王韜の精神世界には、大きく言えば二つの指向性があるといえる。中華中心の儒学思想から脱皮し、近代的精神をもつ一方、彼は「風流」、「好色」といった伝統的な文人らしさも徹底的に追求していた。彼は生涯この二つの指向性の間を徘徊し、そのことはまた彼と日本との関係にも大きな影響を与えたのであった。

さらにもう一つ注目すべき点は、王韜のライフスタイルが、けっして彼個人の独特のものではなかった、ということである。上海に住んでいた他の条約港知識人のなかでは、たとえば王韜と同世代の李善蘭や蔣剣人、あるいはやや後の銭徵、黄式権、李伯元などもいずれも放蕩不羈の人物として知られている。伝統社会で出世の道を失った彼らは、誇張な表現を用いて文人的な風流の姿を世間に見せた。彼らにとって、このライフスタイルは、あるいは自分が依然として知識階層の一員であることを証明するための手段であったかもしれない。とにかく王韜における文人らしさの追求は、伝統から近代への過渡期に生きた多くの中国知識人に見られる共通現象であったことは疑えない。

第十七章　王韜と日本

一　日本人との接触

清末中国の対外文化交流において、王韜がたいへん重要な役割を果したことは周知の事実である。よく知られているのは、彼と西洋人宣教師たちとの関係である。この関係を通じて、聖書と賛美歌の流暢な中国語版をはじめ、様々な「西学」に関する著作、さらに中国の思想と文化の原点である四書五経の英語訳が生まれた。一方、上海と香港は、幕末以来日本と西洋を繋ぐ中継地でもあり、そこを舞台として活躍した王韜は、日本人との接触も多くあった。彼の日記、随筆また論説には、日本人との交流についての記録が随所に見られるのである。

王韜がはじめて日本と接触した時期は、「墨海書館」時代に遡ることができる。もちろんそれは直接の交流ではなく、彼は上海の骨董趣味者や中国商人を通して、まず日本の品々と接触したのである。たとえば、咸豊九年四月十一日（一八五九年五月十三日）の日記に、アメリカ人「馬高温」（宣教師 Daniel

Jerome MacGavanか）が「日本考古器諸書」を彼に見せたと記し、また翌年三月二十七日（一八六〇年四月十七日）の日記にも、彼は友人の龔橙などと一緒に「尹松期」という人の店へ「倭刀」を見に行ったと記している。ただ、日記では、彼は倭刀が「鮮佳者」（いい物が少ない）と評し、まったく興味を示していない。日本刀に比べて、龔橙の秘蔵酒のほうが彼はずっと好きだった(43)。

王韜が日本人と最初に会った記録は、彼が香港へ亡命した後に書いた「悔余随筆」に見られる。そのなかには次の一節がある。

七月中、有日本国人三人見訪。其一姓名名敦、号予何人。其一姓高橋、名留三郎、号恥堂。其一姓金上、名盛純、号豊山。随其国公使池田築自法国回、道経此間、筆談良久、皆索予詩、各饋予物而去(44)。

七月中、三人の日本人が訪れてきた。一人姓は名、名前は敦、号は予何人。一人姓は高橋、名は留三郎、号は恥堂。一人姓は金上、名は盛純、号は豊山。三人はその国の公使池田築に従い、フランスから帰国途中、ここを通過したのである。長く筆談して、皆私に詩を求め、また私に物を贈ってくれたのである。

この「池田築」とはいうまでもなく池田長発筑後守のことである。池田長発は一八六四年二月六日横浜鎖港のため幕府の使節としてフランスへ派遣されたのだが、フランスでの交渉が失敗し、同年八月十九日に帰国した。上記三人はいずれもこの使節団のメンバーであり、「名教」は儒学者の名倉予何人で、当時使節団の調役だった田中廉太郎の従者である。高橋留三郎と金上盛純（金上佐輔）はそれぞれ河津祐邦（使節団の副団長）と池田長発の従者である。[45] 陳湛頤によると、彼ら三人が王韜と会ったのは、使節団の一行が英華書院を見学に行った時の出来事ではないかと推測される。というのは、英華書院が『遐邇貫珍』（*Chinese Serials* 一八五三年に創刊された漢文雑誌）、『智環啓蒙塾科初歩』（*A Circle of Knowledge* 一八五六年に出版された英語教科書）など当時の日本で大きな反響を呼んだ書物を出版した場所として日本人にも広く知られ、一八六〇年代に香港に訪れた日本人は、しばしば見学と書籍購入のために英華書院へ訪れていたからである。[46] 王韜が英華書院に勤めはじめたのは一八六二年のことで、そこで日本人訪問者と会う機会が多くあったと推測できる。

また王韜は、日本人の訪問者だけでなく、日本を訪問した宣教師からも間接的に日本の知識を得ていた。彼の随筆集『甕牖余談』（一八七五年出版）に「日本略記」という文章があり、リッグが日本を訪れ、数種の日本国史を含めた多くの書籍を購入したと記している。同じ文章で、王韜は日本の社会事情も紹介し、たとえば日本人が命を軽視し、ややもすれば切腹することや、男女の別をあまり重視しないことなどの日本人独特の風習、それから日本が西洋から多くの船舶を購入し、お金を惜しまず西洋人の技術者を招聘することや、あるいは西洋の「経済有用の学」や「器芸造作制度」などに気をつけること、さらに日本は古来漢文にも通じた人材が多くあることなど日本の長所を列挙している。もちろん、文章の最後に儒学者でもある彼は、欧陽修の詩「徐福行時書未焚」を引用しながら、日本に中国の逸書が多くあることの紹介も忘れていなかった。[47]

日本の訪問者や宣教師から得た間接的な知識が、実際に王韜の政治評論に活用されたこともある。たとえば一八六四年に李鴻章へ呈した意見書に、彼は日本の現状を参照しながら中国の改革を説き、「日本はアメリカと通商をはじめてから僅か七、八年で銃、大砲、船舶、機械など皆製造できるようになり西洋人にひけをとらぬ、大国たる中国は『東瀛一島国』の日本に及ばずしてよいものであろうか」というふうに論述を展開しているのである。(48)また王韜は在野にありながら、新聞で論説を発表したり、多くの清朝官僚と手紙のやりとりを行ったりしていた。因みに、同治年間に李鴻章などの清朝官僚が主に新聞報道に依拠して日本の動向に言及していたことが、最近、佐々木揚の研究で明らかになった。(49)

二　「日本宏光」

一八六〇年代後半から一八七〇年代にかけて、王韜と日本人との交遊記録はさらに多くなった。彼の知り合いには寺田宏なる日本人の文士がおり、また明治政府の大蔵省官僚である松方正義と会った記録も残されている。そんななか、彼ともっとも親密な関係をもっていたのは、当時香港に在住していた八戸宏光なる人物であった。

八戸宏光、一名は喜三郎、字は順叔、幕末期に日本を離れて中国で活動した人物である。彼は初めの頃上海に滞在し、アメリカ人に従い保険業会社「瓊記洋行」（ハード・オーガスチン商会）に身を託していた。慶応二年（一八六六）に上海を訪れた谷干城の日記によると、八戸は「極めて洋夷味噌にて説話聞くに不堪、且自負甚高、香港新聞紙へ自ら名をのせ引札を出せり、軽薄可知」といった人物で、日本人の間であまりいい評判はなかったようである。(50) 一八六七年ごろに八戸は香港へ移り、そこで王韜との交遊が始まったのである。ところが、谷干城の悪評とは対照的に、王韜は『甕牖余談』に、イギリスのベーコンや、フランスのジャンヌ・ダルクなど歴史上の有名人物についての紹介と並べて、「日本宏光」という文章も書き、八戸を「瑰奇英偉、超卓不群、固其国中之俊傑」と評している。(51) また、八戸が南京へ行った時には、王韜は「送日本八戸宏光遊金陵序」というタイトルの送別の文章も書いている。「日本宏光」によると、八戸は江戸の生まれで、年はまだ二十六歳だが、幕府将軍と親戚関係にあり、貴族の位も世襲した。また八戸はかつてロンドンとサンフランシスコを遊歴し、イギリスの言語だけでなく、西洋の「機器水火之力」などの「有用の学」にも通暁している。さらに、伝統学問の面においてもたいへん高い教養をもち、特に書道に優れていた。彼はどんな書体でも巧みに書ける名士として、広東で一時に名が知れ渡り、彼の家の外は常に彼の書を求めてくる人によって満たされていたという。とにかく、王韜は八戸を新旧の学問をともに通暁している人として高く評価したのであった。

他方、王韜が「日本宏光」を書いた目的は単に八戸を紹介するためだけではなかった。この文章の重点は、むしろ八戸が日本について語った以下のことである。すなわち日本が現在国内の「政事、風俗」を改革し、蒸気推進の軍艦も多く導入して、すでに八十隻を保有していることや、江戸政府が「船務将軍」中浜万次郎を上海製造輪船局に訪問させたり、イギリスに十四人の留学生を派遣したりして、西洋の技術を積極的に学んでいること、さらに最近日本の二六〇の諸侯が江戸に集まり、国威を「奮揚」するために朝鮮に派兵することを計画している、など日本国内の動向である。日本が八十隻の軍艦を保有する云々に対して、王韜はそれが「誇語」だと直ちに指摘しているが（彼は日本の軍艦保有数を二十隻ぐらいと考えていた）、日本が対外的に野心をもっていることに対してはまったく疑わなかった。それは、八戸がさらに次のように歴史的経緯を紹介したからである。すなわち日本では崇神天皇以来、神功皇后や「平秀吉」などが数回にわたって朝鮮を征服し、以来朝鮮が五年に一度日本へ朝貢することは定例となったが、今の朝鮮国王がこの定例を廃したので、日本は今度問罪するつもりだ、ということである。[52]

因みに、八戸は上記の言論を王韜に述べただけでなく、彼は同じことを文章にし、香港の新聞にも投書した。その記事を見た清朝の総理衙門は、日本の脅威が現実のものとなるのではないかと懸念して朝鮮側に通告し、ついに朝鮮と日本の外交紛糾にまで発展して、いわゆる「八戸事件」（一八六七年）となった。[53]一方、王韜は八戸の言論について「稽古称今、言之有物」（歴史を引用しながら現実を論じ、けして空論を言わない）と評価し、日本がこれから強国に変わるとさえ予言しているのである。[54]

三　日本観の振幅

香港時代の王韜が、在野の一文人として日本に大きな関心を寄せたのはなぜか。一つは異文化に対する王韜の観念によるものであろう。林啓彦の研究で明らかになったように、一八六〇年代以降の王韜はすでに中国文化至上論者から変身し、西洋文明を賞賛する、中国と西洋文化の融合を称える論客となった。[55]彼が日本を強く意識したのは、日本が西洋化の道で中国よりすでに先に進み、その経験が中国改革の参考に値するからである。もう一つの理由は、当時の世界秩序に対する王韜の理解によるものと思われる。彼は「華」と「夷」を区別する立場からではなく、中国歴史上の「春秋戦国時代」（紀元前七七二年~前二二一年）になぞらえて世界形勢を考えていたのである。「春秋戦国」時代の中国は様々な国が林立し、互いに混戦する時代であり、また国々を統制する超国家的なシステムが存在せず、道徳や正義より、すべて武力がものを言う時代であった。「春秋戦国時代」という比喩には、中国すなわち世界という従来の「天下」観ではなく、中国は世界の一員であるという相対的な世界観が反映されていると同時に、現実世界の非道徳的な側面に対する批判の意味合いも暗黙の内に含まれている[56]。そして、王韜から見れば、新たに世界秩序に参入し、西洋諸国の仲間入りのために懸命に努力している日本も、これから道徳のない国に変身して、いずれ中国を脅かす存在になるに違いない。彼のこの考え方は、「日本宏光」のなかにすでに現れ、それ以後明治政府の拡張、侵略行動によっていっそう強められたのである。

一八七〇年代に入ると、中国と日本が平等の立場で修好条約を締結し、その後日本の台湾出兵（一八七四年）や琉球処分（一八七九年）など一連の事件が起きた。すでにジャーナリストとなった王韜は、この時期に日本についてかなり多くの文章を書き、中国の対外関係に関する主要な論客として活躍していた。西里喜行「王韜と『循環日報』について」所収の「『循環日報』論説見出し一覧」によると、一八七二年から一八七九年にかけて『華字日報』および『循環日報』に掲載された論説（それらの多くは『中報』に転載された）のなかに、日本を論じた文章は少なくとも二十三篇ある[57]。これらの論説は全部王韜の作とは断言できないが、彼が当時『華字日報』と『循環日報』の主筆である以上、少なくともこれらの言論と密接な関係を有するということは言える。

実際王韜の論集に収められている文章のうち、日本を論じた作品を大きく分ければ、日本の独自性を主張する議論と「海防論」の二種類に分けることができる。前者の場合、「日本通中国考」と「日本非中国藩属弁」の二つの文章で、王韜は日本の歴史書を引用しつつ、次のことを強調している。一つは『大清一統志』を含む中国の史書がみな日本を中国の朝貢国としていたが、それは間違いである。両国は「聘問往来」があるものの、日本は中国の「藩属」ではなく、「自主」の国である。もう一つ王韜が強調したのは、日本人の人種的起源が中国人と違うことである。彼は日本の史書に依拠して、二五〇〇年以前に日本がすでに橿原で都を造ったことに注目し、それは秦の始皇帝以前、すなわち徐福以前の日本にすでに人がいたことを意味すると考えて、日本人の起源の場所が中国ではなく、「蝦夷」ではないかと推測したのである。

一方の「海防論」は、日本が台湾に出兵した以後、王韜が主張し始めたものである。この時期に彼は日本をロシアに次いで中国の二番目の敵と考えるようになり、また中国の内政改革と海軍整備がいっそう進められるべきだと主張していた。一八七九年に琉球の帰属問題が生じた後、彼はさらに激しい言葉で明治政府の侵略的な外交政策を批判し、また自国の利益のため、何事も日本をえこひいきする西洋列強の姿勢をも強く非難した。(58)日本への非難は、日本と直ちに交戦することを望んでいるという意味ではもちろんないが、王韜の感情が極度な憤りに陥ったのは事実である。その憤りの末、彼は自分がかつて称賛した明治政府の西洋化政策を、今度は儒学の道徳論から全面的に攻撃するといった自己矛盾の言論を発したことさえあった。(59)そして琉球を合併した後に日本がさらに朝鮮を虎視眈々と狙っていた時、彼の情緒的な言論はさらに極端へ走った。たとえば、ある清朝の官僚宛の手紙に、王韜は次のように述べている。

日人好勇而狂狡、而多詐、軽諾而寡信、驕矜自大、無所不至、専媚外人而軽中国、雖與中国立有要約亦復朝定而夕更、殊不足恃。若非有以懲創之、終不能永隣好、結近交、聯唇歯之誼。(60)

日本人は武力を好んで強暴且つ狡猾であり、詐欺が多くて信用できない。彼らは約束を守らず、横柄不遜で、西洋人に媚を売りながら中国を軽視し、中国と条約を結んだが、ややもすれば修正を要求するので、その条約はまったく頼りにならない。もし日本を懲罰しなければ、近隣の友好関係を結ぶことはやはり無理だろう。

日本政府の動向に対して、王韜の関心はもはや何かの原因を探そうとするのではなく、彼はそれを直ちに日本人の人種的な劣性に帰結し、そして日本を「懲創」すべきだと進言したのであった。

このように、早くから中国の危機を意識し、外部世界に目を向けた王韜が描いた世界像のなかに、日本が重要な位置を占めていることは明らかである。彼は日本社会に関心を示し、日本に関する知識を学び、日本人と交遊し、さらに政治と外交を論じる文章にしばしば日本について言及した。他方、日本に対する彼の議論の内容は、多岐にわたっておりけっして統一されたものではなく、そこに現れている王韜の感情は、コーエンがすでに指摘しているように、両面性ではなく、多面性と呼ぶほうが適切かもしれない。(61)もし王韜の複雑な感情から一貫した何かを捜そうとするならば、それは自分を経世済民の士人の一員とし、中国を危機的局面から救おうとした情熱と責任感であろう。

ちょうど琉球帰属問題の真っ最中、つまり王韜がもっとも日本を激しく非難していた時期に、彼は日本旅行という意外なチャンスを得た。このチャンスを利用して彼は東京へ旅立ち、百日以上滞在することができた。それをきっかけに、王韜は一時に政治外交の世界を離れ、文人という立場からもう一つの「日本」の姿を発見したのであった。

第十八章　王韜の日本旅行――『扶桑遊記』の世界

一　栗本鋤雲の誘い

王韜の日本旅行およびそれを記録する『扶桑遊記』は、いままで多くの研究者に注目されてきた。日本ではかつて布施知足と実藤恵秀が、王韜と接触した日本人知識人の多さに着目し、『扶桑遊記』を「明治十二年の文士録」として紹介したことがある。(62) 一方、中国でこの旅行記が高く評価されたのは、まだほとんどの中国知識人が外国に関心を示していなかった時代に、積極的に日本社会の状況を中国に紹介した彼の先駆的役割と貢献に対してである。(63) コーエンは、中国と日本の「文化的親戚」関係――同じく漢字を使うことや、生活スタイルの近似性から、日本旅行および日本人との友情を通じて、王韜の日本に対するイメージに暖かい個人的色彩が付け加えられたことを論じた。(64) 李朝津が最近の研究で論じたのは、王韜が日本旅行を境に、日本に対する彼の外交思想に大きな変化が生じたということである。(65)

これらの研究を踏まえて、本章では、王韜の日本滞在の遊興活動に着目し、彼が一中国文人の立場からいかなる「日本発見」を成し遂げたかを論じたい。

王韜の日本旅行が実現した理由について、『郵便報知新聞』の主筆を務めていた栗本鋤雲（一八二二～一八九七）の「王紫詮の来遊」（『匏庵遺稿』所収）でその経緯が説明されている。それによると、鋤雲の息子貞太郎が岩倉使節団メンバーとしてヨーロッパから帰る途中、上海で数冊の新刊書を購入したなかに王韜の『普法戦記』（一八七三年初版）があった。欧文の新聞報道を材料に普仏戦争（一八七〇～一八七一）を記述した十四巻の『普法戦記』は西洋の同時代史を考察した中国人の最初の作で、それを読んだ鋤雲は、「独行陣の事、交戦の跡を写出して活るが如きのみならず、中間雑ゆる所の議論腐ならず陳ならず能く漢人の常套を脱出せる復た其比を見ざるの珍書」と絶賛し、作者の王韜に対してもまた「瞻仰するの念」をもつようになった。それから鋤雲は亀谷行、佐田白茅ら漢学者と共に重野安繹（一八二七～一九一九、時に修史館の一等編修官）を盟主として、駐日公使の何如璋および王韜の友人寺田宏を通して王韜に訪日を誘った(66)。

鋤雲らの誘いに対して、王韜は快く応じた。その理由について、『扶桑遊記』の序文に、次のように述べられている。まず、王韜は幼い頃から日本に対して、「海上三神山」の神秘的なイメージをもっていた。それから「泰西」と通商して以来、かつて「世外桃源」だった日本がすでに「一変」し、今はそこへ訪ねていくことが必要だ。さらに、「日東文士」たちとの筆談のなかで触れた日本の「山川之佳麗、士女之便娟」も王韜の心を興奮させ、彼の気持ちは早く「方壷員嶠」（中国伝説中の島）へ馳せたとある(67)。要するに、王韜にとって、日本旅行とは、かつて憧れていた幻想世界への旅でもあり、また現実の日本社会への訪問でもある。この二つの意味合いは実際『扶桑遊記』というタイトルにも反映されているの

である。「扶桑」という言葉は、日本の別称でありながら、「東に在る架空の国」という意味もあるからだ。(68)

二　東京到着まで

『扶桑遊記』の記録は光緒五年（一八七九）閏三月七日から始まり、七月十五日を旅の最後の日として、合計一二八日である。(69) 四カ月間にもわたった長い旅行は上海を出発点とし、また終点としているが、そのなかの上海滞在日と上海―長崎間の航海日を除いて、彼が実際日本に滞在したのは一二一日間であった。そして日本での滞在は、大きく区分すれば、三月十一日に船が到着してから、長崎、神戸、大阪、西京（京都）の四都市での見物遊覧と、三月二十四日に横浜に上陸してから七月六日までの東京滞在の二つの部分からなっているのである（王韜は六月十四日～二十三日の間に日光へも旅をしている）。

東京に到着するまでの旅行プログラムを見ると、長崎では博覧会と花街、神戸では布引ノ滝、湊川神社、福原の遊郭、それから大阪では博覧会、造幣局、五代友厚別荘、西京では博覧会、東山、天満宮など、名勝旧跡から文明開化の新事物まで、たしかに多様多彩であった。この四都市での滞在と遊覧にあたって王韜が頼ったのは、前述李筱圃の日本旅行と同じように現地の中国「商号」であった。また彼と李筱圃の案内者には、偶然にも「朱季方」という同じ人物がおり、そのせいか、王韜と李筱圃の旅行プログラムはたいへん相似し、それは明治期の中国人が日本を旅行する場合の一つのパターンではないかとさえ考えられる。

もちろん、官僚出身の李筱圃のまじめな旅行記と異なり、王韜の記録はかなりロマンチックな格調で書かれたのである。彼が多くの筆墨を費やして描写したのは、博覧会、造幣局の様子より長崎芸者の厚化粧や、福原遊郭の夜景、芸者がずらりと並んでいる京都の劇場風景であり、それから自分の艶ごとである。たとえば神戸滞在中の三月十八日の日記に、王韜と某日本人洋妾との出会いが詳しく書かれている。それによると、この日は大雨で、王韜が山の温泉へ行き、そこで女と出会った。西洋人に抱えられ多少英語の通じる彼女に誘われて、王韜は女の家を訪れ久しく「小憩」した後、さらに女と再会の約束をした。そして日記の最後に、王韜はこの艶やかな出会いを、「劉阮誤入天台而飽吃胡麻飯」（劉晨と阮肇が誤って天台山に入り、胡麻飯をたくさん食べた）と満足げに形容している。因みに、劉晨と阮肇は中国歴史上の架空の人物で、伝説によると、二人は薬を採るために天台山に入り、そこで二人の女に迎えられて一つの洞に入り、胡麻飯をご馳走されたのち下山したところ、その子孫はすでに七世の後になっていたという(70)。

三　日本文人との交遊と遊興

ところで、『扶桑遊記』の全体から見ると、長崎から横浜までの記録は、王韜の日本旅行の前奏曲に過ぎず、本当のクライマックスは、東京に到着してからである。横浜港に到着した翌日、小野湖山ら二十二名の日本文士が設けた最初の宴会で盛大な歓迎を受け、以降七月四日のさらなる盛大な送別宴会まで、彼の日々は芸者たちが侍る宴会、日本の友人たちとの筆談、詩文の応酬に埋もれていた。王韜自身の言葉を借りると、東京での旅行生活が「壺觴之会、文字之飲、殆無虚日」（『扶桑遊記』「自序」）であり、実際『扶桑遊記』にも、たしかに王韜の宴会と詩文唱和の記録が内容の大半を占めているのである。

これら大小無数の宴会場で、王韜は風流を演出することを一刻も忘れてはいなかった。それどころか、一八五〇年代の上海での生活と比べて、東京滞在中の彼はさらに勝手気ままに行動していた。宴会のために選ばれた場所は、たいてい吉原、根津、深川、新橋、柳橋などの花街であり、なかでも彼が繰り返し出入りしたのは、柳橋の若吉茶屋（七回）、隅田川のほとりにある八百松亭（六回）、新橋の濱乃家（四回）などであった。彼はまた吉原遊郭の万年楼、東屋、角海老楼、大黒楼、留佩楼など当時の代表的な高級妓楼へも足を踏み入れ、その「煙花之盛、風月之美、以及色芸之精巧、衣服之麗都」に傾倒しながら、「芳原新咏」と題して一気に十二首の漢詩を詠じた。これらの詩文のなかで、王韜は吉原遊郭を東京一の繁華地として称えただけでなく、自分の憧憬であった「海上三神山」、「蓬莱」などの幻想世界の楽園とさえなぞらえているのである(71)。それから芸者や酌婦たちに対して、『扶桑遊記』には「清癯綽約、人の意を善く解する者は、桃予である。豊腴秀碩、飛燕（中国古代の美人の名前）の風韻を添って来るのは、美吉と若吉である。まだ稚気が帯びて姿態が群を抜くのは信吉である(72)」などの描写が随所に見え、あたかも「花榜」のように、王韜は女一人ひとりの容貌や風韻を「品評」しているのである。そして『扶桑遊記』に登場した女の人数は五十名以上にも上っている。

読者を退屈させるほど遊興活動について煩瑣を厭わず一々『扶桑遊記』に記録した王韜にとって、日本旅行の意味はいったい何だったのだろうか。王韜が遊興に耽ったのは、まず彼のただならぬ満足感と解放感によるのであろう。中国で様々な挫折と屈辱を味わった彼は、日本では自分の学問が認められたのみならず、さらに「中華名士」、「上国の名士」と尊重されていた。日本の文人たちの低い姿勢の前に（たとえば小野湖山が王韜へ送った詩に「也知近著刻成近、署否老夫賤姓名」の句が示すように）、彼は「中土名士」の「跌宕風流」を存分に演出しようとした。そして彼の気ままな行動を疑った「日東人士」に対して、王韜は直ちに手紙を送り、自分が「不好色之偽君子」と異なる「真好色之真豪傑」であることを述べ、その反対意見を「常人之見」と貶したことさえあった。(73)

もちろん「常人之見」をもつ日本人は少数に過ぎなかった。王韜と交遊していた日本人は、優れた漢文素養をもち、彼と同じ価値観を有する者が多く、彼らは王韜と一緒に遊興する仲間でもあった。『扶桑遊記』に登場している日本文士の数は百人以上に上るが、王韜と親密な関係をもち、登場回数の多い人を、次の三種類に分けることができる。

まずは源桂閣、本多正訥のような華族。源桂閣（大河内輝声）は元々高崎藩の藩主で、本多は元々長尾藩の藩主であった。二人の共通するところは、まず明治維新の後に藩主をやめ、東京で完全な趣味人として自由な隠居生活を送っていることであり、それから中国文化を愛好ないし崇拝した点である。源桂閣の場合、彼は中国人の王治本を家庭教師として雇い、隅田川畔にある自分の屋敷を中国風にし、また自分の生きがいを漢詩の創作や、中国文人との交遊に託したのである。彼と王治本、黄遵憲ら中国文人との間に、後に「大河内文書」と呼ばれる膨大な筆談記録が残されている。(74) 本多正訥の場合、王韜によると、彼も「超然物外」、「優遊泉石」の優雅な生活を送りながら「読書稽古」に没頭し、『清史逸話』など中国に関する本を著した人物である。(75) 王韜の東京滞在中、二人はそれぞれ宴会を設け彼を招待したり、あるいは自分の屋敷に招いたりし、本多はさらに王韜を両国橋に案内したこともあった。一方、王韜は『清史逸話』に跋を書き、日本を離れた後も源桂閣と文通をしていた。

次に岡千仭、重野安繹、栗本鋤雲ら漢学者。いずれも明治期の代表的な儒学者で、彼らは王韜の学問に感銘しただけでなく、王韜の人柄に対しても好意をもっていた。たとえば栗本主催の『郵便報知新聞』（明治十二年五月二十一日付の記事）は、王韜の人間像について日本の読者に次のように紹介している。


清國の学士王紫詮先生は今回東遊されしに付都下の学生輩が迎へて筑地の精養軒に請し假寓と定めたるが兼ての紙上に掲げし著書の他詩集文若干巻仏蘭西史、花国劇談録（米国の劇場話しなり）海陬冶遊録（上海の名妓伝）其他種々あり又東遊日誌を作るの志あり其人と為り極て磊々として更に辺幅を修めす人に接するに一見旧知己の如しと云う[76]

漢学者たちが示した好意のなかには、もちろん王韜の遊興に対しての理解も含んでいる。実際、『扶桑遊記』本文の前にある重野安繹の序文、書後に書かれてある西尾叔謀と岡千仭のそれぞれの跋文には、いずれも王韜に対してその人生の失意に同情を示し、また彼の「風流洒落」を弁護しているのである。

さらに、王韜が東京で知り合った日本人のなかに、王韜が顔負けするほどの好色者もいた。たとえば自分の「好色」をまったく隠さない一人、漢学者の吉田易簡に王韜が詩を送り、詩のなかで易簡を「好酒好花兼好色、能書能画又能詩」の「一奇士」と称賛している[77]。もう一人、佐田白茅も王韜と気の合う人であった。彼は王韜を吉原の万年楼につれていったり、「吉原図」を出して「引手」などの「探花之例」（遊女遊びの方法）を説明したりして、王韜との交遊が他の漢学者の誰よりも濃かった。その佐田白茅に対して、王韜は『扶桑遊記』に次のようにかなり詳しく紹介している。

白茅は幼い頃から兵家の言を習い、武技に長ず、自ら文人と任ずるのを恥と思う。戊辰の変が起きた時、勤王の議をして、国事に奔走した。数々危地に陥ったが、死ななかったのは、まことに幸いなことである。平生の親友たちは、みな国難に罹る。維新の際に、その論は政府と相合い、兵部で勤めるようになり、兼ねて外務省にも任ず、のちに法を変ずるの理由で官を辞め、去って農となる。俄にして又鬱々として楽まず、田屋を妻子に与え、自養の計をなし、一人で東京に流寓した。昔時の友人は多くこの世にいないので、胸中に思う所、一も語るべき者はなく、ただ深夜の孤灯と形影相吊するのみ。やむことを得ず、詩文を選んで修正するなど文筆の業に従事し、月に数十金を得て、それをもって口を糊する資とする。自ら「解語花」を買う以外は、即ち惟だ酒を買って愁を消すのみ……(78)

王韜がここで佐田について語っているのは、彼の優れた才能、その不遇な人生、さらに女と酒に溺れている生活スタイルである。ところで、明治政府と合わず、また自身の不幸をも導いた佐田白茅の「論」の内容について、王韜はここではまったく触れなかった。葛生能久『東亜先覚志士記伝』によると、白茅は強硬に「征韓論」を主張した人物で、明治初年の頃から外務省に出仕していたが、その主張がほとんど顧みられなかったので政界を離れた。彼は後に民間の一文人として文墨を弄んで余生を送り、生涯「征韓論」の主張を変えるどころか、自らの墓誌銘を「征韓首倡者佐田白茅墓」と自書さえした。(79)

政治的主張から言えば、王韜と佐田はまったく反する立場にあり、本来なら互いに敵視するはずだった。ところが、互いの人生体験に共鳴したせいか、二人はむしろ親しみを感じあったのである。実藤恵秀による『扶桑遊記』のなかの日本人一一六人の出場回数の統計を見ると、佐田白茅の出場数は二十六回にも達している。また二人がその後も文通をしていたところを見れば、佐田は疑いなく岡千仭、栗本鋤雲らと並んで、王韜ともっとも親しい友人の一人であった。

日本の友人たちと一緒に遊興した他に、王韜は新富座で演劇を見たり、新燧社（マッチ工場）を見学したり、飛鳥山などの名所を訪れたりした。しかし、普通の観光と比べて、彼にとっては、日本の友人たちとの交遊が明らかに旅行の目的の第一位であった。東京滞在中、清政府駐長崎領事館の領事余元眉宛の手紙に、王韜は自分の旅行生活を「日々花天酒地の中に在って活きをなす、ほとんど人世の事あるを知らず」と形容して、またこのようになったのは、自分と「日本諸文士」との間に「只談風月」という暗黙の了解があるからだと説明している(80)。実際、王韜の日本旅行は、結果から見れば、「只談風月」だけで概括することができるのである。

「只談風月」――風流韻事以外の話はしない。これはいったい何を意味する表現であろうか。王韜はもちろん単なる声色に耽る頽廃者ではないし、また日本の知識人と正面からの対決を避け、消極的に「風月」へ逃げる臆病者でもない。思想のレベルで王韜は日本の書物から知識を吸収し、日本知識人の見解を傾聴し、そして彼らとあけすけに見解をぶつけ合う勇気が十分あって、その例も実際ある。たとえば彼の代表作の一つである『法国志略』はまさにその典型であり、フランスの歴史を記述するこの本のなかで、彼は毎節の後に、まず異史氏（岡千仭）の評論を挙げ、岡の観点を批判する形で、さらに自分の観点を述べているのである。[81]しかし、日本旅行中の彼は、日本の知識人たちと論争する気持ちはなかった。増田貢『清使筆語』によれば、王韜の荷物には次のようなものが入っている――『瀛壖雑誌』八十套（上海繁盛記の一種）、『弢園尺牘』四十套（王韜の書簡集）、『海陬冶遊録』、上海の遊里案内）、『艶史叢鈔』五十套（王韜が前代の「淫書」を集めて編集した作品）、『西青散記』五十套（多くは閑居の趣を記した随筆、清人史梧岡撰）、『普法戦記』三十套などである。[82]「洋務」関係の書物より、「風流」関係の書物のほうをずっとたくさん携帯し、自分の文人趣味を日本人に見せつけたい、あるいは日本で広めたいという王韜の意図は明白である。ある意味で一八七九年の彼はまさに「風流」の伝道師という面目で日本人の前に現れたといっても過言ではない。

結局、王韜の日本旅行の成果について、次のことが言えるかもしれない。『扶桑遊記』は、琉球合併問題をめぐる中国と日本の衝突など当時の国際情勢に触れることはほとんどなく、また明治日本の「文明開化」の気風を詳しく観察、紹介することもなく、さらに旅行記にとって本来ならいちばん重要な要素である山水の美を重点的に描写することもない。つまり王韜が物見遊山の観光客として、あるいは政治評論家として、さらに紀行文学の作家として日本を旅行したわけではなかったことを意味する。そのかわり、多くの日本文人を仲間とし、大多数の時間を花柳の巷で流連するに費やした彼は、終始風流文人としての姿勢を貫いていた。彼の「日本発見」とは、数多くの日本人の人間像を描き、それから日本文人たちと共有しうる新しい「場」を発見することであった。その「場」とは花鳥風月の遊興世界にほかならない。

第十九章　新しい日本像を創造する

一　帰国後の対日交流

日本への旅は、王韜にとって、疑いなく人生のクライマックスであった。その後、彼は文章や書簡のなかで時々日本旅行の想い出を語り、また再度日本を訪れる意欲を示したが、それを実現することはついになかった。そのかわり、彼は上海で日本人との交流を継続し、さらにかつての日本体験を生かして、自らの妙筆で自分なりの日本のイメージを書き続けていたのであった。

一八八〇年代以降、王韜と日本との直接的な交流は主に次の四つの側面で展開していた。

まず日本文人たちとの文筆応酬。一八八〇年以降王韜と日本で知り合った友人たちとの間にかなり頻繁な文通があり、彼の書簡集『弢園尺牘』と『弢園尺牘続鈔』のなかだけでも、重野安繹、佐田白茅、源桂閣など日本で知り合った多くの日本友人宛の書簡十八通が収められている。また彼は三島中洲や岡千仞など日本人の文集に序文を書いたり、日本の友人に絵や書を送ったりしたこともあれば、逆に自分の詩集の序文を日本の漢学者石川鴻斎に書いてもらったこともあった(83)。因みに、王韜の詩文は当時日本でかなり愛好されており、そのため彼は「日東詩祖」、「泰東詩漁」と自称したこともあった。

次に、日本の近代化の成果の参考と吸収。王韜は上海に戻って以後、洋務派の要人である盛宣懐から援助を受け、実際盛の顧問も務めていた。彼の仕事は、主に洋務に通暁する人材を盛に推薦することや、必要な情報を提供することなどであり、そして王韜が推薦した人材のなかに、「電気之学」に精通する中村雄助や、「支那通」の岸田吟香などの日本人も含まれており、また盛のために彼が直接に大阪造幣局に手紙を送り、日本の造幣事情を聞くこともあった(84)。

三つめは、中国を訪問してきた日本人の接待。一八八〇年以後、王韜の名を慕う日本の知識人が、中国に来るたびにしばしば彼を訪問した。その記録はたとえば矢野龍渓『龍動通信』、尾崎行雄『遊清記』、岡千仭『観光紀遊』などに見られ、特に古い友人である岡千仭の来訪に対して、王韜の歓迎は暖かいものであった(85)。また、一八八八年頃に彼は岸田吟香と一緒に、上海で「玉蘭吟社」という文人サークルを作った(86)。

四つめは、「興亜会」との関係。明治十三年に東京で成立した「興亜会」（会長長岡護美、副会長渡辺洪基）は中国と日本の「善隣親和」といったアジア主義を標榜する最初の団体で、何如璋ら中国の官僚もその創立に協力していた。王韜は「興亜会」の本当の目的に対して懐疑的態度をもちつつも、「興亜会」の中堅的メンバーの一人、日本海軍士官である曽根俊虎（一八四七～一九一〇）と親しい関係をもっていた。一八八四年清仏戦争の際、観察員として中国を訪れてきた曽根は、日中両国の連携をいっそう強める計画を立てた。そしてその計画は王韜を通じて、李鴻章に届いたのであった。一方、王韜は単に曽根の意思を伝えるだけでなく、盛宣懐宛の手紙に、もし李鴻章がその計画に同意するならば、自分が日本当局を説得しに行くとの意思も表明した（王―曽根計画は結果として水の泡となったが[87]）。

多方面にわたる交流の展開と相俟って、一八八〇年代における王韜の日本認識が日本旅行以前と比べて大きな変化があるのも明らかだ。李朝津によると、この変化は主に二つの面に現われている。一つは以前王韜が日本の独自性を強調していたことと対照的に、この時期に書かれた彼の文章に日本と中国が「同文の国」であるなど両国の文化上の親近性を唱えはじめた。もう一つ、中国の外交に関する彼の主張は、相変わらずロシアを最大の敵としているものの、そのロシアと対抗するため、彼は中、英、日三国の連盟を主張しはじめたのである（日本へ行く前は、彼は単に中英連合を主張していた[88]）。

王韜の思想に変化が見られたのは、もちろん日本旅行がもたらした影響が大きかったが、それより重要なのは、やはり一八八〇年代以降中国をめぐる国際情勢が変化したからであろう。つまり一八八四年の清仏戦争、同じ年に朝鮮で金玉均ら「開化派」が起こしたクーデターおよびそれをめぐる清朝と日本の衝突など中国周辺で起きた紛争を除けば、この時期に上海を含む中国のほとんどの地域は平和であり、また同じ頃の日本もちょうど享楽の気風が溢れている「鹿鳴館時代」であった。王韜の温和な主張は、この短い平和によってもたらされた結果といえるかもしれない。

二　王韜の伝奇文学

この平和な時期のなかで、王韜は上海租界の一角で「淞隠廬」を築き、「淞北逸民」と自称して老衰多病の余生を送っていた。彼の主な肩書きは、「格致書院」の「山長」(校長)であり、教育者である彼は数十種類にも及んだ自分の著作を出版することに腐心していた。一方、創作活動の分野において、王韜が書いた政治評論は依然として『循環日報』や『万国公報』に見られるが、彼が特に多くのエネルギーを注いでいたのは、筆記小説の創作であった。晩年の王韜はかなりの量の筆記小説を創作し、図らずも清末上海の代表的文学者の一人としても知られたのであった。

この時期に出版された王韜の随筆および筆記小説の代表作は、いうまでもなく『淞隠漫録』と『淞濱瑣話』である。両書は共に王韜が一八八四年から『点石斎画報』で連載した文章を収録した短編集で、そのうち『淞隠漫録』には一二一編、『淞濱瑣話』には六十八編の作品が収められている。周知のように、両書は当時読者に大いに歓迎され、たとえば『淞隠漫録』(内容がまったく一緒で書名が『絵図後聊斎志異』と変えられたものも含めて)は一八八四年~一九〇三年の間に少なくとも五つの版本があって、また『淞濱瑣話』も一八八七年~一八九三年の間に版を重ねること三回に達した。(89) 両書が人気を博した理由について、かつて魯迅が『中国小説史略』に、次のように述べている。

長洲の人、王韜『遯窟讕言』(同治元年の成立)、『淞隠漫録』(光緒初年の成立)、『淞濱瑣話』(光緒十三年の序)各十二巻……まったく『聊斎志異』の文体を手本としていて、ある期間かなり広汎に普及した。しかしながら、内容は狐や幽霊の話が次第に少なくなって、妓女の色恋の物語が盛んになったのである。(90)

魯迅はここで王韜の作品を『聊斎志異』と比較しながら、読者が馴染んでいる文体および内容が現実性と娯楽性に富んでいる二つの側面からその成功を説明している。とにかく、『淞隠漫録』と『淞濱瑣話』がベストセラーとしてかなり愛読されたのは事実である。

両書のなかには、いくつか日本に関する文章も含まれている。その一つ、上海の東洋妓女を主人公とする「東瀛才女」についてすでに述べたが（第二部参照）、それ以外に、『淞隠漫録』には「紀日本女子阿伝事」、「橋北十七名花譜」、「柳橋艶跡記」、「花蹊女史小伝」、『淞濱瑣話』には「東瀛艶譜」（上、下）もあり、合わせて五つの短編がある。この五つの文章はいずれも王韜が自分の日本旅行の経験から敷衍したもので、以下はこれらの文章の内容を概観し、作品が生まれた背景および作品の意義について検討してみたい。

三　「紀日本女子阿伝事」と「花蹊女史小伝」

この二つの短編作品の共通点は有名な日本人女性を対象としたことである。「紀日本女子阿伝事」は明治期の日本で「稀なる毒婦」と言われた高橋お伝を、「花蹊女史小伝」は明治、大正期の女流女子教育家跡見花蹊（一八四〇～一九二六、名は滝野）をそれぞれ原型としている。王韜が日本滞在中にこの二人の事跡を知り（『扶桑遊記』四月二十日の日記に、彼が栗本鋤雲、藤田茂吉と一緒に、東京新富座で名優菊五郎が演じた阿伝を見たとされ、また六月二十四日の日記に、彼が跡見花蹊と面会の約束をしたことが記されている）、そしてその時の記憶から、彼はこの二人の日本女性に対して大いに思いを馳せたのである。

図44　「紀日本女子阿伝事」挿絵

「紀日本女子阿伝事」の筋は、次のようである。「日本農家女」である阿伝は、容貌が「妖麗」で、「玉観音」と呼ばれたほどの絶世の美人であった。彼女ははじめ隣人の浪之助と密通し、そして家出をした後、横浜の船員吉蔵、絹商某、市太郎、墨川散人など自分の美貌に垂涎する多くの男たちと周旋して、次々と自分の虜とした。最後に、娼婦となった阿伝は、金銭面の齟齬で吉蔵を殺し、自分もその罪で死刑になった。[91]「紀日本女子阿伝事」は一六〇〇字前後の短い文章で、その主旨を簡単に言えば、阿伝の美貌に対する繰り返しの描写、また彼女の多淫な放浪である（図44）。

一方の「花蹊女史小伝」では、王韜が「曠世之奇女子」と称する跡見花蹊の事跡について詳しく紹介している。それによると、花蹊は三歳の頃からすでに子供と遊ばずに書画だけを好む天才少女で、そして若くしてずば抜けた書画の大家となった。彼女はまた「女学校」、「成蹊館」を相次いで開き、「華族貴人」や「西洋女子」を含む数多くの女子学生に「和漢書籍及書画、暦算、針黹、纂組」を教えていた。花蹊はさらに中国公使館の文人外交官たちと親しい関係をもち、互いに訪問することや、詩文の唱和などが時に行われ、「使署随員」の姚君と特に親密な関係であった。そして「花蹊女史小伝」のもっとも抒情的な部分は、王韜が夢のなかで彼女と出会う場面についての描写である。この夢のなかで、王韜が「日光山神」の案内によって花蹊と会い、彼女

図45　「花蹊女子小伝」挿絵

に詩を贈り、そして二人は桃の花で醸し作られた酒を飲み、さらに「胡麻飯」を食べた。ようするに、「花蹊女史小伝」は、日本の女子教育と教育者を紹介しながら、『扶桑遊記』にもしばしば描かれている、王韜と日本女性との艶めかしい出会いを髣髴する場面を付け加えた作品である(92)(図45)。

四　「柳橋艶跡記」、「橋北十七名花譜」、「東瀛艶譜」(上、下)

三つの作品はいずれも日本の遊里や花街を対象として紹介するものである。「柳橋艶跡記」は文字通り、東京の有名な花街である柳橋についての案内書であり、それに対して、「橋北十七名花譜」と「東瀛艶譜」(上、下)は個々人の日本芸者を対象に、それぞれの容貌や逸話などを紹介する、「花榜」のような作品である。

そして内容を見ると、「柳橋艶跡記」で書かれたのは、柳橋の位置と来歴、客が娼婦とやりとりする時の光景、妓楼の一年中の風習また料理や浴室の様子、それから娼婦の分類(色妓、芸妓、大妓、小妓)、有名歌妓の名前など様々なことであり、それらを総じて王韜が「異方之楽」、「柳橋韻事」と称している(93)(図46)。張小鋼がすでに指摘したように、「柳橋艶跡記」の内容は幕末明治期の漢詩人、ジャーナリストである成島柳北(一八三七～一八八四)の名著『柳橋新誌』(一八七一年出版)からそのまま踏襲したところが多く(94)、今日的な観点からすれば、この文章は王韜の「創作」と言えるかどうかはかなり疑わしい。

一方、「橋北十七名花譜」と「東瀛艶譜」(上、下)は紛れもなく王韜の創作だが、それぞれの内容は、「橋北十七名花譜」に十七名、「東瀛艶譜」に二十四名の芸者についてのきわめて簡単な紹介に過ぎず、

図46「柳橋艶跡記」挿絵

しかも内容が重複している部分もある（ただ、挿絵はすこぶる風趣がある。画家田子琳が描いた明治東京の歓楽街は、あたかも俗世間外の仙郷のように美しい。図47）。この二つの文章を書いた理由として王韜が挙げたのは、寂しい時間を過ごすため、あるいは過去を追憶し、それから「花月之旧聞」を補うためなどである。(95)

『淞隠漫録』と『淞濱瑣話』は、文学作品として疑いなく王韜の代表作であり、なかには名作とされた作品も少なくない。しかし、日本に関するこの五つの文章はどうであろう。今日の観点から見れば、王韜が気軽に書いたこれらの短編作品は、いずれも内容が簡略過ぎて、物語としてはもの足りないと言わざるを得ない。また、当時の中国人が東京へ行く時に、もし本気で「柳橋艶跡記」や「東瀛艶譜」を遊里指南としたら、彼らは必ず失望するだろう（そのころ日本へ行った中国人が娼楼へ足を運んだことは多くあり、それが当時の日本版画の一つのモチーフにもなっている。図48を参照）。というのは、これらの文章は成島柳北の『柳橋新誌』と王韜自身の日本体験をベースにして作られたので、なかに描かれている遊郭には幕末期の面影もあれば、明治十年代のものもある。それに王韜に絶賛された名妓、たとえば「有明楼」の「阿菊」のように、実際には彼自身が会ったことのない幕末期の女性も含まれている。とにかく、これらの日本についての作品は、王韜の自己陶酔のための作品といえるかもしれないが、文学の立場から見れば劣作であるに違いない。にもかかわらず、このような作品を王韜は相次いで五篇も書いた。このことはいったいなぜであろうか。

王韜がこれらの文章を書いた動機について、彼の個人的趣味の側面を除けば、いちばん重要なのは、おそらくこれらの文章によってもたらされた金銭収入であろう。張敏によると、王韜が『淞隠漫録』を

◀図47　「橋北十七名花譜」挿絵

▼図48　一恵斎芳機　五カ国於岩亀楼酒盛の図
花魁を交えて楽しむ各国の男たち、真ん中の「なんきん」は中国人である。

連載していた頃、『点石斎画報』側からもらっていた潤筆料は月に四十元もあり、これは月に百元前後という彼の総収入から見れば、いうまでもなくかなり重要な収入源である[96]。周知のように、『点石斎画報』はメイジャーが一八八四年四月に創刊した純粋たる商業雑誌であり、したがって王韜がそこに自分の作品を連載する以上、人々の好みに迎合し、人々の興味を掻き立てるほどのテーマを選ばなければならなかった。この観点からすれば、問題の核心はむしろ王韜をとりまく、そしてこれら一連の作品を誕生させた一八八〇年代の上海の社会環境がいかなるものであったか、ということになろう。

五　日本趣味の時代

また、この問題は、近代中国と日本との文化交流において、上海がいかなる地位を占めていたかという重要な問題とも通底している。一八八〇年代以降、王韜は日本との間に様々なレベルで繫がりをもっていた。同じ頃に上海で暮らし、『点石斎画報』など商業雑誌を購読する普通の中国人の場合、日本との間にいったいどのような関係性があったのであろうか。

当時の上海には常に千人前後の日本人居留民が住んでおり、そのなかには数多くの東洋妓女がいて、しかも中国社会で一時的に脚光を浴びたことはすでに述べた。東洋妓女の他に、上海には日本製品を販売する日本人商人もいた。たとえば川瀬洋行の「陽傘」、米田洋行の「自鳴鐘」、石川洋行の「綌布」はいずれも当時知られた商社と商品であり、それから「青蓮閣」など当時の人気茶館では、玩具やボタンなどを行商している日本人女性の姿もあった[97]。

上海にはまた「東洋戯」もあった。「東洋戯」とは日本の旅芸人たちが演じた曲芸のことであるが、これら旅芸人たちは中国社会で反響を起こし、そして東洋妓女に匹敵するほどの日本人の人気者であった。王韜の作品で、たとえば『瀛壖雑誌』（一八七五年出版）には、すでに手品や「股技」など旅芸人たちの精彩な技を紹介しているし、[98]他の上海繁盛記にも、旅芸人たちがしばしば「東洋戯」、「東洋戯法」などの項目で登場している。なかには、「図説」の形で彼らを紹介するものもあれば（図49）、あるいは袖珍本の『新輯上海彝場景緻』のように、売れっ子の芸人の名前や（女性が多いが、たとえば「初芳松」、「玉仙女」、「安達操」、「花魁女」など）、それぞれの得意技の名称（たとえば「扶桑代舞」、「美女騰雲」、「吃火吐火」、「五色飛水」など）を詳しく記録する案内書もある。[99]

それから「東洋車」もあった。これはいうまでもなく人力車のことで、一八七四年あるフランス商人が三百台の人力車を日本から輸入したことをきっかけとして、初めて上海の街に現れた。人力車は最初「外国小車」と呼ばれたが、すぐに「東洋車」という名前で定着した。そしてその利便性によって、「東洋車」は早くも「小車」（一輪車）と「轎子」（籠）などそれまでの伝統的な交通工具にとって代って、上海の主要な交通手段の一つとなった。一八八二年の時点で、上海で走っている「東洋車」の数はすでに二千台を超え、翌年にはさらに竹帽を被り、草履を履いている日本人車夫も一時に上海の街に姿を現していた。「東洋車」の流行と相まって、日本から人力車を輸入することも次第に大きな商売となり、たとえば明治十八年（一八八五）七月四日付の『東京日日新聞』には、「蒔絵の人力車を上海へ輸出」という記事があり、「銀座四丁目の製造業秋葉大助」という人物が、「上り龍、下り龍の蒔絵をなし、内張り、布団、布呂までも悉皆緋羅紗」のような「いとも美麗な」人力車五十輌を上海へ輸出したことが報

図49　東洋戯法
舞台横の入口に、「東瀛戯法」の扁額が掲げてある。
上海にやってきた日本の旅芸人たちは、みごとなパフォーマンスで人気を博していた。

道されている。翌年十月二十四日付の同新聞には、さらに「清国へ人力車を月々百六、七十輌輸出」という関連記事が掲載され、それによると、秋葉大助へ発注した上海行きの人力車の数は、すでに「毎月一百輌を下らず、その他臨時注文の分、月々六、七十輌もあり」といった盛況となった[100]。

それから「東洋荘」もあった。これは中国商人が経営する日本雑貨店のことで、その数は二十世紀初頭に一時に百軒近くあったが、日清戦争以前においてすでに盈豊泰（一八七四年開業）、徳盛仁、義生栄などがあった。これらの「東洋荘」は様々な日常生活用品（タオル、マッチ、玩具など）を販売し、経営も相当な規模に達した[101]。

要するに、一八八〇年代の上海の特色の一つは、名前に「東洋」と冠された日本の事物が氾濫しはじめ、人々の日常生活へ浸透していったことである。この現象が起きたのは、いうまでもなく上海が自由貿易都市であり、常に活発な経済交流が行われた結果である。そして、「東洋」の氾濫と相まって、同じ頃上海のマスコミでも、日本に関しての報道がたくさんあった。上海の各新聞はより早い段階、つまり明治維新の直後からすでに日本を積極的に報道しはじめた。たとえば『申報』の場合、その国際ニュースに関する報道の約八〇パーセントは日本関係のものであり、多い時には日本関係のニュースを一日で十一件掲載したこともある。また一八八二年七〜八月の間の『申報』に対するサンプリング調査では、日本関係のニュースは平均して毎日二件あったことも明らかになった。楽正は特に日本の西洋化改革に関するニュースや論説に注目し、上海の人々が大量の外国情報を吸収することによって自らの認知空間を拡大させ、他の地域の中国人と比べていち早く西洋と日本を「発見」した、という結論を導いた[102]。

政治や思想レベルの言説はさておき、清末上海のポピュラー文化において日本が重要な地位を占めて

図50　亀亦耽詩
長崎丸山遊郭のなかで、もっとも久しく存続した遊女屋、引田屋。花月楼はそのなかの茶屋で、江戸期のころに唐人はこれを「養山花館」と称していた。そこで詩会がしばしば開かれていたが、中国の騒人墨客たちに特に感激をもたらしたのは、ご主人の家宝で、唐の楊貴妃と玄宗皇帝が用いたとされる「鶴の枕」であった。

いたことにも注目すべきである。その典型は、ほかならぬ『点石斎画報』である。同画報は清末上海の代表的な絵入り旬刊誌（月に三回発行、毎号には八頁の絵が登載）で、内容が清末中国の社会生活を全般的に反映したものとして知られている。一八八四年からの十七年間、『点石斎画報』全部で四六五三枚の絵を掲載したが、そのなかで日本をテーマにした絵の数は百数十枚に達している。[103]そしてこれらの絵のモチーフを見ると、上海日本人居留民の生活と日清戦争に関するものを除いて、職人画家たちが日本について好んで絵にしたのは、たとえば丸山町花月楼で行われた詩会（図50）や長崎八番町「戯館」で上演している曲芸などの娯楽情報、それから美人コンテストや碁打ち同士の喧嘩などの新奇な出来事、さらに東京に突如現れた地下宮殿、煙霧を吐く巨大カエルなど摩訶不思議で、奇想天外な事物など、実に多岐にわたっている。[104]主題が現実と幻想の間を徘徊しているこれらの絵は、おしなべて日本を猟奇的な対象とし、人々の好奇心を引き寄せ、また笑いを誘うような面白さ、滑稽さ、ユーモアが満ちている。言ってみれば、「日本」そのものが清末上海の人々にとって日常生活の身近にあるのみならず、文化的消費の対象でもあった。

再び王韜の文章に戻ってみよう。読者の好奇心を引き立てるために面白く、猟奇的に日本を紹介する点において、この五つの作品は『点石斎画報』の他の絵画作品と本質的には同じである。また、絵師たちが大胆に想像を馳せて描いたそれぞれの挿し絵は、さらに作品に浪漫的な情緒を賦与したのである。私の結論として、王韜のこれらの作品は、当時の中国社会のある動向を象徴的に反映したものである、ということである。この動向とは、上海という都市の烙印が深く刻まれている、一種の中国的な「日本趣味」にほかならない。

第三部小括

王韜と日本との関係のなかで、一八七九年の日本旅行は特筆に値する重要な出来事である。その理由として、一つはこの旅行が普通の物見遊山以上の意味をもつからである。『扶桑遊記』のなかで延々と記録しているのは、様々な個性豊かな日本人との出会いであり、それから「壷觴之会、文字之飲」といったような文人遊びである。詩、酒、女の三拍子からなっている王韜の旅行は、文人として「宕蕩風流」に対する彼の追求から生まれたものだが、それが日本で十二分に発揮できたのは、多くの日本人が彼の生き方に共鳴した結果に他ならなかった。『扶桑遊記』が王韜によって著され、栗本鋤雲によって訓点され、さらにまず日本で上梓されたことも正にその象徴である。実際、王韜が後年書いた「弢園著述目録」によると、鋤雲は『扶桑遊記』を出版するさい、その内容にかなり手を施して、風流な文人遊び以外の、たとえば日本の海防、兵政、軍艦などに関する内容をことごとくカットしたのである（これに対して王韜はやや不満だが[105]）。つまり、『扶桑遊記』が文人「風流」を謳歌する作品として世に現れたのは、ある意味で両国文人の共同作業によってもたらされた結果であるともいえよう。そして王韜と彼の日本人の友人たちの間に、「風流」の追求という共通点があったからこそ、彼らの間につながりが生じ、そのつながりはまた新しいネットワーク作りの土台となり、そして最終的に、政治や経済の関係とは別の次元での文化的関係を形成したといえる。

事実、一八七〇年代後期から一八九〇年代初期にかけて、日中両国の知識人が「風流」を媒介として繋がりをもった事例は多く見られる。駐日清国公使館の黄遵憲、黎庶昌ら「文人外交官」グループと、大河内輝声、宮島誠一郎ら日本文人グループとの東京での交遊記録は、百冊を越える膨大な「大河内文書」および『重九登高集』をはじめとする一連の詩集に残されている。[106] 同じ時期の上海でも、黄式権、袁祖志ら地元の名士たちは、岸田吟香、北条欧所、柴田義桂ら渡滬した日本人と詩社を組織し、詩文の唱和を盛んに行っていた。[107] もう一例、明治日本の文壇佳話として、一八八〇年代後期から一八九〇年代初頭にかけて、上野国島村生まれの才子金井秋苹（一八六四～一九〇五）がドイツ留学の時に、中国詞壇の重鎮潘蘭史（一八五七～一九三四）と親好を交わし、二人は袂を連ねてベルリンやパリで艶遊の日々を送り、またその風流生活をテーマに数々の詩作を残していたことが、神田喜一郎『日本塡詞史話』のなかで「金井秋苹と潘蘭史」（一、二、三）と題して大々的に紹介されている。[108] 香港、東京、上海に足跡を残した王韜も、いうまでもなくこれら都市の日中文人グループと密接な関係をもつ一人だった。

王韜の日本体験の注目すべきもう一つの側面は、この体験が彼自身および後の中国社会に与えた影響である。日本を旅行した頃の記憶を辿りつつ、さらに猟奇性を加味した彼の一連の筆記小説は、清末上海の「日本趣味」という流行の波に乗ってつくられた作品である。日本人の知己を得、柳橋の「艶跡」に耽り、さらに東瀛の「名花」の虜になった彼は、「同文同種」という中国と日本の文化同一性を主張しはじめ、両国の友好ないし自分のロマンスがいつまでも続くことばかりを願っていた。それゆえ、中日両国が早くも開戦するという事態は、当時の中国でもっとも知見が高い政治評論家の一人として称された彼にとって、夢にも想像しなかったことであった。日清戦争が勃発した後、大きなショックを受けた彼は、再び一八七〇年代頃の論調を拾い、『万国公報』に日本批判の文章を送りはじめた(109)。だが、憤慨と失望は、ただ老衰を加速させる結果となり、一八九七年に至って王韜はついに病死した。その死亡期日について、同年の五月二十四日かそれとも秋の某日かの諸説があるが、おそらく彼が孤独と寂寞のなかで世を去っていったことは想像に難くない。

王韜の死は、「風流」の追求を人生の目標として堂々と掲げた世代が歴史の舞台から消えていく象徴的な出来事である。一方、新しい世代の知識人は、すでに彼の死を待たずに登場しはじめていた。一八九六年、清朝政府が十三名の青年を日本に送り、彼らの教育を東京高等師範学校長嘉納治五郎に依頼した。このことをきっかけに、日本から近代化の経験を学ぶという時代の至上課題のもとで、やがて中国人による渡日ブームが始まる。一九一〇年代まで、数万人の留学生とおびただしい遊歴官紳が、日本の土を踏み、日本での経験を生かして清末「新政」運動および辛亥革命で中心的役割を果たしたことは、周知の事実である。

この二十世紀初頭の東遊ブームについて、今日の歴史家たちはおしなべて「空前」の現象として語ってきた。しかし、より長いタイムスパンから見れば、それはある意味で一六八〇年代頃のあの渡崎熱の再来ともいえるかもしれない。規模の大きさや、反清運動との関連だけでなく、東遊した人々のなかに「漁色組」が少なからず存在し、彼らの日本滞在生活が相変わらず享楽的な雰囲気に包まれていたことは、かつて長崎へ向かう清客たちのそれとたいへん相似するものがある。これについて、たとえば張資平の短編小説『一班冗員的生活』のなかで、当時中国官紳たちの日本視察が次のように描写されている。

土曜日、青年会の人がX区の女子職業学校を全員参観に行くから行かないかと言いに来た。Cは心の中でつぶやいた、青年会の幹事たちもじつにつまらないな、今週も参観、来週も参観、再来週もまた参観と見てまわるばかりだが、その参観先は女子大学、女子高等師範、女子美術学校、女子家政学校、女子医学校の一色に塗りつぶされる。今度また女子職業学校というふうに、見識と見聞の増進にもっとも役立つはずの男子校に関心がなく、彼らはただ女を見るのが好きなだけだ、と。(110)

もちろん遊歴官紳だけでなく、留学生のなかにも同様の人物が多くいた。彼らの行動ぶりをいきいきと伝えた作品として、民国初年に成立した小説『留東外史』が有名である。この小説の冒頭で、作者の平江不肖生は、まず当時東京に滞在していた中国人を次のように分類している。

原来、我国の人で、現に日本に居る者は一万人以上であるが、公使館員及び各職員、並びに各省の経理員の外には大体四種に分つことができる。
第一種は、公費又は私費で、此処で真面目に勉学している者、
第二種は、資本を携へて、此処で商売を経営している者、
第三種は、国家の公費を使ひ乍ら、此処で商売もせず、勉学もせず、専ら嫖経を講じ(女を漁

り）食譜を読む（飲食に耽る）者、

第四種は、第二次革命に失敗して亡命して来た者……[111]

そして『留東外史』は上の第三種と第四種を主人公とし、「嫖」、「賭」、「喝」、「吃」の四事に奔走する彼らの面貌を描写する文学作品である。実藤恵秀によると、『留東外史』、さらにその続編『留東新史』、『留東外史補』の初版は全部で十五冊、頁数総計二一二〇頁の超長編小説であり、登場人物は中国人男子が二〇五名、日本女子が五十六名に達し、小説はこれら男女の間に起きている様々な物語を壮大に描いているのである。

『日本留学精神史――近代中国知識人の軌跡』で厳安生は留学生たちが抱いた日本像を子細に分析している。それによると、当時の清国留学生が書いた文章のなかに、「三神山」などかつて王韜が好んで使った表現がしばしば見られ、厳自身もこの表現を借りて留学生たちの抱いた日本像の一側面を説明したのである。[112] このことから、あるいは『扶桑遊記』や『淞隠漫録』などの作品が当時の留学生のなかで影響力をもっていたと推察できるかもしれない。

ただ、二十世紀初頭の東遊ブームには、十七世紀の渡崎熱と比べてやはり大きな違いがある。それは、日本での漁色行為がその時点ですでに批判の対象となっていたということである。張資平の小説に出てきたCは、ただ女を見るための日本視察を「つまらない」ことと批判し、『留東外史』のなかでも漁色している留学生たちが「悪徳党」と称されている。つまり、かつて文人たちがしきりに「風流」を称えた時代はすでにいつの間にか過ぎ去ってしまっていたのだ。

終　章

むかし、中華世界に住んでいた人々は、東の海の彼方に思いを馳せて、日本をさまざまな異称や雅号で呼んでいた。

日本を扶桑と呼ぶ人がいた。最古の神話地理書である『山海経』海外東経に、「湯谷の上に扶桑有り、十日の浴する所なり。黒歯の北に在り。水中に居り、大木有り。九日下枝に居り、一日上枝に居る」とあるので、「国を扶桑に立て日の辺に近し」という日本像が、そこで生まれたのである。

またある人は、日本がすなわち君子国であると思っていた。これも『山海経』海外東経の記載を根拠とした考えで、同書に次の一節がある。「(君子国の人が)衣冠して剣を帯び、獣を食ふ。二大虎を使ひ、旁に在り。其の人譲るを好みて争はず。」ある逸話によると、唐のころに一人の中国人が、遣唐使のなかにいた美男子、粟田朝臣真人の儀容にひどく感心したために日本を伝説中の君子国と見なしたという。清末の知日家黄遵憲も、かつて日本の漢学者たちを称えて次のような詩句を残している。「道学儒林列伝を尋ねれば、東方の君子国は賢多し。」

それから烏卯《うぼう》という洒落た表現も考案された。烏というのは太陽の中に三脚の烏がいるという伝説にちなみ日のこと、卯は十二支では東に充てる、烏卯はすなわち日東の意味である。

さらに、「東海姫氏国」と「東海女国」という異称も使われていた。考案者が日本のことを多少知っている好事家流の人物であるに違いないが、鎌倉時代の学者卜部兼方の説によれば、陰神の天照大神が祭られ、また神功皇后のような「女主」がいたことも、かような異称が中国で生まれた背景だった。(1)

とにかくいにしえの中国人はあて字ではなく漢語の名称で日本を呼ぶことが好きだった。邪馬台のような外来語と違って、漢語を使えば、なにかの具体的な印象を形作ることができ、またなにかの情緒的なものをも、かもし出しやすいからであろう。そういった印象的、情緒的なものに対して、後世の知日家はしばしばあられもない幻想として、あるいは古人の天真爛漫さがもたらした誤解として、あるいは日本に対する『千夜一夜』ばりの先入観として決めつけたり、またかような幻想、誤解と先入観が「荒誕」のみならず、まるで中国と日本のあいだを隔てている「十重の雲霧」のようなじゃまものだ、と批判したりした。(2)

本書は、過去における両国の交流に光を当てながら、日本に対して中国人が持っていた種々の思惑を再認識しようとした。長崎唐人屋敷の賑やかさ、上海東洋茶館の繁盛ぶり、海を越えた艶ごとの発生。清朝時代の多くの文化交流現象は、ある意味で担い手たちの憧憬、幻想、偏見、誤解などの感情と欲望によってもたらされた産物にほかならない。むしろ、あれほど盛んだった両国間の人的往来が実現するには、「十重の雲霧」なるものが不可欠だったと言えよう。もしそれがなければ、すくなくとも日中交流のなかで内包されている豊かな人間味がだいぶ色あせたものになるに違いない。

さて、中国と日本の間に長らく漂っていた「十重の雲霧」は、時代が下るにつれてほとんど飛散してしまった。交通手段と通信手段の革新によって、日本を包んでいた神秘な色彩がだんだん薄くなり、また中国社会と日本社会の西洋化によって、夢想好きの文人たちもその相手であった遊女たちも早くも日中交流の現場から退けられた。それだけでなく、二十世紀の惨烈な戦争と長く続いた国交断絶を体験した今日の中国人は、日本人をもっぱら殺伐とした相手として認識するようにもなっている。

そんななか、過去のおもかげは、唯一、中国人のある幸福論のなかにまだ生き延びている。このことについて、かつてある日本人がいささか興奮気味の口調で次のように紹介していた。

洋館建に住んで、支那料理を喰って、それに女房は日本婦人を貰うたら男冥加に此の上ないぢゃないかと支那のさる贅沢者が云うた。支那全土の主要地到る処日の丸と五色旗が交叉して、我等多年の念願である日支親善がほんとに芽をふき初めた。御覧なさい挙国一致の声援裡に事変後の日本人急増の跟を。北京の千人が二万人、天津の一万が二万、張家口の何十が何千、石家荘の零が数千人に、到る處にも日本料理、支那料理の店が氾濫してゐる。……(3)

右の引用文は、『北支画刊』第三期(一九三八年六月発行)に掲載されている「支那料理の話」という文章の冒頭部分である。文中の「事変」とは、蘆溝橋事件のことである。日中戦争が全面的に展開する最中、筆者の河野通一は、「支那のさる贅沢者」の口から、中国人の幸福論を耳にしたのである。むろん、この幸福論を「日支親善」が芽生えた結果として捉えようとする筆者の見方は、いささか短絡である。というのは、日本人の妻や妾を持ち、あるいは日本人の女性と関係した当時の中国社会の名士たちは、親日陣営に立った漢奸ばかりではなく、反日陣営にもかなりいたようだ。(4) 河野の文章から確認できるのは、むしろ次の事実である。中国と日本の関係がいかに険悪になっても、日本人の女性がそれとは無関係で、あるいはそれを超越した存在である——という一念が、近代中国の多くの男たちの脳裏からまだ去っていない、ということである。

この点について、文学者・銭鍾書のほうは、深い洞察を示している。近代中国人の日本女性幻想を風刺小説的な手法を用いて捉えた彼の小説「猫」のなかで、一人の登場人物の口から、さきの「支那のさる贅沢者」と同じせりふが言われている。それに関連するシナリオは次のようである。ある清朝の遺老は外国を遊歴したすえ、自らが会得した体験の精髄を次の四句にまとめていた。「吃中国菜、住西洋房子、娶日本老婆、人生無遺憾矣」(「支那料理の話」と比べて、幸せの項目は前後の順序が少し異なっているが)。遺老はこの四句を「伝家格言」として自分の息子に伝授し、しかしその息子(中国某大学の教授として設定された人物)は無能にも大事な家訓を間違った順で実行した。彼はまず完全に「西洋化」された横着な女を娶り、それから北京の古めかしい家屋を住まいとした。そして二人の新婚旅行は東京を選んだが、その滞在中、新婦の女は自分の整形手術中に彼の性欲を抑えるために日本料理のみを食べるようにと彼に強要し、その結果彼は胃病にかかってしまった。(5)

日本女性を登場させた例の幸福論を清朝遺老が残した家訓とした設定は、いうまでもなく中国知識人の深層心理に対する銭氏の卓越した理解によるものだといえる。この小説のなかで、日本社会や日本人、それから日本かぶれの中国知識人は、いずれも銭氏の痛烈な風刺の対象となっている。作品が最初に発表されたのは第二次世界大戦直後の一九四六年であることを考えれば、日本にたいする作者の反感と憎悪も理解できよう。

　銭氏の見解を別として、その幸福論はその後どうなったかというと、四十年後の一九八〇年代に銭鍾書文学ブームが大陸に起り、清朝遺老の四句格言がまたもや人口に膾炙された名文句となった。しかも多くの人がこの名文句を風刺の言葉として聞いたのではなく、まともな幸福論として受け入れたのだ。むろん、これは銭鍾書の小説が誤読された結果というより、むしろ当時対外開放という新時代の風潮のなかで中国に入ってきた日本大衆文化の影響として見なされるべきであろう。栗原小巻、中野良子、山口百恵ら日本女優主演の映画やドラマが一九八〇年代前後の中国社会を風靡した様子は、三十歳以上の中国人なら、記憶に新しいはずである。

　とにかく、日本の女性へ寄せた中国の男たちの片思いだけは、まだまだつづきそう……

注

序章

(1)「清国牛荘於テ醜業ヲ営ム本邦婦女取締方在同国芝罘領事ヨリ申出ノ件」、外務省外交史料館所蔵の外務省記録四門二類二項二七号「本邦人不正業取締関係雑件」第一巻所収。
(2)日本を「女多男少」の国として紹介した中国の正史は、『後漢書』以下、『梁書』『隋書』『晋書』『南史』『北史』『旧唐書』『新唐書』である。また、明代後期の日本研究ブームの中で、薛俊『日本考略』、李言恭と赦杰『日本考』、厳従簡『殊域周諮録』などはこの説を紹介・引用し、鄭舜功『日本一鑑』のなかには、さらに論考を加えた。鄭はとくに日本における男児の間引きが広く行われた現象を根拠として、この説の正しさを強調している。鄭舜功著／三ヶ尻浩校注『日本一鑑』(拠京都帝国大学国史研究室及富岡氏蔵鈔本油印、一九三七年)「窮河海話」巻三「男女」の条、七二頁。
(3)娼妓の「商業有益説」について、李長莉『晩清上海社会的変遷——生活与倫理的近代化』(天津人民出版社、二〇〇二年)のなかで、一八七〇~八〇年代の『申報』に掲載された八篇の社説が紹介されている。同書三四九頁~三五四頁を参照。また、このような論調は他の新聞にも見られ、一例として一八九八年十一月十八日付『采風報』

に、「妓楼が商務と相繋ぐことを論ず」（「論妓院與商務相維繋」）というタイトルの論説が掲載されている。

（4）茂木信之「文人と隠逸」荒井健編『中華文人の生活』（平凡社、一九九四年）、二七頁～二八頁。

（5）小西甚一『「道」――中世の理念』（講談社、一九七五年）、一二頁。「風流」の意味に関する詳細な考証は、同氏の論文「風流と風狂」『岩波講座　日本文学と仏教　第五巻　風狂と数奇』（岩波書店、一九九四年）を参照。

（6）岡崎義恵『日本芸術思潮』第二巻の上（岩波書店、一九四七年）、一五頁～二一頁。

（7）諸田龍美「好色の風流――『長恨歌』をささえた中唐の美意識」、日本中国学会編『日本中国学会報』第五四集、二〇〇二年。

（8）知蟲天子編／田暁娜審定『香艶叢書』（人民中国出版社、一九九八年）。

（9）ロバート・モリソン『華英字典』（R. Morrison, *A Dictionary of The Chinese Language*）第六巻（ゆまに書房、一九九六年）、三四一頁。ウェルター・メドハースト『華英字典』（W.H.Medhurst, *Chinese and English Dictionary* 東京美華書院、一九九四年）、一五六頁。

（10）「艶」の意味について、漢語大詞典出版社編『漢語大詞典』および諸橋徹次編『大漢和辞典』を参照。

（11）日本人の旅行記における「からゆきさん」記録について、宮岡謙二『娼婦　海外流浪記』（三一書房、一九六八年）に詳しい紹介がある。引用の部分は同書一一二～一一七頁を参照。

（12）東亜同文会編『対支回顧録』下（一九三六年初版、原書房複刻、一九八一年）、一一三〇頁。

（13）「牛荘在留御国人名簿」、前掲「清国牛荘於テ醜業ヲ営ム本邦婦女取締方在同国芝罘領事ヨリ申出ノ件」より。

第一部　「遊興都市」長崎へ――清客たちの日本旅行（一六八四～一八三〇）

（1）詞の序の原文は「呉船起錨之日。試到館前。観客與妓別状。察其情。填二詞。」である。神田喜一郎『日本にお

ける中国文学I――日本填詞史話　上』（『神田喜一郎全集』第六巻、同朋舎、一九八五年）、一七二頁。

（2）同上書、一七二頁～一七三頁。

（3）大田南畝『和漢同詠道行』と松浦静山の『甲子夜話』については、古賀十二郎『丸山遊女と唐紅毛人』前編（長崎文献社、一九六八年）、六八八頁～六九七頁。

（4）頼山陽「長崎謡十二解」で、次の三首は唐人と遊女の関係を主題とした作品である。

其の九、

捧レ茗添レ香頤指中、雙雙眼語意何窮。洞房不レ用煩二伝訳一、自有二霊犀一点通一。

其の十、

盈盈積水隔二音塵一、穿レ眼来帆阿那辺。自慰吾儂勝二織女一、一年両度迓二郎船一。

其の十一、

鬢側釵横夢一場、尤雲滞雨耐二他狂一。眠醒罽帳春如レ海、銀鼎焼餘真臘香。

徳富猪一郎監修／木崎愛吉・頼成一共編『頼山陽全書　詩集』（頼山陽先生遺蹟顕彰会、一九三二年）、二二八頁。
また、遊女と唐人の親密な関係に関する多くの史実および関連の詩文については、古賀前掲書のほか、本山桂川『長崎花街編』（春陽堂、一九二七年）にも詳しい紹介がある。

（5）「唐人貿易」に関する戦後の代表的な研究として山脇悌二郎『長崎の唐人貿易』（吉川弘文館、一九六四年）、荒居英次『近世海産物貿易史の研究』（名著出版、一九八八年）、中村質『近世長崎貿易史の研究』（吉川弘文館、一九八八年）などがある。

（6）江戸時代の日本における中国文化の影響について、大庭脩『江戸時代の日中秘話』（東方書店、一九八〇年）、『江戸時代における中国文化受容の研究』（同朋舎、一九八四年）、大庭脩・王暁秋編『歴史』（日中文化交流史叢書〔1〕、大修館、一九九五年）などと一連の著書が代表的な研究である。

（7）福田忠昭「唐人屋敷」、日本歴史地理研究会編『歴史地理』第二七巻四号、一九一六年、三五三頁。古賀前掲書前編、六四二頁〜六四三頁。また福田忠昭『長崎市史・地誌編　名称旧跡部』（清文堂、一九三七年）、七一九頁。

（8）清楽について古賀前掲書前編、三〇八頁〜三一二頁を参照。「看々踊」について本山桂川『長崎丸山噺』（坂本書店、一九二六年）、八〇頁、また浅井忠夫『唐人唄と看々踊』（東亜研究会、一九二三年）を参照。

（9）万明『中国融入世界的歩履——明与清前期海外政策比較研究』（社会科学文献出版社、二〇〇〇年）、三五二頁〜三七四頁。大庭脩『江戸時代の日中秘話』（東方書店、一九八〇年）、三〇頁。

（10）朱徳蘭「清開海令後的中日貿易商與国内沿岸貿易（一六八四〜一七二二）」、張炎憲編『中国海洋発展史論文集』（第三輯、中央研究院三民主義研究所、一九八八年）、三七二頁〜三七三頁。唐船の入港船数について、大庭脩『江戸時代の日中秘話』には、一六八四年に二十四艘、一六八五年に八十五艘、一六八六年に一〇二艘、一六八七年に一一五艘、一六八八年に一九三艘としている。同書三一頁参照。

（11）朱徳蘭同上論文、四一四頁。また大庭脩が算出した人数は九一二八人である。前掲『江戸時代の日中秘話』、二二四頁。

（12）魏斐徳『洪業——清朝開国史』（江蘇人民出版社、一九九八年）、八四〇頁。原作はFrederic Wakeman, Jr., *The Great Enterprise: The Manchu Reconstruction of Imperial Order in Seventeenth Century China*. Berkley and Los Angeles: The University of California Press, 1985.

（13）万明前掲書、三七六頁〜三八〇頁。

（14）大庭脩「浙江と日本——一六八四年より一七二八年にいたる間の寧波船の動向」、藤善真澄編『浙江と日本』（関西大学出版部、一九九七年）、一六〇頁。また、唐人貿易における江南地域の重要性について、浦廉一「華夷変態解題」（『華夷変態』東洋文庫、一九五八年）、一一頁、山脇悌二郎『近世日中貿易史の研究』（吉川弘文館、一九六〇年）、三四頁、松浦章「唐船乗組員の個人貿易について」（社会経済史学会編『社会経済史学』第四一巻三号、一九七五年）、二六頁を参照。
(15) 王之春『清朝柔遠記』（廣雅書局、一八九一年）巻四、七頁。
(16) 中川忠英『清俗紀聞　二』（平凡社、一九八七年）巻之十、一三八頁〜一四〇頁。
(17) 西川如見『日本水土考・水土解弁・増補華夷通商考』（岩波書店、一九九七年）、一〇六頁〜一〇七頁。また、唐船乗組員の構成および業務についての詳細な分析は、松浦章『清代海外貿易史の研究』（朋友書店、二〇〇二年）の一節「唐船の乗組員とその雇傭について」を参照、八四頁〜八九頁。
(18) 西川同上書、一〇二頁〜一〇三頁。また朱徳蘭前掲論文をも参照、三八六頁〜三八七頁。
(19) 廖大珂『福建海外交通史』（福建人民出版社、二〇〇二年）、四〇九頁。
(20) 伊藤松『隣交徴書』（国書刊行会、一九七五年）、四三三頁。
(21) 「附搭小客」は、もちろんすべてが遊楽目的の人だけではなかった。幕府の招聘に応じて長崎へ渡航した僧侶や医者、それから騎射に長じる引退武将など特殊技能をもつ人々もいた。そのほか、清朝がスパイを長崎に派遣したこともよく知られた事実である。彼らは少数で特殊な渡航者だが、かえって何らかの形で記録されたのである。
(22) 陳倫炯『海国聞見録』「自序」、『台湾文献史料叢刊　第七輯』（台湾大通書局、一九八七年）、一頁。
(23) 伊藤松『隣交徴書』、四三四頁。
(24) 『通航一覧』第六（国書刊行会、一九一三年）巻二二七、一五頁。また大庭脩によると、唐船の乗客数について、人数が比較的に安定している船もあれば、浮動の大きい船もある。後者の場合、たとえば元禄元年（一六八八）十九番船は八年間で三十二名から四十九名に、元禄四年（一六九一）七十番船は五年間に三十三名から六十名の間で変化するといったケースも見られる。同一の船なので、その人数の変化は乗組員以外の乗客の増減であったことはいうまでもない。大庭脩『江戸時代の日中秘話』、二二五頁を参照。
(25) 古賀前掲書前編、五八五頁。

(26) 原文は「余嘗充清館監十四年於茲矣其致交於翰墨者不可枚挙」である。翁広平『吾妻鏡補』（朋友書店、一九九七年）巻二三、四五九頁。

(27) 越中哲也註解『長崎古今集攬名勝図絵』（長崎文献社、一九七五年）、四四頁。

(28) 丹羽漢吉校注『長崎土産・長崎不二賛・長崎萬歳』（長崎文献叢書第二集第四巻、長崎文献社、一九七六年）、六六頁～六七頁。

(29) ケンペル著／今井正訳『日本誌』（霞ヶ関出版株式会社、一九七三年）下巻、第四巻「日本におけるシナ人の貿易およびシナ人の処遇」、一二九頁～一三〇頁。

(30) 岩生成一「近世日支貿易に関する数量的考察」、『史学雑誌』第六二編第一一号、一九五三年。永積洋子『唐船輸出入品数量一覧　一六三七～一八三三』（創文社、一九八七年）、三九六頁。

(31) 本山桂川『長崎花街編』、三五一頁。

(32) 大庭脩編『享保時代の日中関係史料　二』（関西大学出版部、一九九五年）、一三九頁。

(33) 向達校注『両種海道針経』（中華書局、一九六一年）、五頁～八頁。

(34)「順風相送序」および「指南正法序」を参照、同上『両種海道針経』、二一頁または一〇七頁。

(35)「海程図」のほかに、「針路図」や「海島図」といった絵図類のものもある。前者の場合、たとえば一七五一年前後に描かれた「封舟出洋順風針路図」に、福州と那覇との往復「針路」および間の島々の位置が正確に描かれている。「封舟出洋順風針路図」は曹婉如編『中国古代地図集　清代』（文物出版社、一九九七年）、六頁に所収。また「海島図」について、たとえば琉球人程順則が中国の「針経」を利用して編した『指南広義』（康熙四七年編、球陽研究会、一九七〇年復刻）に見える。

(36) 西川如見前掲書、七四頁。

(37) 唐船について詳しい考察は、大庭脩『江戸時代における中国文化受容の研究』、『江戸時代の日中秘話』、また松浦章「日清貿易における長崎来航唐船について」（『史泉』四七号～四九号）を参照。
(38) ジョセフ・ニーダム『中国の科学と文明』（思索社、一九八一年）第一一巻「航海技術」、一三二頁。
(39) 同上書、一三二頁。「キーイン号」について、陳三井『華工與欧戦』（中央研究院近代史研究所、一九八六年）、一頁を参照。
(40) 松浦章『清代海外貿易史の研究』、二六九頁～二七六頁。
(41) 原文「日本島嶼與浙江、江南洋面最近、止三十餘更路程、風順四、五昼夜可到」。王之春前掲書、七四頁。
(42) 矢沢利彦編訳『イエズス会士中国書簡集1 康熙編』（平凡社、一九八二年）、二三八頁。
(43) 藍鼎元『鹿州奏疏』、松浦章『清代海外貿易史の研究』より引用、二七三頁。
(44) ここに挙げている数字は統計の一部である。他に台湾をはじめ七つの地域から出帆した唐船の所要日数をも統計された。大庭脩『江戸時代の日中秘話』、三九頁。
(45) マッテーオ・リッチほか著／川名公平、矢沢利彦訳『中国キリスト教布教史』（岩波書店、一九八三年）、一八五頁。
(46) 米沢秀夫『上海史話』（畝傍書房、一九四二年）、四七頁。
(47) 王在晋『越鐫』巻二一、原文は「浙海距倭、盈盈一水、片帆乗風、指日可到。是真門庭之寇……」である。陳東有『走向海洋貿易帯——近代世界市場互動中的中国東南商人行為』（江西高校出版社、一九九八年）より引用、一二一頁。
(48) 松浦章『清代海外貿易史の研究』、五八七頁～五九六頁。
(49) 姚賢鎬編『中国近代対外貿易資料』（中華書局、一九六二年）、一〇頁。
(50) 井波律子『中国的大快楽主義』（作品社、一九九八年）、七頁～一〇頁。
(51) 溝口雄三・丸山松幸・池田知久編『中国思想文化事典』（東京大学出版会、二〇〇一年）、八八頁～九〇頁。

(52) 陳萬益「馮夢龍『情教説』試論」、『漢学研究』（第六巻第一期、一九八八年）所収、二九七頁～三〇七頁。張寿安「叔無服、情何以安——清代『礼制與人情之衝突』議例」、熊秉真・呂妙芬編『礼教與情欲——前近代中国文化中的後／現代性』（中央研究院近代史研究所、一九九九年）所収、一二五頁。
(53) R・H・ファン・フーリック著／松平いを子訳『古代中国の性生活——先史から明代まで』（せりか書房、一九八八年）、四三〇頁。
(54) 謝肇淛著／岩城秀夫訳注『五雑俎　四』（平凡社、一九九七年）、二九七頁。
(55) 呉蕙芳『萬宝全書——明清時期的民間生活実録』（国立政治大学歴史系、二〇〇一年）、六一三頁～六二〇頁。
(56) 余懐著／岩城秀夫訳『板橋雑記』（東洋文庫二九、平凡社、一九八七年）、一二頁～一三頁。文中の「車子」は三国時代の歌妓の名前。
(57) 王鴻泰「青楼名妓與情芸生活——明清間的妓女與文人」、熊秉真・呂妙芬編前掲書所収、七三頁～一一三頁。
(58) 余懐『板橋雑記』、四頁。
(59) 王書奴『中国娼妓史』（生活書店、一九三五年）、二六九頁～二七二頁。
(60) 万縄楠『中国娼妓漫話』（黄山書社、一九九六年）、一八四頁。
(61) 『大清律例』（天津古籍出版社、一九九三年）巻三三「刑律・犯姦」を参照、五五八頁。
(62) 大庭脩編『享保時代の日中関係史料　二』、一二五頁～一二六頁。
(63) 戴震がいう「共欲」とは、人間が欲を相互に一定の満足を保証しながら全体としての調和を確保していくこと。溝口ほか編前掲書、九〇頁を参照。また、戴震および彼以降の「情欲覚醒」に関する思想的言説について、前掲張寿安論文を参照。
(64) 前野直彬訳『閲微草堂筆記・子不語』（中国古典文学大系42、平凡社、一九九四年）、二九四頁～二九五頁。
(65) 王溢嘉『情色的図譜』（野鵝出版社、二〇〇一年）、一五九頁～一六八頁。

(66) 程春宇『士商類要』のなかの「士商類要叙」（方一桂題記）を参照、楊正泰『明代駅站考 附・一統路程図記、士商類要』（上海古籍出版社、一九九四年）、二三五頁。
(67) 楊正泰前掲書、一三四頁。谷井俊仁「路程書の時代」、小野和子編『明末清初の社会と文化』（京都大学人文科学研究所、一九九六年）、四一五頁～四五五頁。
(68) 謝肇淛著／岩城秀夫訳注『五雑組 二』巻四地部二、一七七頁～一七八頁。
(69) 滕新才「明朝中後期旅遊熱初探」、哈爾濱（ハルビン）師範大学『北方論叢』一四三期、一九九七年三月号、一八頁。
(70) 荘吉発『清史講義』（実学社、二〇〇二年）、二八六頁。
(71) 同上書、二八七頁。
(72) 張岱著／松枝茂夫訳『陶庵夢憶』（岩波書店、二〇〇二年）巻四「泰安州の宿屋」、一八一頁～一八二頁。
(73) 顧文璧「明代武当山的興盛和蘇州人的大規模武当進香旅行」、湖北省考古学会『江漢考古』一九八九年一月号、七一頁～七五頁。
(74) 寺門静軒著／朝倉治彦・安藤菊二校注『江戸繁昌記 一』（平凡社、一九八七年）、二四頁～二五頁。
(75) 前田愛「『板橋雑記』と『柳橋新誌』」、『前田愛著作集第一巻 幕末・維新期の文学 成島柳北』（筑摩書房、一九八九年）、四八七頁～五〇五頁。
(76) 野間光辰編著『色道大鏡』（友山文庫、一九六一年）巻一三「遊郭図 下」、「第廿三 肥前国長崎 丸山町寄合町」、四二五頁。
(77) 新村出編『異国情趣集』（更生閣書店、一九二八年）、二〇五頁。
(78)『色道大鏡』巻一七「扶桑列女伝・吉野傳」、五六一頁～五六二頁。
(79) 木宮泰彦『日支交通史』下巻（金刺芳流堂、一九二七年）、四七〇頁。

(80) 黄宗羲「日本乞師記」、『梨洲遺著彙栞』（時中書局、一九一〇年）。古賀前掲書前編、六三七頁。
(81) 石原道博『日本乞師の研究』（富山房、一九四五年）、一一三頁〜一二〇頁。
(82) 戴名世「日本風土記」、『南山集』巻一一。
(83) 古田島洋介「中国文学の日本人像」、平川祐弘・鶴田欣也編『内なる壁――外国人の日本人像・日本人の外国人像』（TBSブリタニカ、一九九〇年）、三〇頁。
(84) 郁永河『海上紀略』に日本について、「其與諸国通貿易処、曰長崎島。男女肉色最白、中国人至彼、暴露風日中、猶能転黒爲白。雖使桓宣武黒王相公往、亦当改観。婦人妍美白皙如玉人、中国人多有流連不帰者。今長崎有大唐街、皆中国人所居也。」とある。『台湾文献史料叢刊　第七輯』（台湾大通書局、一九八七年）より引用、六三頁〜六四頁。
(85) 松浦章「浙江商人汪鵬と日本刻『論語集解義疏』」、『関西大学文学論集』一九九五年、三八七頁〜四〇一頁。
(86) 汪鵬著／実藤恵秀訳「袖海編」、長崎県史編纂委員会編『長崎県史』「史料編　第三」（吉川弘文館、一九六三年）、三一九頁。
(87) 同上書、三一〇頁〜三一一頁。
(88) 饒田喩義編述／打橋喜篤図画『長崎名勝図絵』（長崎史談会、一九三一年）、二四二頁〜二四三頁。「華客」と「妓」の問答についての紹介と分析について、古賀前掲書前編、六三五頁を参照。
(89) 大木康「中国房中術覚え書」、『現代思想』Vol.19（青土社、一九九一年）、一二〇頁。
(90) 房中術について、以下の研究を参考にした。ファン・フーリック前掲書、王溢嘉前掲書、三浦国雄『不老不死という欲望――中国人の夢と実践』（人文書院、二〇〇〇年）、猪飼祥夫「『張三峰』の房中術」、三浦国雄・堀池信夫・大形徹編『講座道教　第三巻　道教の生命観と身体論』（雄山閣、二〇〇〇年）所収。
(91) リチャード・レイン／大家京子訳『江戸の春・異邦人満開』（河出書房新社、一九九八年）、八四頁〜八六頁。

(92) 高橋鉄『近世近代一五〇年性風俗図史』上（久保書店、一九六八年）、原色版部分の解説を参照。
(93) R・レイン前掲書、八六頁。
(94) ファン・フーリック前掲書、第十章「明王朝」、三七〇頁。
(95) 猪飼前掲論文、二一七頁。
(96) 滝川政次郎『遊女の歴史』（至文堂、一九六九年）、一九三頁〜一九九頁。
(97) 田野辺富蔵『医者見立て　英泉「枕文庫」』（河出書房新社、一九九六年）、二一頁、四一頁。
(98) 牟復礼・崔瑞徳編『剣橋中国明代史』（*The Cambridge History of China Volume7*. Edited by Frederick W. Mote and Denis Twichett の中国語訳。中国社会科学出版社、一九九二年）、二九七頁。
(99) 本山桂川『長崎丸山噺』、二四頁。
(100) 大庭脩『江戸時代の日中秘話』、三二頁〜三三頁。木宮泰彦『日支交通史』下巻、四九四頁〜五〇七頁。
(101) 董華『長崎紀聞』のテキスト、そのテキストについて考証および内容の紹介は松浦章「清代雍正期の董華『長崎紀聞』について」を参照。関西大学東西学術研究所編『東西学術研究所紀要』（第三三号、二〇〇〇年三月）、四一頁〜六〇頁。
(102) 原文「康熙五十年後、長崎初給倭照……一時江浙江囂然……島中給照繳照之権俱在通事、於是通事至唐館、距首座指気使、直呼商名、不可如意輒罵詈而去、商人獲行鼠状媚詞湧、自同奴隷積威約之漸也」
(103) 原文「従前洋銅、価値毎箱九両、商船来回、不過一年、故有獲利二三千金者、其後倭人増価十三両至十四両而止、来回或年半、商人慎身節用無意外之険、僅得数百金、多不過千金。今則毎箱又増矣……毎船必虧折千金以上、此所以畏縮不前也、各省承弁官在蘇僑寓、購商領運、急於星火、於是束縛之、迫脅之、蔵匿逃竄……」
(104) 原文「不出数年、而銅政大壊、必至之勢也」
(105) 丸山遊郭の特色および唐人に対する優遇措置に関する史実の論述は、古賀前掲書前編にある以下の各頁を参照、

引用した。一八八頁～一八九頁、四五〇頁～四五三頁、四五八頁～四六九頁、六一〇頁～六一一頁。
(106) 本山桂川『長崎丸山噺』（坂本書店、一九二六年）、三一頁。
(107) 西山松之助『遊女』（近藤出版社、一九七九年）、一〇五頁。
(108) 山脇悌二郎『長崎の唐人貿易』（吉川弘文館、一九九五年）、八三頁。
(109) 外山幹夫『長崎　歴史の旅』（朝日新聞社、一九九〇年）、一二六頁～一二八頁。
(110) 三橋修『明治のセクシュアリティ』（日本エディタースクール出版部、一九九九年）、四七頁～四八頁。
(111) 木宮泰彦『日支交通史』下巻、五〇七頁。
(112) 長崎県史編纂委員会編『長崎県史』「史料編　第三」、三一〇頁。
(113) 辻善之助『田沼時代』（岩波書店、一九九七年）。
(114) John Phipps, *Practical Treatise on the China and Eastern Trade*. 姚賢鎬編前掲書、八三頁。シーボルト著／呉秀三訳注『日本交通貿易史』（雄松堂書店、一九六六年）、二六九頁。
(115) 王宝平編／翁広平著『吾妻鏡補』（朋友書店、一九九七年）、長崎の遊女についての記述は巻一四参照、二八二頁～二八三頁。
(116) 古賀前掲書前編、五〇八頁～五一八頁。それから同書の後編、六八五頁～七六六頁。
(117) 同上書後編、七四〇頁～七四一頁。
(118) 同上書前編、四五二頁。
(119) 山脇悌二郎『長崎の唐人貿易』、二〇九頁。
(120) 松浦章「唐船乗組員の個人貿易について」、『社会経済史学』第四一巻三号、四三頁。
(121) ゴロヴニン著／井上満訳『日本幽囚記』下（岩波書店、一九九六年）、二八頁。
(122) 原文“The natural consequence of this was a complete depravation of character throughout the Empire, so

that the Chinese have actually been in habit of calling Japan the brothel of China, many of them going to Japan expressly to mingle in its debaucheries!" Captain Golowin, R.N., *Recollections of Japan* (London:printed for Hunry Colburn,1819, p.25.) 日本語訳は古賀十二郎の訳文を利用、古賀前掲書前編、六三七頁。

(123) 辛卯三カ条の内容は次のとおり。
一、馬島の人（対馬島の者）が、倭館を抜け出して女性を強姦すれば、死罪。
二、女性を誘引（おびき出すこと）して「和奸」する者、あるいは強姦未遂の者は、流罪。
三、倭館に入館した女性を通報せず交奸する者は、それ以外の罪を適用。
江戸時代日朝間の「交奸」問題について、田代和生『倭館――鎖国時代の日本人町』（文芸春秋、二〇〇二年）、一五六頁～一五七頁、またジェイムス・ルイス「釜山倭館における日・朝交流――売春事件に見る権力・文化の相剋」（中村質編『鎖国と国際関係』所収、吉川弘文館、一九九七年）を参照。

(124) 稲葉岩吉「清代の広東貿易」『東亜経済研究』第四巻第三号、一九二〇年。郭衛東「鴉片戦争前後外国婦女進入中国通商口岸問題」、『近代史研究』一九九九年第一期。馬士『中華帝国対外関係史』第一巻（上海書店出版社、二〇〇〇年）、一八二頁。

(125) 古賀前掲書前編、二三二頁。

(126) 『長崎土産』巻五、丹羽校注前掲書、一〇八頁。本山桂川『長崎丸山噺』、七七頁。

第二部 「異域花」盛衰史――「東洋妓女」と清末上海社会

(1) 沖田一『上海邦人史研究』（上海歴史地理学会、一九四二年）、七七頁。

(2) 沖田一『滬上史談』（大陸新報社、一九四二年）、一〇〇頁～一〇一頁。沖田一『日本と上海』（大陸新報社、一九四三年）、二二九頁。

（3）宋連玉「帝国日本から植民地朝鮮への女性人口移動」、シンポジウム『日本統治下の朝鮮――研究の現状と課題』（国際日本文化研究センター主催、二〇〇二年九月十四日〜十六日）に提出された論文、二頁。

（4）関山直太郎『近世日本の人口構造――徳川時代の人口調査と人口状態に関する研究』（吉川弘文館、一九八五年）、二三六頁〜二三七頁。

（5）大庭脩『唐船進港回棹録・島原本唐人風説書・割符留帳』「緒言」（関西大学東西学術研究所、一九七四年）、一四頁〜一七頁。山脇悌二郎『長崎の唐人貿易』（吉川弘文館、一九九五年）、三一二頁。

（6）古賀十二郎『丸山遊女と唐紅毛人』前編（長崎文献社、一九六八年）、四六八頁〜四六九頁。

（7）鄒依仁『旧上海人口変遷的研究』（上海人民出版社、一九八〇年）、九〇頁。

（8）「洋場屡変説」、一八七六年二月七日『申報』。李長莉『晩清上海社会的変遷――生活与倫理的近代化』（天津人民出版社、二〇〇二年）、二三頁より引用。

（9）Ernest O. Hauser, *Shanghai: City for Sale*, New York: Harcourt, Brace and Company, 1940, pp. 54–55. 佐藤弘訳『大帮の都　上海』（高山書院、一九四〇年）、五八頁。

（10）劉建輝『魔都上海――日本知識人の「近代」体験』（講談社、二〇〇〇年）、二九頁〜三二頁。

（11）山崎朋子『アジア女性交流史』（筑摩書房、一九九五）、一七頁〜四〇頁。

（12）池田信雄（桃川）『上海百話』（日本堂書店、一九二一年）、一頁〜二頁。

（13）井上紅梅『支那各地風俗叢談』（日本堂書店、一九二四年）、書後広告。

（14）遠山景直『上海』（私家版、一九〇七年）、二一八頁。

（15）沖田一『日本と上海』、三一七頁。

（16）玉魫生「海陬冶遊付録」巻上、知蟲天子輯『香艶叢書』下（人民中国出版社、一九九八年）、二五七六頁。

(17) ポット著／土方定一・橋本八男訳『上海史』（生活社、一九四一年）、一三三頁。王韜「海陬冶遊録」巻上、『香艶叢書』下、二五五九頁。叶凱蒂「上海——世界遊戯場」、張仲礼編『中国近代城市企業・社会・空間』（上海社会科学院出版社、一九九八年）、三〇八頁。

(18) 汪了翁『上海六十年来花界史』（時新書局、一九二二年）乙編、一頁。

(19) 上海档案館編『工部局董事会会議録』第二冊（上海古籍出版社、二〇〇一年）、四八二頁。Edward Henderson, *A Report on Prostitution in Shanghai*, Shanghai: North-China Herald, 1871, p.12. 劉建輝前掲書、一五五頁～一六四頁。

(20) 上海档案館編前掲書第二冊、八二頁、四八四頁。

(21) 同上書、七五頁、四八二頁。

(22) 叶凱蒂「上海——世界遊戯場」、三〇八頁。叶凱蒂「清末上海妓女服飾、家具与西洋物質文明的引進」、『学人』（江蘇文芸出版社、一九九六年四月号）、四〇〇頁。

(23) 藤目ゆき『性の歴史学』（不二出版、一九九七年）、五一頁～五三頁。

(24) E. Henderson *op. cit.*, pp.4–15.

(25) 陳無我『老上海三十年聞見録』（上海書店出版社、一九九七年。初版は一九二八年）、三頁。

(26) G. Lanning & S. Couling, *The History of Shanghai* (2). Kelly & Walsh. 1923, p.349

(27) 陳其元『庸閒斎筆記』（中華書局、一九八九年）、二四八頁。

(28) 平襟亜「旧上海的娼妓」、上海文史館編『旧上海的煙賭娼』（百花出版社、一九八八年）、一五九頁～一七一頁。孫国群『上海娼妓秘史』（河南人民出版社、一九八八年）、二一頁～五四頁。薛理勇『上海娼妓史』（海峰出版社、一九九六年）、一六五頁～二三一頁。賀蕭（Gail Hershatter）「上海娼妓（一九一九—一九四九）」、『上海研究論叢』第四輯（上海社会科学院出版社、一九八九年）、一七九頁～一八五頁。

(29) E. Henderson *op. cit.*, pp.3–10.

（30）「支那料理屋の部附遊郭」、『上海新報』第三七号、一八九一年二月十三日。
（31）梅花庵主『申江時下勝景図説』巻下、国立北京大学中国民俗学会編『民俗叢書』七八。
（32）汪了翁前掲書、八頁〜九頁。
（33）前掲叶凱蒂論文「上海──世界遊戯場」と「清末上海妓女服飾、家具与西洋物質文明的引進」を参照。
（34）古賀前掲書後編、二八六頁。
（35）E. Henderson *op. cit.*, p.20
（36）沖田一『日本と上海』、三二二頁〜三三〇頁。
（37）莫釐峯顧曲詞人・小藍田懺情侍者『海上群芳譜』（申報館、一八八四年）巻四、一二頁〜一三頁。
（38）玉魫生「海陬冶遊付録」巻上、二五八一頁。
（39）顧柄権『上海洋場竹枝詞』（上海書店出版社、一九九六年）、四七頁。
（40）王韜「東瀛才女」『淞隠漫録』（人民文学出版社、一九八三年）、五〇七頁。
（41）長崎市役所編『長崎市史・風俗編下巻』（清文堂、一九七六年）、三頁。古賀前掲書後編、一頁〜三頁。
（42）熊月之編『上海通史』第五巻（上海人民出版社、一九九九年）、二二九頁。
（43）オールコック著／山口光朔訳『大君の都　上』（岩波書店、一九六二年）、四五頁。
（44）呉圳義『清末上海租界社会』（文史哲出版社、一九七八年）、七五頁〜七六頁。羅伯・布雷克著／張青訳『怡和洋行』（Robert Blake, *Jardine Matheson Traders of the Far East*　時報出版社、二〇〇一年）、二〇八頁。
（45）E. Henderson *op. cit.*, P.16
（46）上海─日本航路について、梅村又次・山本有造編『日本経済史③　開港与維新』（生活・読書・新知三聯書店、一九九七年）、一九〇頁、また運輸日報社編『明治運輸史』下巻（クレス出版、一九九一年）、一八頁を参照。森崎和江『からゆきさん』（朝日新聞社、一九七六年）、九一頁。

(47) 古田和子「アジア太平洋の歴史イメージ」、山内昌之・古田元夫編『日本イメージの交錯』（東京大学出版会、一九九七年）、一九六頁。
(48) 読売新聞社メディア企画局データベース部編『讀賣新聞』［CD－ROM版］、一九九九年～二〇〇二年。
(49) 明治ニュース事典編纂委員会編『明治ニュース事典』Ⅱ（毎日コミュニケーションズ出版部、一九八三年）、三二八頁。
(50) 『上海繁昌記』藤堂良駿訓点、稲田佐吉出版、明治十一年五月。『滬遊雑記』堀直太郎訓点、大塚禹吉出版、明治十一年九月。『海陬冶遊録』と『花国劇談』が読まれた記録について、王韜『扶桑遊記』（湖南人民出版社、一九八二年）「重野安繹序」を参照、一七四頁。明治の日本人が抱いている上海憧憬について、劉建輝前掲書、第四章を参照。
(51) 『讀賣新聞』［CD－ROM版］。
(52) 倉橋正直『北のからゆきさん』（共栄書房、一九八九年）、一二二頁。
(53) 『工部局董事会会議録』第七冊、五八八頁、七四三頁。
(54) 外務省資料5－18『外務省警察史　支那ノ部　在上海総領事館』（以下『警察史』と略する）、二〇四七五頁～二〇四七六頁。
(55) 池田前掲書、一二二頁～一二三頁。
(56) 『海上群芳譜』巻四。
(57) 池田前掲書、一三三頁～一五五頁。
(58) 黄式権『淞南夢影録』（上海古籍出版社、一九八九年）、一〇〇頁。
(59) 『点石斎画報』（広東人民出版社、一九八三年）丁六、四六。
(60) 鄒弢『春江燈市録』（三石軒蔵板、一八八四年）巻二、亨三〇。

(61)『工部局董事会会議録』第七冊、五六九頁、八〇八頁。
(62) 沖田一『日本と上海』、二六三頁～二六七頁。
(63)『警察史』、二〇四五九頁。
(64) 外務省資料四門二類二項三四号「本邦人不正業取締関係法規雑纂」第二巻。
(65)『明治ニュース事典』Ⅲ、六三八頁。
(66) 三橋修『明治のセクシュアリティ』（日本エディタースクール出版部、一九九九年）、六四頁。
(67)『警察史』、二〇四五九頁～二〇四八二頁。前掲「本邦人不正業取締関係法規雑纂」第二巻。
(68) 高橋謙「支那時事」小島晋治監修『幕末明治中国見聞録集成』第三巻（ゆまに書房、一九九七年）、一〇四頁。
(69)『明治ニュース事典』Ⅲ、六三八頁。
(70) 奥田乙治郎『明治初年に於ける香港日本人』（台湾総督府熱帯産業調査会、一九三七年）、一九五頁～一九八頁。
(71) 沖田一は、根拠を示していないが、一八八五年上海の日本人人口数を千人と推定している。前掲『日本と上海』、三三〇頁。
(72)『警察史』、二〇四七〇頁。
(73)『警察史』、二〇四七五頁～二〇四七六頁。
(74) 上村行彰によれば、「切見せとは公許遊郭の最も下品な遊女の局見世と異名同構で岡場所で岡場所の内で最も下等な部類に属するものである、一ト切づつにくぎって商ふから其の名があるので何処でも一切が百文の相場であった、又之を長屋女郎といったのは一軒を数戸に分割してそれに遊女一人づつを置くからである」とある。『日本遊里史』（春陽堂、一九二九年）、三〇八頁～三〇九頁。
(75) 坂田敏雄「上海邦人医界明治年史」、上海歴史地理研究会編『上海研究』第一輯（内山書店、一九四二年）、七二頁。

(76) 鄒弢『春江燈市録』巻二。
(77) 呉県藜牀旧主編『新輯上海彝場景緻』巻三（管可寿斎、一八九四年）。
(78) 笹間良彦『性の日本史』（雄山閣、一九九八年）、一六〇頁～一六二頁。
(79) 入矢義高「解題」、孟元老『東京夢華録』（平凡社、一九九六年）、一三頁。
(80) 米沢秀夫『上海史話』（畝傍書房、一九四二年）、二九九頁～四一〇頁。
(81) Yozaburo Shirahata, The printing of illustrated books in eighteenth century Japan. (*Two Faces of the Early Modern World: The Netherlands and Japan in the 17th and 18th Centuries.* International Research Center for Japanese Studies, 1999).
(82) 中野美代子・武田雅哉編訳『世紀末中国のかわら版――絵入新聞『点石斎画報』の世界』（中央公論新社、一九九九年）、二三頁～二四頁。
(83) 呉友如『申江勝景図』巻下（申報館、一八八四年）。
(84) 「響屧廊」の由来について、諸橋轍次『大漢和辞典』（大修館書店、一九九九年）を参照。
(85) 『申江名勝図説』（管可寿斎、一八八四年）。
(86) 『申江勝景図』黄逢甲序。「臥遊」とは単に繁昌記などの書物を読むだけで、その地に遊んだ気持ちになって楽しむことで、古くから文人趣味の一つとされてきた。「臥遊」についての古い例として、たとえば『揚州画舫録』の序に袁枚が「……及得此書、臥而観之、方知閒居展巻、勝於騎鶴来遊也」と述べている。
(87) 米沢前掲書、三三七頁～三三八頁。
(88) 鄒弢『春江燈市録』巻二、亨、二九頁～三一頁。
(89) 同上書巻一、元、七頁～八頁。
(90) 同上書巻二、亨、三一頁～三二頁。

(91) 同上書巻二、亨、三二頁～三三頁。

(92) 葛元煦『滬遊雑記』（上海古籍出版社、一九八九年）、三二頁。

(93) たとえば、「長三」クラスの妓女の場合、「出局」費と花代が全部三元であり、「二三」クラスの妓女は、文字どおり「出局」費が二元で花代が三元、それから「幺二」妓女の場合は「上局」費が一元、「出局」費一元、花代二元である。上海の中国人妓女の値段については、張春帆「海上青楼沿革考」（一）、『万歳』第一巻第二号、中華民国二一年（一九三二）八月号を参考。

(94) 『海上群芳譜』巻四。

(95) 徐珂『清稗類抄』第十一冊（中華書局、一九八六年）、五一五〇頁。

(96) 同上書第十一冊、五一四九頁～五一五二頁。薛理勇前掲書、一一三頁～一一五三頁。

(97) 薛理勇前掲書、一三九頁～一四二頁。

(98) 『海上尋芳譜』（上海、一八八四年）。書のなかで「東瀛三菊生」の項目の下に、次の三首の詩が載せてある。その一、「久欽仙子住蓬瀛。瀹茗軒中帯笑迎。我是相如久消渇。瓊漿一盞不勝情。」その二、「黄花品格最宜秋。贏得芳名歯頬留。一首新詩茶七盞。為儂磨墨索風流。」その三、「千金曽買香山句。博得鶏林姓氏通。我欲贈卿無別物。吟成三畳作泥鴻。」

(99) 『海上群芳譜』巻四、一三頁。辰橋「申江百咏」、顧柄権前掲書、八九頁。『海上中外青楼春影図説』（大同書局、一八八七年）、五頁～八頁。

(100) 王韜『淞隠漫録』「自序」、二頁～三頁。同書巻一一「東瀛才女」、五〇四頁～五〇九頁。

(101) 『春江花史』巻二に「日本語呼人於名字下必係一生字」とある。

(102) Paul A. Cohen, *Between Tradition and Modernity: Wang Tao and Reform in Late Ch'ing China*. Harvard University Press, 1974. pp.256–257.

(103) 黄式権『淞南夢影録』、一二八頁。『海上中外青楼春影図説』、七頁。
(104)『春江花史』に「宝玉生」の条、『海上中外青楼春影図説』に「宝玉生」の条、『淞南夢影録』に「三三」の条を参照。
(105) 王宝平「晩清文人与日本」、中華日本学会編『日本学刊』（一九九八年四月）、一三九頁〜一五一頁。また、さねとうけいしゅう「明治期来日の中国人について」（『日本歴史』二三六号、一九六八年一月刊）に訪日の中国文人を考察した。
(106) 弇山畹香居士『海上名花四季大観』（上海、一八九四年）。羅蘇文『女性と近代中国社会』（上海人民出版社、一九九六年）、一〇二頁。
(107) 黄式権『淞南夢影録』、一四六頁。
(108) 同上書、一二四頁。
(109) 李長莉『中国近代社会文化変遷録』第一巻（浙江人民出版社、一九九八年）、二六五頁〜二七二頁。G. Lanning & S. Couling, *op. cit.*, p348.
(110)『工部局董事会会議録』第六冊、七七〇頁。
(111)『海上中外青楼春影図説』、一〇頁。
(112)『工部局董事会会議録』第七冊、五八八頁。
(113) G. Lanning & S. Couling, *op. cit.*, pp.351–352.『工部局董事会会議録』第八冊、五〇七頁。
(114)「在上海安藤総領事発信吉田外務大輔宛公信第七七号」、『警察史』、二〇四七一頁。
(115) 外務省史料四門二類二項三四号「本邦人不正業取締関係法規雑纂」第一巻を参照。
(116)「明治十六年十一月三十日吉田外務卿代理発信在清国上海品川総領事宛通達」、『警察史』二〇四六七頁〜二〇四六九頁。

(117) 上海居留民団編『上海居留民団三十五周年記念誌』（大陸印刷局、一九四二年）、五九頁。
(118) 沖田一『日本と上海』、二九六頁～二九七頁。
(119)「明治廿五年三月二十三日附榎本外務大臣発信在清国、朝鮮、香港、シンガポール、桑港、バンクーバ各領事宛内訓」、『警察史』、二〇四八七頁。
(120)「明治十八年六月十日附上海安藤領事発信吉田外務大輔宛公信」、『警察史』、二〇四七六頁～二〇四七七頁。
(121) 松本郁美「初代上海領事品川忠道に関する一考察」、京都女子大学史学会編『史窓』第五八号、二〇〇一年二月、二八四頁～二八六頁。
(122) 吉見周子『売娼の社会史』（雄山閣、一九九二年）、四四頁。
(123) 岡千仞『観光紀遊』、『幕末明治中国見聞録集成』第二〇巻（ゆまに書房、一九九七年）、三七頁。
(124)「本邦人不正業取締関係法規雑纂」第一巻。
(125) 池田前掲書、一五頁～一六頁。
(126)「明治十八年六月十日附上海安藤領事発信吉田外務大輔宛公信」、『警察史』、二〇四八〇頁。
(127) 黄式権『淞南夢影録』、一〇〇頁。
(128)「上海にある日本売淫女の評」『郵便報知新聞』一八八五年五月二九日。
(129) 馬光仁『上海新聞史』（復旦大学出版社、一九九六年）、八五頁～八七頁。
(130) 前掲「上海にある日本売淫女の評」。
(131)「明治十八年六月一日附井上外務卿発信上海安藤領事宛通達」、『警察史』、二〇四七三頁～二〇四七四頁。
(132) 同上書、「明治十八年六月十日附上海安藤領事発信吉田外務大輔宛公信」、二〇四八一頁。
(133)「本邦人不正業取締関係法規雑纂」第一巻、安藤領事発信外務大輔吉田清成宛公信第八四号より引用。
(134) 同上。

(135)「明治十八年七月六日附井上外務卿発信長崎県、福岡県、山口県、兵庫県、大阪府、神奈川県各知事宛内訓」、「明治十九年三月十二日井上外務卿発信高崎東京知事宛内訓」、『警察史』、二〇四八二頁〜二〇四八五頁。
(136)「本邦人不正業取締関係法規雑纂」第一巻、第二巻。
(137)「本邦人不正業取締関係法規雑纂」第一巻。
(138) 沖田一『日本と上海』、三三〇頁。
(139) 孤憤子「地位を明カニセヨ」（上）、『上海新報』第二一号（一八九〇年十月二十五日）。
(140) John D. Clark, *Sketches in and around Shanghai*, "Shanghai Mercury" and "Celestial Empire" office, 1894, pp.55-56.
(141) 上海通社編『上海研究資料』（上海書店出版社、一九八四年）、四一七頁。
(142) J. D. Clark, *op. cit.* p.55.
(143)「明治廿五年三月二十三日附榎本外務大臣発信在清国、朝鮮、香港、シンガポール、桑港、バンクーバ各領事宛内訓」、『警察史』、二〇四八七頁。
(144)「外国に於ける日本婦女保護法議案を読む」、一八九一年年三月十三日付『上海新報』。
(145)「媾和条約竝議定書及媾和別約」、半沢玉城編『支那及び満州関係条約及公文集』（外交時報社、一九三四年）、六四八頁。
(146) 藤永壮「上海の日本軍慰安所と朝鮮人」、大阪産業大学産業研究所編『国際都市上海』（大阪産業大学、一九九五年）、一二一頁。
(147) 江南健児『新上海』（日本堂、一九一八年）、一三五頁〜一三六頁。至誠堂編輯部編『上海一覧』（至誠堂新聞舗、一九二四年）、一七九頁〜一八二頁。
(148) 三宅孤軒『上海印象記』（料理新聞社、一九二三年）、六二頁〜六九頁。

(149) 桂川光正「上海の日本人社会」、前掲『国際都市上海』、三四頁～三六頁、八四頁。
(150) 鈴木裕子「からゆきさん・『従軍慰安婦』・占領軍『慰安婦』」、大江志乃夫ほか編『岩波講座　近代日本と植民地5　膨張する帝国の人流』（岩波書店、一九九三）、二二八頁～二三二頁。
(151) 江南健児『新上海』、一三六頁。
(152) 藤永壮「上海の公娼制度に関する法令資料について」、『大阪産業大学論集　人文科学編』八六号、一九九五年、四頁～五頁。
(153) 藤永壮「上海の日本軍慰安所と朝鮮人」、前掲『国際都市上海』、一二二頁～一二四頁。
(154) 『警察史』、二二〇二二頁～二二〇三二頁。
(155) 郁慕侠『上海鱗爪』（上海書店出版社、一九九八年）、一二二頁～一二三頁。
(156) 原書未見。引用は上海通社編『上海研究資料』、五九七頁より。
(157) 陳栄広『老上海』下（泰東書局、一九一九年）、八八頁。
(158) 曽経滄海客『中外冶遊指南』（中華図書集成公司、一九一九年）、九〇頁～九七頁。
(159) 薛理勇前掲書、二八三頁～二八八頁。
(160) 「妓」、『晶報』中華民国八年（一九一九）八月九日、第二版。
(161) 賀蕭（Gail Hershatter）前掲論文「上海娼妓（一九一九―一九四九）」、一九九頁～二〇三頁。上海文史館編『旧上海的煙賭娼』、一七〇頁。
(162) 藤永壮「上海の日本軍慰安所と朝鮮人」、前掲『国際都市上海』、一一八頁。
(163) 馬逢洋編『上海――記憶与想像』（文匯出版社、一九九六年）に所収文章を参照。
(164) 阿一「上海的東洋芸妓」『晶報』民国八年（一九一九）十二月十二日号、十二月十五日号。Gail Hershatter, *Dangerous Pleasures :Prostitution and Modernity in Twentieth-Century Shanghai*, University of California Press, 1997, pp.52–

53.

(165) 王定九『上海顧問』（上海、一九三四年）、六七五頁〜六七六頁。

(166) 倉橋前掲書、八一頁〜八二頁。

(167) Gail Hershatter, *op. cit.*, p.53.

(168) この問題に関する井上章一の考察は多岐に亘るが、一例として、『パンツが見える　羞恥心の現代史』（朝日新聞社、二〇〇二年）のなかで井上は現代日本女性の下着文化の発展において娼婦たちの影響がいかに大きかったかを論証している。

第三部　上海文人の「日本」発見——王韜の日本旅行とその周辺

(1) Marius B. Jansen, *Japan and China: from War to Peace 1894-1972*, Rand Mcnally College Publishing Company, 1975, p149; and Japan and the revolution of 1911, in John K. Fairbank and Kwang-Ching Liu, eds. *The Cambridge History of China, XI: Late Ch'ing, 1800-1911, Part 2*, Cambridge, 1980, p348.

(2) 実藤恵秀『中国留学生史談』（第一書房、一九八一年）、六頁。

(3) この問題についての代表的な論著として、たとえば黄福慶『清末留日学生』（中央研究院近代史研究所、一九七五年）、厳安生『日本留学精神史——近代中国知識人の軌跡』（岩波書店、一九九一年）、任達著／李仲賢訳『新政革命与日本——中国、一八九八—一九一二』（江蘇人民出版社、一九九八年）などがある。

(4) 厳安生前掲書、三四八頁〜三五〇頁。

(5) 李斉芳「王韜的文学與経学」、林啓彦・黄文江編『王韜與近代世界』（香港教育図書公司、二〇〇〇年）所収、一九五頁。

（6）梅村又次・山本有造編／励己平監訳『日本経済史　開港与維新』（生活・読書・新知三聯書店、一九九七年）、一九〇頁。熊月之編『上海通史』第四巻（上海人民出版社、一九九九年）、二九〇頁〜二九九頁。

（7）半沢玉城『支那及び満州関係条約及公文集』（外交時報社、一九三四年）、六一六頁。

（8）沖田一「上海史話」、上海歴史地理研究会編『上海研究』第一輯（内山書店、一九四二年）、五八頁〜六〇頁。

（9）沖田一「上海史話」によると、当時上海〜長崎間の連絡船の船賃は次のとおり。

	一等	二等	デッキ
片道	六十両	三十五両	二十両
往復	九十両	五十両	―

（10）陳文瑜「上海開埠初期的洋行」、『上海地方史料　三』（上海文史館、一九八四年）、一九八頁。

（11）李長莉『近代中国社会文化変遷録』第一巻（浙江人民出版社、一九九八年）、一二四頁〜一三五頁。

（12）ポット『上海史』（生活社、一九四一年）、六〇頁〜九〇頁。

（13）日比野輝寛「没鼻筆語」、東方学術協会編『文久二年上海日記』（全国書房、一九四六年）、一六五頁。

（14）馬光仁『上海新聞史』（復旦大学出版社、一九九六年）、五九頁〜六八頁。

（15）『瀛寰志略』一〇巻に日本を、「其国在東海中、並列三大島、北曰対馬島」、「中曰長崎」、「南曰薩峒馬」と紹介してある。王暁秋『近代中日文化交流史』（中華書局、一九九二年）より引用、一七二頁。

（16）韓南「談第一部漢訳小説」、陳平原・王徳威・商偉編『晩明与晩清――歴史伝承与文化創新』（湖北教育出版社、二〇〇二年）、四五四頁〜四五五頁。

（17）小吉羅庵主「長崎島遊記」、上海図書館蔵『瀛寰瑣記』合本（出版年代不詳、上海申報館）所収。

（18）古田和子『上海ネットワークと近代東アジア』（東京大学出版会、二〇〇〇年）、三頁〜八頁、また一七八頁〜一八三頁。

（19）李筱圃「日本紀遊」、王暁秋点『羅森等早期日本遊記五種』（湖南人民出版社、一九八三年）所収。
（20）李の四月二十六日の日記を参照。同上書、一〇一頁。
（21）古田前掲書、八七頁。
（22）明治十二年七月二十九日付『読売新聞』、朝刊一面。
（23）李筱圃「日本紀遊」、九六頁。
（24）外務省記録三門九類四項二七号「清国人内地旅行欧米人同様許可雑件」。それについての研究は横浜開港資料館編『世界漫遊家たちのニッポン　日記と旅行記とガイドブック』（横浜開港資料普及会出版、一九九六年、二四頁〜二五頁）を参考にした。
（25）『瀛寰瑣記』合本第七冊（上、下）。
（26）白幡洋三郎『旅行ノススメ』（中央公論社、一九九六年）、二五頁。
（27）「明治廿年以降遊覧又ハ避暑ノ為各国ヨリ本邦へ渡来ノ人員取調ノ件」、外務省記録三門九類四項九号「外国人内地旅行関係雑件」に所収。
（28）白幡前掲書、二七頁。
（29）林国輝と黄文江の統計よると、王韜に関する論著の数は一七〇種にも達した（「王韜研究述評」、『香港中国近代史学会会刊』一九九三年七月）。また、王韜研究の論文目録は、陳恒・方銀児評注『弢園文録外編』（中州古籍出版社、一九九八年）および『王韜與近代世界』に所収。
（30）Paul Cohen, *Between Tradition And Modernity: Wang Tao And Reform in Late Ch'ing China*. Harvard University Press, 1974, pp.6–7, p.16.
（31）王韜「弢園老民自伝」、『弢園文新編』（生活・読書・新知三聯書店、一九九八年）、三六七頁。
（32）叶斌「上海開埠初期倫敦会発展的基督教徒分析」、上海社会科学院歴史研究所編『史林』一九九八年第四期、四七頁〜四九頁。

(33) 王韜の生涯を紹介するものは多くあったが、日本語で書かれたものは、たとえば増田渉「王韜について——その輪郭」（大阪市立大学文学会編『人文研究』第一四巻第七号、一九六三年）または西里喜行「王韜と『循環日報』について」（『東洋史研究』第四三巻第三期、一九八四年）などがある。

(34) コーエン著／雷頤訳『在伝統与現代性之間——王韜与晩清改革』（江蘇人民出版社、一九九五年）、二三頁。

(35) 叶斌前掲論文、四九頁。

(36) コーエン前掲書、一八一頁。

(37) 方行、湯志鈞整理『王韜日記』（中華書局、一九八七年）を各処参照。王韜の日常生活の収支情況について、王爾敏「王韜生活的一面——風流至性」（『近代史研究所集刊』第二四期、一九九五年所収）および張敏「晩清新型文化人生活研究——王韜為例」（上海社会科学院歴史研究所編『史林』、二〇〇〇年第二期）を参照。

(38) コーエン前掲書、八一頁〜八三頁。

(39) 張志春『王韜年譜』（河北教育出版社、一九九四年）、一七一頁。

(40) 王爾敏前掲論文、二六〇頁。

(41) 張志春前掲書、一四頁。

(42) 同上書、一七一頁。

(43) 『王韜日記』、一一七頁、一五七頁。

(44) 同上書、二二四頁。

(45) 陳湛頤『日本人與香港——十九世紀見聞録』（香港教育図書公司、一九九五年）、一四一頁〜一四二頁。また、『扶桑遊記』六月一日の日記によると、王韜と「名倉予何人」は再会し、彼について、「もとは姓は野田、名は重次郎、松窓と号す、『松窓雑録』の著者」とさらに説明している。王韜『扶桑遊記』、二七二頁。

(46) 周佳栄「在香港與王韜会面――中日両国名士的訪港記録」、『王韜與近代世界』、三八九頁。
(47) 王韜『甕牖余談』巻四、近代中国史料叢刊三編、第六十一輯、(文海出版社、一九九〇年)、一四四頁～一四五頁。
(48) 王韜「代上蘇撫李宮保書」、訳文は佐々木揚『清末中国における日本観と西洋観』(東京大学出版会、二〇〇〇年)、一三頁より引用。
(49) 佐々木同上書、二八四頁。
(50) 沖田一『日本と上海』(大陸新報社、一九四三年)、一九八頁。
(51) 王韜「日本宏光」、『甕牖余談』巻二、五八頁。
(52) 同上書、五八頁～六一頁。
(53) 李朝津「儒家思想與清末対外関係的再思考――王韜與日本」、『王韜與近代世界』、七五頁。佐々木前掲書、一八頁。
(54) 王韜「日本宏光」、『甕牖余談』巻二、六一頁。
(55) 林啓彦「王韜的中西文化観」、『王韜與近代世界』、一一三頁～一一四頁。
(56) コーエン前掲書、九三頁、一〇二頁。
(57) 西里前掲論文、九六頁～九八頁。
(58) 琉球合併に対する王韜の態度について、コーエン前掲書第四章、また李朝津前掲論文と林啓彦「王韜の海防思想」(いずれも『王韜與近代世界』所収)を参照。
(59) コーエン前掲書、第四章参照。
(60) 『弢園尺牘続鈔』巻二「与李小池太守」(上海淞隠廬、一八八九年)、八頁。
(61) コーエン前掲書、九九頁。
(62) 布施知足『遊記に現れたる明治時代の日支往来』(東亜研究会、一九三八年)、二三頁。実藤恵秀『近代日支文文

化論』（大東出版社、一九四一年）、九〇頁。
(63) 彭澤周『中国の近代化と明治維新』（同朋舎出版部、一九七六年）、三八頁〜四三頁。王暁秋前掲書、二一五頁〜二二三頁。忻平『王韜評伝』（華東師範大学出版社、一九九〇年）、一七一頁〜一八〇頁。また「王韜与中日文化交流」、中国中日関係史研究会編『中国的日本移民』（生活・読書・新知三聯書店、一九八七年）、二一四頁〜二二〇頁。張海林『王韜評伝』（南京大学出版社、一九九三年）、一六二頁〜一七七頁。
(64) コーエン前掲書、一〇〇頁。
(65) 李朝津前掲論文、八一頁〜八八頁。
(66) 栗本鋤雲『匏庵遺稿』（裳華書房、一九〇〇年）、三九二頁〜三九三頁。
(67) 王韜著／陳尚凡・任光亮校点『扶桑遊記』（湖南人民出版社、一九八二年）、「自序」。
(68) 「扶桑」の意味について、『広辞苑』を参照した。
(69) この日付はいずれも中国の太陰暦によるものである。王韜の日本旅行は西暦一八七九年五月〜八月にあたる。
(70) 王韜『扶桑遊記』、一八五頁。
(71) 同上書、二二三頁〜二二五頁。
(72) 同上書、二二六頁。
(73) 同上書、二四六頁。
(74) さねとうけいしゅう編訳『大河内文書』（平凡社、一九八七年）、三頁〜八頁。
(75) 王韜『扶桑遊記』、一九八頁、二五三頁。
(76) 彭澤周前掲書、三九頁〜四〇頁。
(77) 王韜『扶桑遊記』、二六〇頁。
(78) 原文は「白茅少習兵家言、工武技、恥以文人自居。戊辰変起、創議勤王、奔走国事、数陥危地、其不死者蓋有天幸也。平生親友、倶罹国難。会逢維新之際、論与政府相合、筮仕兵部、兼任外務省。後以変法辞官、去而為農。俄又鬱鬱不楽、以田屋与妻子為自養計、孑身流寓東京。昔時知己多在九原、胸中所懐無一可語者、深夜孤灯、形影相吊。不得已、俯親鉛槧、作操觚家、選詩文付剞劂、月得数十金、籍作糊口資。自買『解語花』外、則沽酒以消愁耳」である。王韜『扶桑遊記』、二〇七頁。

(79) 葛生能久『東亜先覚志士記伝』下（大空社、一九九七年）、六三一頁。

(80) 王韜『扶桑遊記』、二三九頁。

(81) コーエン前掲書、一二一頁～一二五頁。

(82) 陳捷「東京都立中央図書館所蔵『清使筆語』翻刻」、『東洋文化研究所紀要』第一四三冊、三六頁。

(83) 王韜『弢園尺牘』（中華書局、一九五九年）と『弢園文録外編』を参照。

(84) 張敏前掲論文、五一頁。

(85) 矢野龍渓の王韜訪問について、周佳栄前掲論文、三九二頁～三九三頁を参照。また、岡千仭と尾崎行雄の王韜との交遊について、それぞれ岡の『観光紀遊』（「滬上日記」、「滬上再記」の各処）と尾崎『遊清記』（九月三十日の日記）を参照。両書はそれぞれ『幕末明治　中国見聞録集成』（ゆまに書房、平成九年）第三巻と第二〇巻に所収。

(86) 張敏前掲論文、五二頁。

(87) 東亜同文会編『対支回顧録』上巻（原書房、一九八一年）、六七四頁。また、王韜―曽根計画の経緯についてコーエン前掲書参照、一〇三頁～一〇四頁。

(88) 李朝津前掲論文、八二頁～八三頁。

(89) 忻平前掲書、二四二頁～二四六頁。王思宇「校点後記」、『淞隠漫録』（人民文学出版社、一九八三年）、五九九頁。

(90) 魯迅『中国小説史略』（『魯迅全集』一一、学習研究社、一九九三）、四〇四頁。
(91) 王韜「紀日本女子阿傳事」、『淞隠漫録』巻一（人民文学出版社、一九八三年）、五頁〜八頁。
(92) 王韜「花蹊女史小伝」、『淞隠漫録』巻一二、五五四頁〜五五七頁。
(93) 王韜「柳橋艶跡記」、『淞隠漫録』巻八、三九四頁〜三九七頁。
(94) 張小鋼「お傳物語の流転と変容——『紀日本女子阿傳事』を中心に」、『中京短期大学論叢』一九九二年十二月。
(95) 王韜「橋北十七名花譜」、『淞隠漫録』巻八、三七五頁〜三七九頁。王韜「東瀛艶譜」（上、下）、『濱淞瑣話』（岳麓書社、一九八七年）、二七二頁〜二八二頁。
(96) 張敏前掲論文、五三頁〜五五頁。
(97) 上海百貨公司・上海社会科学院経済研究所・上海市工商行政管理局編『上海近代百貨史』（上海社会科学院出版社、一九八八年）、一八〇頁〜一八五頁。
(98) 王韜『瀛壖雑誌』巻六（上海古籍出版社、一九八九年）、一三〇頁。
(99) 呉県藜牀舊主編『新輯上海彝場景緻』巻三「東洋東華戯園著名脚色」（管可寿斎、一八九四年）。
(100) 熊月之編『上海通史』第五巻、一五六頁〜一五八頁。明治ニュース事典編纂委員会編『明治ニュース大事典』Ⅲ（毎日コミュニケーションズ出版部、一九八三年）、四一四頁。
(101) 上海百貨公司ほか編前掲書、一八三頁〜一九〇頁。
(102) 楽正『近代上海人社会心態——一八六〇〜一九一〇』（上海人民出版社、一九九一年）、一八〇頁〜一八三頁。鄭翔貴『晩清伝媒視野中的日本』（上海古籍出版社、二〇〇三年）、三〇頁。
(103) 王爾敏『明清社会生活生態』（台湾商務印書館、一九九七年）、二三〇頁。
(104) 石暁軍『『点石斎画報』に見る明治日本』（東方書店、二〇〇四）は、この課題について詳しく紹介している。
(105) 王韜「弢園著述目録」、『弢園文新編』（生活・読書・新知三聯書店、一九九八年）、三七五頁〜三七六頁。

（106）さねとうけいしゅう編訳『大河内文書』、張偉雄『文人外交官の明治日本』（柏書房、一九九九）、王慶成「黎庶昌與日本」、山田辰雄編『日中関係の一五〇年』（東方書店、一九九四年）を参照。

（107）楊窖「現代化都市的文人和知識分子的社会責任——試論『申報』主編黄協塤」、張仲礼編『中国近代城市企業・社会・空間』（上海社会科学院出版社、一九九八年）、二八五頁。陳無我『老上海三十年見聞録』（上海書店出版社、一九九七年）、一六二頁。

（108）神田喜一郎『日本における中国文学Ⅱ——日本填詞史話　下』（『神田喜一郎全集』第七巻、同朋舎、一九八五年）、五六頁〜七六頁。

（109）コーエン前掲書、一〇八頁。張志春前掲書、一八八頁。

（110）厳安生前掲書、三四七頁。

（111）実藤恵秀「留東外史と其の日本観」、中国文学研究会編『中国文学月報』一二号、一九三六年、八頁。

（112）厳安生前掲書、四四頁〜四五頁。

終　章

（1）日本の漢語国号について、下記の書物を参考した。前野直彬『山海経・列仙伝』（全訳漢文大系三三、集英社、一九七五年）、四二九頁、四三三頁。黄遵憲著／実藤恵秀・豊田穣訳『日本雑事詩』（平凡社、一九九四年）、一七頁、一一四頁。岩橋小弥太『日本の国号』（吉川弘文館、一九九七年）、二〇二頁。神宮司廳編『古事類苑』地部一（吉川弘文館、一九八一年）、三五頁〜三六頁。

（2）黄遵憲『日本国志』（一八九五〜九六年初版、上海古籍出版社復刻、二〇〇一年）、二頁。

（3）河野通一「支那料理の話」、満鉄北支事務局編『北支画刊』vol.1, No.3. 一九三八年。

（4）これについて、たとえば王暁元編『民国名人与日本妻妾』（作家出版社、二〇〇四年）には、多くの事例が挙げられている。もっとも、同書はいわゆる研究書ではなく、通俗的な読み物であるが。

（5）銭鐘書『人・獣・鬼』（香港、百霊出版社、出版年不明）、二六頁。

あとがき

本書は私のはじめての著作である。公刊の時期は、指を屈して数えてみれば、ちょうど私が大学院の修士課程に入学してから十年目という節にあたる。これほどの歳月もついやされたのかと、あらためて自分の愚鈍さと遅緩さを嘆きたいところだが、さいわい、「十年、一剣を磨く」という救いの名言がある。研究成果の公刊に対していささかの慰めを感じながら、長い留学生活もようやく一段落、思わず安堵の胸をなでおろしてしまうのである。

本書は私が二〇〇二年総合研究大学院大学に提出した博士論文「海を越えた艶事――中国と日本の人的交流、一六八四～一八九四」を大幅に修正・改筆したものである。内容の一部には、すでに論文の形で発表したものも含まれている。それは、以下のとおりである。

一、「『遊興都市』長崎へ――江戸時代における中国人の日本旅行に関する研究　一六八四―一八三〇」国際日本文化研究センター編『日本研究』二三集、二〇〇一年。

二、「旅行・房中術・上海ネットワーク――近世以降における中国人の日本旅行をめぐって」旅の文化研究所『研究報告』No.10 二〇〇一年。
三、「異域の花：『東洋妓女』と近代上海社会」富士ゼロックス小林節太郎記念基金に提出した報告論文、二〇〇二年。

修士の時代以来、私はずっと園田英弘先生に師事してきた。修士論文も博士論文も、いずれも先生の御指導のもとで書いたものである。本書の草稿を書き上げた去年の春、シドニーで長期滞在中の先生は原稿を子細に読み、懇切なコメントを電子メールでつぎつぎに送ってきてくださった。今年に入って、先生はもうすぐ太平洋周遊の大旅行（正確にいうと、内閣府主催の「世界青年の船」の団長としての海外出張）に出かけるにもかかわらず、船に搭乗する前日にわざわざ時間をつくってくださり、東京神保町にある一軒の料理屋で私にごちそうしながらこの本の背後にあるさまざまな可能性について諄々と語ってくださった。そのときの会話は私にとって忘れがたいものである。

本書の執筆にあたり、国際日本文化研究センター（日文研）の多くの先生からご指導、ご助力を仰いだ。何かと質問してはすぐ先生方を煩わしたが、いつでもこころよく教えてくださった。なかでも白幡洋三郎先生と井上章一先生は、私に対して、親切な指導だけでなく、時には調査や見学に同行させたり、時には花見や鴨川の床など京都暮らしの楽しさを体験させて下さった。事実、この本の出版をいつもあたたかく見守ってくださった両先生から、私が受けた影響は甚大なものである。本書は簡単にいうと旅行と花月の情事の二つを主題としているのだが、周知の通り、両先生はそれぞれ旅行史と風俗史に深い造詣を有する学者である。

三年前、私の博士論文を審査する際、吾が師園田先生と白幡先生のほかに、大庭脩先生と上垣外憲一先生、それから劉建輝先生も審査委員として加わり、それぞれ異なる視点からたいへん建設的で鋭いコメントを述べていただいた。審査会の後、大庭先生は御自分の意見が書かれているメモを私に渡し、「どうぞ参考にしてください」とおっしゃった。かねてから大庭先生に私淑していた私にとって、この一度だけの親炙は、いい思い出となった。すでに故人となった大庭先生の霊前に、この本を捧げたい。

もちろん、周囲の学友たちにもお礼の言葉を贈らなければならない。園田先生の共同研究会で私の博士論文を論評してくれた嘉本伊都子さん。学問と研究だけでなく、日本での日常生活に関する私のあらゆる疑問に対していつも適切なアドバイスをしてくれた申昌浩さん。惜しみなく自分の時間を削って日本語のチェックと翻訳の訂正を手伝ってくれた松村薫子さん、伊東章子さん。難解な古文書を解読してくれた森本一彦さん。和歌の意味を解説してくれた岩井茂樹さん。東洋茶館についての漢詩を訓読みしてくれた京都大学留学生の陳捷さん。さまざまなかたちで協力してくれた友人はほかにも多くいるが、残念ながらここでいちいち名前を挙げる余裕はない。いま振り返ってみれば、本書のなかに実に多くの学友たちの汗水が凝集されていると言える。

私の今までの研究活動は、多くの機関によって支えられてきた。国際交流基金、国際日本文化研究センター、平和中島財団が提供してくれた奨学金のおかげで、私はいささかの後顧の憂いもなく勉強に専念することができた。また旅の文化研究所と富士ゼロックス小林節太郎基金の研究助成金を利用して、数回にわたる上海と長崎での資料調査も実現した。上記の機関に、深甚なる謝意を表する。

刊行の段階では、新曜社の堀江洪社長と編集者の鷲北繁房さんにたいへんお世話になった。編集者の苦労——わがままな外国人が未熟な日本語をつかって書いた文章の場合、それがどれぐらいのものだったであろう。いつも親切で丁寧な二人の紳士に、お礼を申し上げる。同門の先輩嘉本さんが著した『国際結婚の誕生——「文明国日本」への道』に次いで、本書もまた新曜社から上梓していただけるのは、私にとって心からの喜びである。

唐　権

日文研の図書室にて

人名索引

ア　行
阿一　253
青木権次郎　165, 227
秋葉大助　317
阿玉　202, 205, 211-2
阿諾生　201
阿中　202, 205
阿超　202, 205, 211
亜弗沙　218
跡見花蹊　309, 311
新井白石　95
粟田朝臣真人　327
杏春生　201, 203
安達操　317
安藤太郎　173-6, 224-6, 233-7
イエー, C.（Catherine Yeh, 叶凱蒂）　140, 149
郁永河　81
郁慕侠　250
池田長発　286
池田桃川　132-4, 154, 162, 164
石川鴻斎　306
石崎融思　23, 39, 105
一奴　247
一恵斎芳機　315
井波律子　60
井上馨　232-3
井上章一　255
倚雯楼主　212
岩生成一　43
植木枝盛　225
卜部兼方　328
衛鋳生　213
永楽帝　93
榎本武揚　224, 242-3
袁祖志　323
袁枚　68
ゑん山　21-2
傘山畹香居士　353
艶梅生　201, 204, 207
王溢嘉　69
王寅　213
王永積　73
王鴻泰　64
翁広平　109
王在晋　57
王爾敏　281
王治本　300
王書奴　75
王定九　253
王惕斎　274
王韜（王魷生）　135, 152-4, 205, 212, 257-326
王夫之　61
汪鵬　81-3, 194
王宝平　213
王蘭谷　39
汪了翁　136, 149
大木康　87
大倉雨村　226
大河内輝声（源桂閣）　300, 305, 323
大田南畝（蜀山人）　21-2, 94
大庭脩　25, 49-50, 55
大橋近江守　102
大町　85
岡千仞　226, 301, 305-6

岡崎義恵　10
岡島冠山　37
沖田一　125, 134, 151, 238, 264, 266
尾崎行雄　306
小野湖山　298, 300

カ　行

華月栞　214
何如璋　296, 306
花魁女　317
楽正　319
花渓生　201, 206
葛元煦　158, 180
桂川光正　247
加藤義三　1, 5, 14
金井秋苹　323
金上盛純　286-7
嘉納治五郎　324
亀谷行　296
河津祐邦　287
河野通一　329
川原慶賀　105
神田喜一郎　21, 323
鬼奴　267-8
岸田吟香　306, 323
龔橙　286
龔麗卿　214
玉仙女　317
金小宝　197
金玉生　201
葛生能久　302
クラーク, J. D.（John D. Clark）　241-2
倉橋正直　160, 254
栗原小巻　331
栗本鋤雲　295-6, 301, 309, 322
渓斎英泉　89-90, 93
渓田松秀　201, 203, 206
厳安生　259, 326
厳雲　34-6, 53-4
ケンペル, E.（Engelbert Kaempfer）　42-3, 67
呉嘉猷（呉友如）　181, 193, 207
胡公寿　226
胡道静　241
顧文璧　74
康熙皇帝　30
高其倬　58
江芸閣　39
黄孝卿　79-80
黄式権　166, 180, 215-6, 229, 284, 323
黄遵憲　300, 323, 327
黄宗羲　79-81
向達　47
黄斌卿　79
黄逢甲　181
黄楙材　180
香国頭陀　185
剛斎主人　197
江南健児　355
紅梅生　201, 206-7
コーエン, P. A.（Paul A. Cohn）　205, 277, 281-2, 293, 295
古賀十二郎　25, 28, 38, 98, 109, 120-1, 150
呉県藜牀旧主　180
小西甚一　9
小林長次郎　14-5
孤憤子　238
ゴロヴニン, V. M.（Vasilii Mikhailovich Golovnin）　117
コンプトン, C. S.（C. S. Compton）　265-6, 271

サ　行

蔡爾康　231
坂田敏雄　176
佐々木揚　288

笹間良彦　178
佐田白茅　296, 301-3, 305
佐藤傳吉　162-5
実藤恵秀　258, 295, 303, 326
沢山　21-2
三菊生　201
三玉生　201
三三生　201, 206, 208, 212
史梧岡　304
二愛仙人　197
ジェミースン医師（Dr. Jamieson）　219
重野安繹　296, 301, 305
品川忠道　123, 171, 173, 221, 226
司馬遷　69
柴田義桂　323
謝肇淛　62, 71
ジャンセン，M.（Marius Jansen）　258
朱季方　297
朱徳蘭　30
朱佩章　46, 66-7
朱緑池　25
周作人　252
春朝斎　92
徐珂　352
徐霞客　71
蔣其章（小吉羅庵主）　268, 270
蔣剣人　280, 284
城北公　208
小華生　202, 211
小菊　202
小玉生　201, 204, 207
小藍田懺情侍者　348
初芳松　317
白幡洋三郎　276
信陵君　69
信吉　299
新光生　201
鄒弢　167-8, 193
鈴木恭義　157
鈴木裕子　248
盛宣懐　306-7
薛理勇　200, 251
銭鐘書　330-1
銭澤　274
銭徵　284
前悪性大臣島原金捨　40
宋連玉　125
曽根俊虎　306

タ　行

戴震　68
戴名世　81
大玉生　201, 203
高橋お伝　309
高橋謙　174-91
高橋鉄　88
高橋留三郎　286-7
高丸　247
滝川政次郎　92
竹中文作　162, 164
武元登登庵　20-1, 25, 31
谷干城　13, 288
谷井俊仁　70-1
張延華（知蟲天子）　11
張子祥　226
張資平　325
張春帆　192
張書玉　197
張善貞　200
張岱　73
張敏　281, 314
蝶之助　247
陳栄広　250
陳確　61
陳其元　144-5
陳晴山　39
陳湛頤　287
珍珍説　21-2

沈南蘋　39
陳無我　143, 145
陳倫炯　36
司　125-6
辻善之助　105
土田碧城　201, 207, 212
艶子　247
庭呱　143
鄭観応　205
程春宇　341
鄭舜功　333
程順則　338
程赤城　39
鄭和　48
寺門静軒　76, 275
寺田宏　288, 296
田子琳　314
董華　95-8, 101
唐景星　205
湯顕祖　61
藤堂良駿　158
道本　35
遠山景直　133

ナ　行
長岡護美　306
永積洋子　43
中野良子　331
中村可敬　85
中村雄助　306
名倉予何人　286-7
成島柳北　76, 312, 314
西尾叔謀　301
西川如見　33, 50
西里喜行　291

ハ　行
馬高温　285
馬光仁　231
梅花庵主　348
ハウザー，E. O.（Ernest O. Hauser）130
莫釐峯顧曲詞人　348
八戸宏光　288-9
ハナン，P.（Patrick Hanan）　270
羽山　125-6
潘蘭史　323
費晴湖　39
美玉生　201
菱川師宣　61
日比野輝寛　267
広瀬武夫　13
ファン・フーリック，R. H.（Robert Hans van Gulik）　89
馮雲卿　274
馮夢龍　61
馮蓉塘　274
フォンタネー，J.（Jean de Fontaney）54-6
福沢諭吉　248
福田忠昭　25
藤田茂吉　309
藤目ゆき　140
藤本箕山　76, 79
藤原明衡　91
布施知足　295
古田和子　272, 274
平江不肖生　325
ベインズ，W.（William Baynes）　120
碧霏　212
ヘルシャッター，G.（Gail Hershatter）255
ヘンダーソン，E.（Edward Henderson）140-3, 146, 151, 155
慕天顔　30
方観承　72
宝玉生　201, 206-8, 212
北条欧所　323

ぼたん　247
堀直太郎　158
本多正訥　300

マ　行
前田愛　76
増田貢　304
松浦章　50, 53, 58, 96, 114
松浦東渓　38-9
ミアーズ，J.（John Meares）　52
三島中洲　305
源桂閣（大河内輝声）　300, 323
三宅孤軒　246
三宅雪嶺　225
宮島誠一郎　323
美吉　299
メイジャー，E.（E. Major）　268, 316
メドハースト，W. H.（Welter Henry Medhurst）　11, 278
孟涵九　34
茂木信之　9
桃予　299
森崎和江　156
モリソン，R.（Robert Morrison）　11
諸田龍美　10

ヤ　行
柳原前光　151
矢野龍渓　306
山口百恵　331
山崎朋子　131-2
山脇悌二郎　103, 114
熊月之　159
余懐　62-3, 65
余元眉　303
葉慶頤　213
容閎　205
楊正泰　70
楊醒逋　283
姚中一　39
叶斌　281
吉田易簡　301
吉田清成　235
吉田半兵衛　86, 88
吉野太夫（藤原徳子）　78-9
米沢秀夫　180, 187

ラ　行
頼山陽　22
洛如花館主人　153
藍鼎元　339
蘭田仙　195, 201
李衛　32, 36, 54-6
李鴻章　279, 288, 306-7
李斉芳　261
李湘山　78
李筱圃　273-4, 297-8
李善蘭　284
李卓吾　61
李朝津　295, 307
李徳容　37-8, 41
李伯元　197, 216, 284
李平書　231
陸明斎　85
陸蘭芬　197
リッグ，J.（James Legge）　279, 287
リッチ，M.（Matteo Ricci）　56
リトン，E. B.（Edward Bulwer Lytton）　270
劉建輝　138
廖大珂　33
林岩弟　21
林啓彦　290
林黛玉　197
累日主人　212
黎庶昌　323
麗玉生　201, 207-8
レイン，R.（Richard Lane）　88

魯迅　252, 308

ワ　行

若吉　299
若子　247
渡辺庫輔　109
渡辺洪基　306
渡辺如山　23

事項索引

ア 行
『吾妻鏡補』 109
天草 16
『医心方』 91-2
市川 203
『一統路程図記』 70
『一班冗員的生活』 325
「移民保護法」 248
怡和洋行 155
英華書院 279, 287
『瀛寰瑣記』 268, 270, 275
『瀛寰志略』 269-70
『瀛壖雑誌』 304, 317
『越鐫』 339
『江戸繁昌記』 76, 275
『艶史叢鈔』 282, 304
『甕牖余談』 287, 289
大河内文書 300, 323
大阪（大坂） 190, 203, 274, 297
乙種芸妓 249, 252

カ 行
『海外奇談』 109
『海国聞見録』 36
『海上煙花瑣記』 180
『海上花天酒地傳』 187
「海上紀略」 81
『海上群芳譜』 151, 164, 194, 200-1
『海上名花四季大観』 200
『海上塵天影』 167
『海上尋芳譜』 200-1
『海上青楼図記』 200
『海上中外青楼春影図説』 201-3, 206-8, 212, 218
『海上墨林』 181
『海上遊戯備覧』 180
会審公廨 217
『海陬冶遊付録』 135, 152
『海陬冶遊録』 158, 180, 200, 301, 304
『華夷通商考』 50
開店社 170
『華夷変態』 30
海防論 291-2
『外務省警察史 支那ノ部 在上海総領事館』 171, 220
『華英字典』 11
『花国劇談』 158
『遐邇貫珍』 287
『華字日報』 291
花榜 196
からゆき 120-1
看看踊 28
『観光紀遊』 306
「鑑札下付条例」 138-40, 161
官弁銅商 104
「妓」の意味 11
妓女種族之競争 149
牛荘 1-7, 13-4
九連環 86
響屧廊 184
京都（西京） 203, 274, 297
玉蘭吟社 306
金丹 91
グランドホテル 275
軍艦モノカシー号 141
「芸妓営業取締規則」 248

『瓊浦探奇』 21
元和五ヵ条 75
興亜会 306
『香艶叢書』 11
「交奸」事件 119
『滬江色芸指南』 250
公済医院 141
「好色花すゝき」 86
『工部局董事会会議録』 218
神戸 190-1, 203, 272-3, 297
『航南私記』 13
『紅楼夢』 68, 149, 202
『後漢書』東夷伝 7
『五雑俎』 62, 71
『古詩韻範』 25
滬城 136
『滬遊脞記』 180
『滬遊雑記』 158, 180

サ 行

「在留邦人心得假規則」 223
沙船 50
「青楼夜花王」 88
乍浦 2, 104, 127, 129-30
『山海経』 327
三盛楼 161, 165, 239
三藩の乱 30
『史記』 69
『色道大鏡』 76, 78, 92
『紫金光耀大仙修真演義』 91
『士商類要』 70
『使清日記』 151
四大金剛 197
『支那時事』 174, 191
『指南広義』 338
『指南正法』 47-8
芝罘 1-2
『子不語』 68
『錫山景物略』 73
上海 2, 14, 56-7, 121, 124-256, 316-9
『上海』 133
「上海淫業専号」 252
『上海印象記』 246
『上海顧問』 253
『上海雑誌』 193
『上海新報』 238, 243
上海道徳促進委員会 252
「上海内外素描」 239, 242
『上海売春報告』 138, 141, 146, 151
『上海繁昌記』 158
『上海百話』 132-3, 154, 162-5, 175, 227
『上海メルキュリ』 234, 239, 241, 243
『上海鱗爪』 250
「袖海編」 81-4, 104-5, 193-4
醜業婦 131, 133-4, 227, 238, 252
『重九登高集』 323
「従唐国乍浦至日本崎港海程図」 48-9
十二家額商 104
『循環日報』 279, 291, 308
『春江花史』 187, 200-1, 212
『春江燈市録』 167, 177-8, 180, 187-194
「春申浦竹枝詞」 153
『順風相送』 47
『淞隠漫録』 153, 202, 208, 212, 261, 308-9, 314, 326
娼妓の「商業有益説」 7
貞享令 95
情芸生活 64
小刀会 136
正徳新令 95-6, 103, 114
『淞南夢影録』 166, 180, 193, 201, 208, 215-6, 228
『淞濱瑣話』 261, 308-9, 314
『晶報』 251, 253
『蕭鳴草』 35
条約港知識人 12, 195, 277, 280, 284
情欲覚醒 60-1, 68, 83
書寓 145-7, 251

『字林滬報』 228, 231, 234
『字林西報』 231
辛卯約条 119
『申江時下勝景図説』 148
『申江勝景図』 180-6, 194
『申江名勝図説』 180-6, 192
「清国上海居留日本人取締規則」 222, 237
「清国巡回報告」 156-7
『新猿楽記』 91
『清使筆語』 304
『新上海』 246
『新鮮遊滬雑記図説』 193
『清俗紀聞』 32
『清朝探事』 46, 66
信牌 95
『新輯上海彝場景緻』 177-8, 180, 193, 317
『申報』 7, 153, 234, 268, 270, 291, 319
四馬路 137-8, 165, 168
「請開海禁疏」 30
『西青散記』 304
「泄淫国」 88-90
遷界令 29
『璇閣秘戯考』 282
千歳丸 130, 267
『続板橋雑記』 66
曽経滄海客 250
蘇州 2, 35, 65, 136, 149, 155

タ 行

泰山参詣 71
太平天国 127-9, 158, 267, 277, 282
田代屋 161
『智環啓蒙塾科初歩』 287
『籌海図編』 6
『中外冶遊指南』 250
中国帆船「キーイン」号 52-3
調査淫業委員会 252
長三 146, 148, 192, 251
鳥船 50-3
『朝野新聞』 158, 174-5
直隷 48
『通航一覧』 37
通倭貿易 57
遣捨銀 103
艶ごと 12-3, 283
展海令 16, 30, 41, 58, 114
『点石斎画報』 166, 170, 181, 202, 211, 308, 316, 321
『陶庵夢憶』 73
「東瀛才女」 202, 205, 208, 210, 212
『弢園尺牘』 304-5
『弢園尺牘続鈔』 305
「唐館図」 105
東京 203, 274, 298, 330
『東京日日新聞』 172, 317
唐人行 99-100, 111, 120-1
唐人貿易 24
唐人屋敷（唐館） 16, 25-7, 95, 103-8
唐船阿蘭陀商売吟味定役 103
唐船役者 33
『東遊記』 81
東洋戯 317
東洋妓女 162
『東洋客遊略』 109
東洋茶館 14, 162
東洋車 317
東洋箭館 177-8
東洋妝 213
東洋荘 319
『唐話纂要』 37
「渡清婦人約束条案」 220

ナ 行

長崎 16, 20-121, 126-30, 154, 156-7, 190-1, 264, 272-3, 297
「長崎謡十二解」 22

『長崎紀聞』 95-7, 101-2
『長崎古今集攬名勝図絵』 39
『長崎図』 109
「長崎島遊記」 268, 270-1, 273
『長崎土産』 40, 43, 94
『長崎名勝図絵』 34, 84, 105, 107
南京 48, 55, 63, 65, 127, 129
南北戦争 130
『日本一鑑』 333
『日本外交文書』 5
「日本紀遊」 273, 275
日本公館 170
「日本乞師記」 79-81
『日本誌』 42
日本淑女 124-6, 130-1, 161
「日本風土記」 81
『日本幽囚記』 117
「猫」 330
『ノース・チャイナ・ヘラルド』(*North China Herald*) 124-6, 161, 264, 267

ハ 行

「売淫罰則並売淫処分定則」 220
「売淫罰則並売淫処分内規」 220, 224
『佩文韻府』 10
鹹水妹 143-5, 152, 218-9
八戸事件 290
『板橋雑記』 62, 64-5, 76
『万国公報』 308, 324
盼師案 120
P & O (Peninsular & Oriental Steam Navigation Co.) 263, 266
『飛影閣画報』 181
引田屋 320
「人蝦」 68, 87
『嫖経』 62
富貴楼 246
風流 9-11, 79, 117, 255, 304, 326
釜山倭館 118
藤村屋 246
『扶桑遊記』 260-1, 295-304, 309, 312, 322, 326
武當山 72-4
附搭小客 34-5, 58
『普法戦記』 296, 304
文人 9
北京 2, 329-30
別段売荷物 114
『匏庵遺稿』 296
房中術 84, 87-93, 152, 282
『北支画刊』 329
墨海書館 130, 278, 280
「没鼻筆語」 267
香港 2, 13, 175, 205, 276, 323
『本邦人不正業取締関係法規雑纂』 171

マ 行

『枕文庫』 93
マリア・ルーズ号事件 173
丸山町 111
丸山遊郭 16, 21, 79, 82, 98-101, 111, 127, 154
萬昌公司 270
『萬宝全書』 62
美満寿茶楼 181-2, 239
「モルダヴィアン」号 124

ヤ 行

牙行 32, 58, 71
野鶏 148-9
『柳橋新誌』 76, 312, 314
『遊戯報』 216
『遊滬筆記』 187
遊女揚代 100-3, 110-1, 113
遊女解放令 173
遊女牛馬観 104
『遊清記』 306
『郵便報知新聞』 229, 232, 296, 301

『庸閒斎筆記』 144
『揚州画舫録』 351
幺二 147-8, 192, 250
『読売新聞』 133, 156-9, 274
寄合町 111
「寄合町諸事書上控帳」 109-14

ラ 行

『留東外史』 325-6
『龍動通信』 306
「料理屋営業取締規則」 248
『老上海』 193, 250
『老上海三十年聞見録』 143
六三亭 246
『鹿州奏疏』 339
路程書 70-1

ワ 行

『和漢同詠道行』 21-2
和光同塵 91, 93
『割符留帳』 127, 129
割付仕法 95

著者紹介
唐　権（Tang Quan）
1969年中国四川省生まれ。
1997年留学生として来日。
2002年総合研究大学院大学文化科学研究科国際日本研究専攻
後期博士課程修了、学術博士。
現在関西外国語大学、平安女学院大学兼任講師。
研究分野は日中文化交流史、日中比較文化論。

新曜社
海を越えた艶ごと
日中文化交流秘史

初版第1刷発行　2005年4月25日©

著　者　唐　権

発行者　堀江　洪

発行所　株式会社　新曜社
〒101-0051　東京都千代田区神田神保町2-10
電話（03）3264-4973(代)・FAX(03)3239-2958
URL：http://www.shin-yo-sha.co.jp/

印　刷　長野印刷商工　Printed in Japan
製　本　東京美術紙工
ISBN4-7885-0944-X　C1020